Charlotte von Kirschbaum und Elisabeth Freiling

Briefwechsel von 1934–1939

Herausgegeben von
Günther van Norden

Vandenhoeck & Ruprecht

Umschlagabbildung: Charlotte von Kirschbaum (1932),
mit freundlicher Genehmigung des Karl Barth-Archivs, Basel.

Bibliografische Information der Deutschen Nationalbibliothek

Die Deutsche Nationalbibliothek verzeichnet diese Publikation in der Deutschen Nationalbibliografie; detaillierte bibliografische Daten sind im Internet über http://dnb.d-nb.de abrufbar.

ISBN 978-3-525-55073-1
ISBN 978-3-647-55073-2 (E-Book)

Satz: textformart, Göttingen | www.text.form.art.de
Druck und Bindung: ® Hubert & Co, Göttingen

Gedruckt auf alterungsbeständigem Papier.

Inhalt

Dank

Ich möchte nicht versäumen, meinen Dank denjenigen auszusprechen, die mir bei der Bearbeitung des Briefwechsels geholfen haben.

Meiner Frau Erika danke ich für die Hilfe beim Entziffern der Briefe, bei mancher Formulierung der Kommentare, bei der Überlegung meiner Interpretationen; Rüdiger Weymar danke ich für die Überlassung der Briefe von Charlotte von Kirschbaum, Peter Zocher für die Fotokopien der Antwortbriefe Elisabeth Freilings und für manche andere Hilfe, Jochen Gruch für die Hilfe bei der Erstellung der Kurzbiografien, Birgit Siekmann für das Personenregister sowie Eberhard Busch, Reinhardt Witschke, Klaus Schmidt, Karl Koch und Hans-Georg Ulrichs für Unterstützung durch wertvolle Hinweise.

Vorwort

„Warum ist die Bekennende Kirche nicht mehr fähig, zu Entscheidungen des Glaubens aufzurufen, auf deren Boden man froh und getrost treten kann?" – Diese Frage aus einem Brief Elisabeth Freilings an Paul Humburg vom 23. September 1938 zieht ein bitteres Fazit aus einem Jahre währenden Kampf um einen theologisch verantwortbaren Weg der Kirche im Dritten Reich, an dessen Ende Elisabeth Freiling sich gegen ihr Gewissen dem Druck beugte und im Oktober 1938 ihre Legalisierung beantragte. Anhand des von 1934 bis 1939 zwischen ihr und Charlotte von Kirschbaum geführten Briefwechsels kann dieser Weg eindrücklich verfolgt werden.

Diese Briefe stellen in mehrerlei Hinsicht eine bedeutsame Quelle dar:

Sie beleuchten den Weg der 1934 examinierten Theologin Elisabeth Freiling, deren entscheidender Lehrer Karl Barth gewesen war, von einer noch unsicheren, nach Bestätigung suchenden Vikarin hin zur Sprecherin der Vikarinnen in der „Bruderschaft rheinischer Hilfsprediger und Vikare", die ihre Positionen zwar nicht ohne Selbstzweifel, aber doch überzeugend und standhaft vertreten konnte. Der Umgang mit dem Vikarinnen-„Problem" innerhalb der Bekennenden Kirche – man kann hier fast von einer doppelten ‚Illegalität' sprechen – gehört sicher nicht zu deren Ruhmesblättern, und allein dazu eine so umfangreiche und gehaltvolle Quelle zu publizieren, ist ein Verdienst an sich.

Hinzu kommt die prominente Briefpartnerin: Charlotte von Kirschbaum, Barths Vertraute und Sekretärin, zeigt sich in ihren Briefen über ihre bekannte Rolle als Bindeglied zwischen Barth und seinen Studentinnen und Studenten hinaus als eigenständige Theologin, die der Jüngeren eine kompetente Ratgeberin war und ihr über mancherlei Anfechtungen als Freundin hinwegzuhelfen versuchte. Dass hier auch ein umfangreicherer Bestand von Briefen Charlotte von Kirschbaums publiziert wird, der sie so gar nicht nur im „Schatten" Barths arbeitend zeigt, verdient umso mehr Beachtung, als von ihr auch im Karl Barth-Archiv, das ihren Nachlass beherbergt, nur vergleichsweise wenige Briefe und kaum durchgehende Briefwechsel erhalten sind.

Schließlich machen diese Briefe einmal mehr deutlich, wie sehr Karl Barth und Charlotte von Kirschbaum darum bemüht waren, den Kontakt zu den deutschen Studenten und Studentinnen auch über die größer werdenden Schwierigkeiten und politischen Spannungen hinweg zu bewahren und so einerseits authentische Informationen aus der deutschen Kirche zu erhalten und den Bedrängten andererseits den Rücken zu stärken und ihnen mit Trost und Rat zur Seite zu stehen – selbst dann, wenn deren Weg, wie zuletzt auch der von Elisabeth Freiling, zu Entscheidungen führte, die von ihnen nicht gutgeheißen werden konnten.

Es wird in der neueren, mit Recht sehr kritischen Forschung zur Bekennenden Kirche oft nicht mehr hinreichend gewürdigt, dass es in ihr – neben leider viel zu vielen anderen – durchaus dem nationalsozialistischen Gedankengut in Kirche *und* Staat gegenüber widerständige und kritische Geister gegeben hat. Und es findet bei kritischen Anfragen an Karl Barths Rolle im *politischen-gesellschaftlichen* Diskurs jener Zeit erstaunlich wenig Beachtung, dass ein großer Teil gerade dieser kritischen und widerständigen Geister sein theologisches Rüstzeug ganz eindeutig vor allem Barth zu verdanken hatte. Elisabeth Freiling gehörte ganz gewiss dazu, und es ist schön, dass mit einer Edition wie der hier vorliegenden auch eine solche einfache Wahrheit einmal wieder zu ihrem Recht kommt!

Basel, im Dezember 2013 *Peter Zocher*

Einleitung

„Man muß sich zweifellos heute alle Tage nicht nur schämen, daß man ein Deutscher ist, sondern vor allem auch, daß man zur deutschen Bekennenden Kirche gehört" (Brief Elisabeth Freilings an Charlotte von Kirschbaum vom 17. November 1938).

Charlotte von Kirschbaum, am 25. Juni 1899 als Tochter des bayerischen Generalmajors Maximilian von Kirschbaum und seiner Ehefrau Henriette geboren, begann 19jährig eine Ausbildung als Krankenschwester in München. Hier engagierte sie sich in dem theologischen Gesprächskreis des lutherischen Pfarrers Georg Merz, der als begeisterter Anhänger Karl Barths dessen Theologie in seinem Kreis diskutierte und damit die intellektuellen Fähigkeiten und das theologische Interesse Charlotte von Kirschbaums weckte. Er machte sie Anfang der 20er Jahre mit Karth Barth bekannt, der sie 1924 zusammen mit Georg Merz auf das Bergli, seinen Erholungsort, einlud. Seitdem verbrachte sie dort jedes Jahr ihre Sommerferien. Sie wurde mit Karl Barth und seinem theologischen Denken immer vertrauter. 1926 besuchte Charlotte von Kirschbaum ihn in Münster, wo er inzwischen eine Professur innehatte. Hier fiel wohl die Entscheidung, dass beide in Anerkennung der Ehe Barths in engem Kontakt miteinander bleiben wollten. Immer intensiver wurde Charlotte von Kirschbaums kongeniale Mitarbeit am theologischen Werk Barths. Im Sommer 1929 arbeiteten sie zusammen auf dem Bergli. Sie wurde ihm ein ebenbürtiges Gegenüber, unentbehrlich, so dass er sie einlud, zu ihm und seiner Familie in das Haus in Münster zu ziehen, was sie tat. Von da an arbeiteten sie zusammen, verreisten zusammen, liebten sich. 1930 zog Charlotte mit der Familie Barth nach Bonn, wo die Universität Barth mit dem Lehrstuhl für systematische Theologie betraute, und 1935 nach Barths Vertreibung aus Deutschland in seine Schweizer Heimat, nach Basel, wohin die Universität ihn gerufen hatte.

Liebe und Zuneigung zueinander empfanden Charlotte von Kirschbaum und Karl Barth als ein großes, ihnen geschenktes Glück, aber zugleich als eine wenn auch unentrinnbare Schuld. Das Zusammenleben der Ehefrau Nelly mit der vertrauten Partnerin ihres Mannes gestaltete sich immer spannungsreicher, so dass schließlich auch an Scheidung gedacht wurde, die aber letztlich dann doch von Nelly abgelehnt wurde.

Charlotte von Kirschbaum hat von 1934 bis 1939 neben ihrer theologisch-wissenschaftlichen Mitarbeit an Barths Werk, besonders seiner Kirchlichen Dogmatik, und ihrer weitgreifenden Korrespondenz in intensiver Weise mit der Sprecherin der Vikarinnen in der „Bruderschaft rheinischer Hilfsprediger und Vikare“, Elisabeth Freiling, kommuniziert und dabei mit der jungen Theologin viele theologische, ethische und politische Probleme der Zeit und auch persönliche Schwierigkeiten erörtert. Mitte der 60er Jahre erkrankte Charlotte an einer Gehirnzersetzung, die dazu führte, dass sie in ein Sanatorium überwiesen werden musste. Barth besuchte sie ständig, bis er schließlich selbst erkrankte und im Jahr 1968 starb. Charlotte von Kirschbaum starb am 24. Juni 1975. Nelly Barth starb 1976.[1]

Elisabeth Freiling wurde am 6. November 1908 in Darmstadt geboren und verbrachte ihre Kindheit und Jugend in ihrem Elternhaus in Frankfurt am Main. Hier bestand sie im Jahre 1929 ihr Abitur und studierte anschließend Theologie in Frankfurt, Tübingen und Bonn. Karl Barth wurde ihr großer Lehrer, den sie sehr verehrte. Zeitweise wohnte sie wie auch Hellmut Traub im Hause der Familie Barth in der Siebengebirgsstraße in Bonn. Nach ihrem 1. theologischen Examen im Herbst 1934 vor der Prüfungskommission des Konsistoriums in Koblenz ließ sie sich von der Bekennenden Kirche (BK) in ein Vikariat einweisen und wurde deshalb vom Konsistorium aus der Liste der Vikarinnen gestrichen. Ihr Vikariat absolvierte sie in Barmen-Wupperfeld und war hier in der Gemeindearbeit tätig, vorwiegend für Mädchenkreise. Ihr 2. Examen legte sie vor der Prüfungskommission der BK 1937 ab. Als Sprecherin der Vikarinnen in der Leitung der „Bruderschaft rheinischer Hilfsprediger und Vikare“ vertrat sie den radikalen Flügel in der Gemeinschaft der jungen Theologen. Auch als sie in der Frage der Legalisierung nach langem Widerstand schließlich „einknickte“, blieb sie an Barths Seite, als sich wegen seiner politischen Positionen im Jahr 1938 viele seiner Anhänger von ihm distanzierten. Später wurde sie in den Vikarinnen-Ausschuss der BK der altpreußischen Union berufen. Ende 1938 verließ sie Barmen-Wupperfeld und arbeitete bis 1944 im Reisedienst der Frauenhilfe in den Kirchenkreisen Moers und Dinslaken. 1944–1945 übernahm sie eine Pfarramtsvertretung in Dinslaken-Bruch, 1945–1954 den Reisedienst für die weibliche Jugend, 1954 wurde sie Dozentin am Katechetischen Seminar in Elberfeld, später Düsseldorf, und dort Stellvertreterin des Direktors. 1970 trat sie in den Ruhestand. Sie starb am 8. Juli 1999 in Diez/Lahn.[2]

Auffallend an ihren Briefen ist eine deutliche Verselbständigung der jungen Theologin. Anfangs zeigen die Briefe noch eine Tendenz zu Minderwer-

1 Köbler, Schattenarbeit. Charlotte von Kirschbaum. Selinger, Charlotte von Kirschbaum und Karl Barth.

2 Härter, Elisabeth Freiling, in: Lexikon, S. 117.

tigkeitskomplexen. Doch mit der zunehmenden Verantwortung, als Sprecherin der Vikarinnen in der „Bruderschaft rheinischer Hilfsprediger und Vikare" die Interessen der Theologinnen wahrzunehmen, wachsen bei ihr Selbstbewusstsein und Argumentationsstärke. Bemerkenswert sind auch ihre rührende Sorge um Menschen in Not, ihre Fähigkeit, die Mitstreiter/innen im Kirchenkampf zu erkennen und zu achten, aber auch zu durchschauen, ihre scharfe Beobachtungsgabe, kluge, nachdenkliche Urteilsfähigkeit und ihre klare, kompromisslose theologische Position.

Der Briefwechsel zwischen Charlotte von Kirschbaum und Elisabeth Freiling ist ein einzigartiges Dokument des Kirchenkampfes im Bewusstsein der beiden bedeutenden Frauen. Er erörtert anschaulich alle Fragen, die damals virulent waren, wie die nach dem „Amt der Vikarin", zur Stellung der Frau, zur Eidesfrage, zur Judenverfolgung und der aggressiven nationalsozialistischen Machtausweitung.

Drei Problemkreise zeigen in besonderer Weise die Position der beiden Frauen sozusagen zwischen den Zeiten: ZUM EINEN die Frage nach der Stellung der Frau zum Mann und der damit verbundenen Frage nach ihrer Stellung in der Kirche. Hier bestimmen einerseits immer noch die gängigen Interpretationen alt- und neutestamentlicher Aussagen von der Frau als „Gehilfin" des Mannes und ihrer Zurückhaltungspflicht in der Gemeinde die tradierte dogmatisch begründete und sozial akzeptierte Vorrangigkeit des Mannes (und also auch des Pfarrers), andererseits verlangen die akademische Ausbildung der Theologinnen und ihr in der Frauenemanzipation gewachsenes Selbstbewusstsein eine mehr oder weniger dem Mann gleichberechtigte Stellung auch im Pfarramt. Die in der historisch-kritischen Forschung angelegte Neubewertung wichtiger Texte, wie Genesis 2, 18 ff., wird noch kaum wahrgenommen. ZUM ANDEREN zeigt sich auch in der Frage der Bewertung der Homosexualität die Position zwischen den Zeiten: einerseits bleibt die tradierte dogmatisch-ethische Verurteilung der Homosexualität als Sünde unbestritten, andererseits verlangen Empathie und Respekt vor der unbestreitbaren theologischen und menschlichen Qualität des Freundes uneingeschränkte Offenheit und Toleranz. ZUM DRITTEN zeigt sich auch in der Frage nach dem Umgang mit der seelischen Erkrankung der Freundin die Gespaltenheit der Bewertung. Einerseits gilt das alte Urteil, dass die Krankheit der Seele nur geheilt werden kann durch den rechten Glauben an das Erbarmen Gottes. Das Gespräch mit dem Pfarrer (eventuell auch im Beichtstuhl) hilft, Angstneurosen und Schuldkomplexe zu überwinden. Andererseits scheint auch die Erkenntnis Raum zu gewinnen, dass die neue Wissenschaft der Psychoanalyse durch eine kompetente ärztliche Behandlung, unter anderem durch Gesprächstherapie, Heilung ermöglicht.

Durch eine Tochter des Theologen Werner Koch, in dessen Nachlass sich die 55 Briefe Charlotte von Kirschbaums an Elisabeth Freiling befanden, erhielt Rüdiger Weyer, kommissarischer Schulleiter des Elisabeth-Gymnasiums in Marburg, Einblick in diese Briefe und zugleich die Vollmacht, sie so zu verwenden, wie es ihm am besten erschien. Er wandte sich an mich mit der Bitte um Bearbeitung und gab die Vollmacht an mich weiter. Dankenswerter Weise übergab mir das Karl-Barth-Archiv in Basel die kopierten 70 Antwortbriefe Elisabeth Freilings.

Günther van Norden

I

Charlotte von Kirschbaum
an Elisabeth Freiling bei Herrn Traub, Bonn am Rhein, Siebengebirgstr. 18
Postkarte aus La Chataigneraie vom 7. Aug. 34.[1]

Ein Gruß von hier! Recht viele herzliche Grüsse Deine [unleserlich]

Mit freundlichem Gruss! Ihr Karl Barth Herzlichen Gruss! L. von Kirschbaum

Das ist ein fabelhafter Mann! u. ich freue mich, ihn persönlich kennen gelernt zu haben. Trotzdem bleibt ein kleines „aber". Dir viel [unleserlich] Tapferkeit [unleserlich]Deine Irmgard [?]

Viele Grüße Ihnen, u. wir hatten so eine [unleserlich] Konferenz! Lili Simon[2]

KBA 98765. 1

Elisabeth Freiling
an Charlotte von Kirschbaum, Brief aus Frankfurt (Main)[Elternhaus] vom 26. IX. 34

Liebes Fräulein von Kirschbaum,

sicher wissen Sie längst durch Herrn Traub vom Ausgang meines Examens und daß er also doch, wie es sich von so her gesehen ja gehört, recht behalten hat mit seinen Voraussagen. Ich hab's nicht geglaubt und bin auch jetzt noch überzeugt, daß meine Maßstäbe für ein theologisches Examen richtiger sind als die in Koblenz und daß also Herr Traub nur recht behal-

1 Dort fand eine Internationale Konferenz statt, auf der Barth seine Freunde Maury und Visser't Hooft traf und wo er am gleichen Tag seinen Vortrag „Der Christ als Zeuge" hielt (Brief Visser't Hooft an Karl Barth vom 23. 7. 1934, in: Karl Barth – W. A. Visser't Hooft, Briefwechsel, S. 14 f.; s.a. Busch, Karl Barths Lebenslauf, S. 252 und 264.

2 Lili Simon (1908–1998) studierte in Bonn und Erlangen Germanistik und Theologie, wurde aufgrund des Arierparagraphen wegen dreier jüdischer Urgroßeltern nicht zum Examen zugelassen und studierte deshalb von 1934 bis 1936 in Basel weiter Germanistik und Theologie sowie zusätzlich Französisch und Englisch. 1934/35 vertiefte sie ihre Französischkenntnisse in Paris und wohnte dort bei Maurys. Sie promovierte in Basel zum Dr. phil. 1936 Emigration nach Rumänien, wo sie in einer Missionsschule arbeitete. 1941 floh sie vor antisemitischen Pogromen in Rumänien nach Palästina, wo sie bis 1944 in Tel Aviv Englisch unterrichtete und in der „Judenmission" arbeitete. 1952 kehrte sie nach Europa zurück. 1953 Dozentin für Religionspädagogik an der Pädagogischen Hochschule Bremen. 1958 Jugendarbeit in der Ev. Kirche im Rheinland, 1965–1972 an der Jugendakademie Radevormwald.

ten hat, weil er die „Welt" besser kennt als ich!! Ich hatte mir allerdings das akademische Abschlußexamen auf einem etwas anderen Niveau gedacht als es in Koblenz, abgesehen von Prof. Horst's Prüfung,[3] war – wissen Sie z. B. daß ich von Pfennigsdorf in Dogmatik geprüft worden bin?![4] In diesem Fall konnte ich allerdings nicht mehr Herr werden über die boshaften Zweifel an der Überlegenheit der Prüfungskommission – – – So sehr ich mich natürlich gefreut habe, vor allem für meine Eltern, daß ich ihnen nicht die Enttäuschung eines „Durchgefallen" bereiten mußte, für mich bin ich gründlich unbefriedigt darüber, daß nun tatsächlich meine „akademische Bildung abgeschlossen" sein soll. Diese lächerlichen Bruchstücke von wissenschaftlichen Versuchen oder auch nur Eindrücken – – – aber ich muß mich damit trösten, daß ich über diese Unbefriedigtheit ja vielleicht nie hinaus gekommen wäre, ich habe mich ja wohl immer so weiter von wirklicher Arbeit ablenken lassen.

Ob die Praxis mehr „Befriedigung" bringen wird? Sicher nicht! Ich bin ja auch froh darum. Aber ein wenig Angst hab ich doch davor, eine Angst, die ich nie vor dem Studium hatte. Bei Kierkegaard hab ich mal, ich glaube im „Augenblick" gelesen, die Bibel rechnete mit vielen Sorten von Menschen, aber nicht mit den langweiligen, oder wie er sie nannte, weiß ich nicht mehr genau, die meinte er jedenfalls. Und davon gäbe es doch so unglaublich viele. Sicher gibt es „im Sinn der Bibel" keine langweiligen Menschen, ich will ja auch versuchen, mir das ein wenig sagen zu lassen, aber ich habe doch ein wenig Angst vor ihnen. Zu den langweiligsten gehören sicher die Mehrzahl der Pfarrer und so eine gewisse Gruppe regelmäßiger Bibelstundenbesucher, und das werden doch nun meine engsten Arbeitsgenossen werden.

Aber nun schäme ich mich, ich wollte Ihnen ja nicht einen Brief über meinen Katzenjammer im „Elend" schreiben, sondern wollte Ihnen Schöneres erzählen. Vor allem etwas Nettes, was mir erst nachträglich in seiner ganzen symbolträchtigen Bedeutung aufgegangen ist, was ich natürlich auch wieder mal Herrn Traub zu verdanken habe, nämlich: ich habe die letzte Nacht meines Studiums bei „Barths" geschlafen!! Nun werden Sie sicher herzlich lachen. Es hatte aber seine sehr ernsten Hintergründe, nämlich daß Herr Traub absolut nichts konnte in Bibelkunde und, zwar etwas weniger sichtbar, aber doch spürbar in Kirchengeschichte und daß wir deshalb fleißig bis in die Nacht hinein arbeiteten und Frau Professor Barth na-

3 Friedrich Horst (1896–1962), evangelischer Theologe. 1921 Dr. phil. Bonn, 1922 Lic. theol. Bonn. 1922–1935 Stiftsinspektor Bonn. 1923 Privatdoz. Bonn. 1930 aoProf. ebd. 1934 Anschluss an die BK. 1935 wegen Beteiligung an Prüfungen der Bekennenden Kirche Entzug der Lehrbefugnis und Entlassung als Stiftsinspektor. 1936–1948 Pfarrer in Steeg/Bacharach. 1948–1959 oProf. in Mainz.

4 Emil Pfennigsdorf (1868–1952), evangelischer Theologe. Lic. theol. Leipzig. 1895 Pfarrer, später Oberprediger in Harzgerode. 1912 Düsseldorf. 1913 oProf. für Praktische Theologie Bonn. Befürworter des Nationalsozialismus, Deutscher Christ.

türlich Sorge um mein Leben auf den mitternächtlichen Straßen hatte. Und so wurde ich in der letzten Nacht in Markus' Zimmer befördert und habe dort sanft und selig geschlafen, ohne noch an die Symbolkraft dieser Nacht zu denken! Sicher hat Frau Professor auch nicht geahnt, was sie damit tat.

Aber wenn ich jetzt denke, wie ich nach Bonn zog, innerlich und äußerlich gerüstet auf einen Kampf mit ganz ungeheuren Gefahren, die mir aus „Glaube und Denken" unheimlich genug waren, und die doch längst eine nicht mehr zu unterdrückende Anziehung auf mich ausübten – – – nun es hat noch manche schlaflose Nacht in Bonn gekostet, deshalb hab ich Mechthild Dallmann immer so gut verstanden und lieb gehabt, die hatte doch wenigstens es so wie ich erfaßt, daß sie sich nicht beruhigen konnte wie die meisten bei einem kleinerem oder größeren Aber, sondern daß sie auch wußte, hier ist entweder ein entscheidendes Ja zu sagen oder ein erbittertes Nein.[5] Ich habe mich damals in der „Wahlversammlung" vor der Kirchenwahl zum Ja entschieden;[6] bis zum Schluß habe ich Stunden gehabt, wo es mir wieder völlig zweifelhaft war und zwar einmal nach Unterredungen mit Herrn Traub (wovon er natürlich nichts gemerkt hat), und dann nach – nun werden Sie erst recht den Kopf schütteln – nach so richtigen Ringkämpfen mit Mechthild Dallmann. Und was mich dann davor bewahrte, daß ich nicht so fassungslos wie Mechthild wurde, war nur der nach Mechthilds Aussage sehr feige, für meine Begriffe aber einzig sachliche Ausweg, daß ich mir sagte: zuletzt kommt gar nichts auf Dein Ja oder Nein an.

Jetzt ist das wieder so ein „Bekenntnis einer schönen Seele" geworden; entschuldigen Sie es. Ich habe sonst nicht viel „Gefühle", aber hierin hatte ich so ein Gefühl, als müßte ich das Ihnen einmal gesagt haben, vielleicht haben Sie es auch gedacht, ehe ich es Ihnen nun sage.

Nun will ich aber von mir schreiben. Mechthild ist von Koblenz (sie hat auch bestanden natürlich) nach Tübingen gefahren, um, wie sie sagte, sich von Hauer eine Doktorarbeit geben zu lassen. Es kann sich ja bei ihr noch in der Eisenbahn geändert haben, aber es kann ja auch gut sein. Es gibt auch Theologen, die sich sehr darüber aufregen. Ich nicht. – Ich danke Ih-

5 Mechthild Dallmann (geb. 1911), studierte Theologie, engagierte sich früh für den Nationalsozialismus, gehörte am Ende ihres Studiums zum engeren Kreis um Karl Barth. 1934 1. theologisches Examen beim Konsistorium Koblenz. Studium bei dem Religionswissenschaftler Prof. Dr. Jakob Wilhelm Hauer in Tübingen, der eine germanisch-arische Religion propagierte. 1938 Promotion zum Dr. phil. mit einer Dissertation über „Die Anthropologie bei Meister Eckehart".

6 Es handelt sich hier um die Wahlversammlung der Barth-Gruppierung „Für die Freiheit des Evangeliums" in Bonn, die bei der Kirchenwahl am 23. Juli 1933 gegen die Deutschen Christen und die Jungreformatoren antrat. Sie errang sechs Sitze in der Größeren Gemeindevertretung und einen Sitz im Presbyterium. Dadurch wurde Barth Presbyter in der Bonner Gemeinde.

nen für Ihren unfreiwilligen Gruß von der Schweizer Tagung. Und vor allem (Herr Traub hat mir Ihren und Barths Bericht über Frau Dr. Hermann weiter gegeben!) für Ihr schließlich doch noch freundliches Wort über sie. Dafür danke ich Ihnen herzlich, denn mir fällt es immer wieder sehr schwer, nicht ganz negativ über sie zu urteilen, bzw. sie zu verachten. Und das wäre sicher nicht recht, ich habe ihr äußerlich manches zu danken. Ich könnte Ihnen im Zus.hang mit der Tagung noch manches Häßliche von ihr klagen, aber das ist überflüssig. Sie haben ja einen guten Abschluß gefunden.

Für vieles Unaufzählbare habe ich Ihnen zu danken, ich kann da keine Worte bilden; Sie müssen ja so sein, wie Sie sind

Mit herzlichem Gruß!

Ihre Elli Freiling

Darf ich den Brief an Herrn Professor beilegen? Ich weiß nicht, wo ich ihn hinschicken soll. Herzl. Dank fürs Weiterbesorgen.

2

Karl Barth
an Elisabeth Freiling, Karolingerallee 5, Frankfurt am Main,
Postkarte aus Wabern bei Bern, Bellevuestrasse 152, vom 2. Oktober 1934

Liebes Fräulein Freiling! Haben Sie herzlichen Dank für Ihren freundlichen Brief und empfangen Sie meine besten Glückwünsche zum bestandenen Examen. Ich habe wirklich nie einen Moment daran gezweifelt, dass Sie es bestehen würden! Dass Sie nun aus Hörsaal und Seminar usw. verschwinden werden, tut mir aufrichtig leid, denn ein so aufmerksames Gesicht wie das Ihrige vermisst man ungern. Aber das ist nun der Lauf der Welt und so will ich Ihnen lieber sagen, dass ich Sie auch auf Ihrem weitern Weg teilnehmend begleiten werde. Was wird uns Allen noch bevorstehen? Es ist jetzt gut zu wissen, dass die Zukunft grundsätzlich geordnet ist, wie sie auch im Einzelnen aussehen möge. Von unsrer gemeinsamen Freundin M. Dallmann habe ich einen in seiner Unbelehrbarkeit geradezu erschütternden Brief bekommen. Welch ein Erwachen wird da – und nicht nur da – noch einmal notwendig werden! Mit allen guten Grüssen und Wünschen Treulichst Ihr Karl Barth[7]

7 Am gleichen Tag schreibt er einen langen, sehnsuchtsvollen Brief an CvK, die in München bei ihrer Familie ist (s. Karl Barth – Charlotte von Kirschbaum Briefwechsel, S. 383–390)

3

Charlotte von Kirschbaum
an Elisabeth Freiling, Brief aus Bonn vom 23.X.1934

Liebes Fräulein Freiling! Als Ihr Brief zu mir kam, da war ich nach etwas unruhigen Urlaubstagen zu Hause u. stand unter allerlei familiären Bedrückungen, die mich zu einem ruhigen Schreiben nicht kommen ließen. – Und als ich dann hier soeben wieder Fuß gefaßt hatte, da kam ein Ruf nach Berlin an die dortige Synode.[8] So ist es spät geworden mit meiner Antwort. Aber nun kommt sie doch noch u. zwar vor Allem mit einem herzlichen Dank, daß Sie mir diesen Brief geschrieben u. mir ein so gutes Vertrauen geschenkt haben. –

Daß Sie Ihr Examen „gut" bestehen würden, daran habe ich in der Tat nie gezweifelt. Und daß nun trotz des „gut" nach genommenem Hindernis [man] etwas betroffen und beschwert auf der Strecke bleiben kann, das kenne ich. Ein Examen ist unter allen Umständen nur ein notwendiges Übel, aber eben ein notwendiges. Wie hochaktuell dieses Thema augenblicklich in unserem Hause ist, das wissen Sie. Morgen fährt H. Traub nach Dortmund, übermorgen beginnt seine Prüfung.[9] Ich war erfreut, ihn so wohl und ruhig vorzufinden und habe gute Zuversicht, daß es ihm gelingen wird. Schade, daß Sie nicht etwas länger mit ihm arbeiten konnten. Das hat ihm geholfen.

25.X.1934

Inzwischen sind wieder 2 Tage vergangen u. H. Traub ist bereits nach Dortmund gefahren. Wir denken teilnehmend u. mit guten Wünschen an ihn, nicht ohne neuerdings überzeugt zu sein, daß man mit 30 Jahren sich einer solchen Prozedur möglichst nicht unterziehen sollte!!- Prof. Barth ist heute in Barmen in der gleichen Weise beschäftigt, nur eben auf der anderen

8 Am 19./20. Oktober 1934 fand in Berlin-Dahlem die 2. Bekenntnissynode der DEK statt, auf der das kirchliche Notrecht verkündet wurde.

9 Hellmut Traub (1904–1994), Sohn des liberalen Dortmunder Pfarrers und nationalkonservativen Politikers und Publizisten, gehörte wie auch Elisabeth Freiling zum engeren Kreis der Schüler Karl Barths. Er wohnte während seines Theologiestudiums, zunächst in Tübingen, ab 1931 in Bonn zeitweise im Hause seines Lehrers in der Siebengebirgsstraße. Herbst 1934 1. theol. Examen Konsistorium Münster, 1935 Vikar in Honnef. Im gleichen Jahr Verhaftung wegen homosexueller Anklage (§ 175 Strafgesetzbuch). KZ Dachau. Nach Intervention Visser't Hoofts bei Himmler Freilassung. 1936 kurzfristig Assistent bei Ernst Wolf in Halle, danach Abordnung zum BK-Superintendenten Staemmler nach Großkugel. Wieder Verhaftung. Frühjahr 1937 2. theol. Examen BK in Barmen. Forts. Anm. 104.

Seite![10] Die 4 rheinischen Kandidaten, die sich nicht nach Koblenz melden wollten, werden nun von der Bekenntniskirche versorgt.[11] In Zukunft soll die ganze Sache ja reinlich geschieden vor sich gehen. Haben Sie die von der Bekenntnissynode Berlin erlassene Botschaft gelesen?[12] Der offizielle Text ist wirklich unter heißen Kämpfen erstritten u. stellt im wesentlichen den Entwurf dar, der die Tage vorher im kl. Kreise in Oeynhausen unter Mitwirkung von K. Barth vorbereitet wurde. Die bayr. Lutheraner drohten einen Augenblick lang Alles zu zerschlagen u. liebäugelten im Geheimen mit ihrem Wunsch nach einer lutherischen Reichskirche. Daß dieser Angriff, geführt von Althaus[13] und Sasse[14], abgewehrt u. die Leitung des Bruderrates beibehalten werden konnte, das war notwendig u. gut. Aber wie wird der Weg der nun so mühsam geeinten Bekenntniskirche weitergehen? [15] Es wäre undankbar angesichts der Tatsache, daß in Berlin vor allem aus dem Norden und Westen doch sehr getreue u. einsichtige u. entschlossene Männer aufstanden, nun zu zagen u. zu zweifeln. Aber anders als besorgt wird man doch nicht daran denken können. Und so unerbittlich dies klingt – u. wir wußten in Berlin Alle, was dies bedeuten würde – vielleicht muß man um der Kirche willen hoffen, daß der Staat sich gegen sie stellt.

10 Die 3. Rheinische Bekenntnissynode am 13. August 1934 hatte dem Beschluss des rheinischen Bruderrates vom 20. Juli zugestimmt, ein Prüfungsamt der BK in Wuppertal zu errichten (s. Scherffig, Junge Theologen im ‚Dritten Reich'. Bd. 1: 1933–1935, S. 112). Karl Barth beteiligte sich an den Prüfungen.

11 Es handelte sich um Alwin Ahlbory, Gustav Biesgen, Waltraut Eymael und Wilhelm Rott (Beckmann/ Prolingheuer, Zur Geschichte der Bekennenden Kirche. S. 27–45).

12 Die Botschaft der Bekenntnissynode der Deutschen Evangelischen Kirche in Berlin-Dahlem verkündete das kirchliche Notrecht, nach dem die Bekenntnissynode neue Organe der Kirchenleitung beruft, einen Bruderrat und aus seiner Mitte einen Rat zur Führung der Geschäfte.

13 Paul Althaus (1888–1966), lutherischer Theologe, 1913 Lic. theol., 1919 oProf. in Rostock, 1925–1945 und 1948 – em. 1956 in Erlangen. 1934 Kritik an der Barmer Theologischen Erklärung im „Ansbacher Anschlag", kritischer Teilnehmer Dahlem, 1936 Mitgl. der Theol. Kammer der Reichskirche. Mehrere theol. Ehrenpromotionen

14 Hermann Sasse (1895–1976), lutherischer Theologe, 1920 Pfarrer in Templin, 1921–1928 in Oranienburg, 1923 Lic. theol., 1928–1933 in Berlin, 1932 Kritik an DC und NS im KJB, 1933 aoProf. in Erlangen, kritscher Teilnehmer Barmen und Dahlem, 1946 oProf. in Erlangen, 1948 Austritt aus der LK Bayern wegen ihres Anschlusses an die EKD und Übertritt zur altlutherischen Kirche, 1949 – em. 1956 Prof. in North-Adelaide. Theol. Ehrenpromotion in Erlangen.

15 Wenige Tage nach diesem Brief stellte sich heraus, dass die „mühsam geeinte Bekenntniskirche" schon wieder zerbrach. Nachdem Hitler am 30.10.1934 die drei Bischöfe Marahrens, Meiser und Wurm empfangen hatte, beschlossen sie mit der Mehrheit des Bruderrates, entgegen den Dahlemer Beschlüssen, erneut eine Kirchenleitung zu wählen, in der jetzt Marahrens der Vorsitzende wurde: die Erste Vorläufige Leitung (s. Brief Karl Barths aus Berlin an Charlotte von Kirschbaum in Bonn vom 30.10.1934, in: Karl Barth – Charlotte von Kirschbaum Briefwechsel, S. 396ff.)

Wie sich die neuen Beschlüsse, vor allem die des völligen Abbruchs jeder Zusammenarbeit mit den D.C., für Ihre Arbeit auswirken werden, das vermag ich nicht zu überschauen. Aber irgendwelche konkreten Konsequenzen wird das ja wohl früher oder später auch in Frankfurt zeitigen. Die „Angst“, mit der Sie hier oder dort in Ihrer Arbeit stehen, verstehe ich gut. Je mehr Sie von ihr beansprucht sein werden, je geringer wird wohl die Angst werden. Und ist das nicht das Unerhörte dieser Zeit, daß wir wieder so real beansprucht sein dürfen? – Mechtild Dallmann hat noch einmal geschrieben aus Tübingen. Nicht gut. Was uns vor Allem betrübt hat, das war die Tatsache, daß sie nun den Schritt getan hat, der das weitere Gespräch mit ihr zunächst sinnlos erscheinen läßt: daß sie es nun auch wagt, mit dem „Jesus der Evangelien“ zu argumentieren, der sich vom „nordischen Helden“ in nichts mehr unterscheidet. Als ich im vorigen Winter mit ihr sprach, hatte sie hier noch sich stellen lassen u. die billige Möglichkeit einer solchen Umdeutung verschmäht. Nun hat der Zug das Signal überfahren. Und das Entweder – Oder im eigentlichen Sinn – wenigstens im Augenblick – seine Bedeutung verloren. –

Am 6. November sollen die Vorlesungen beginnen. [16] Wir werden Sie hier vermissen. Wenn wir auch persönlich uns nicht mehr kennen lernten, so war Ihr Dabeisein – es sind nicht Viele „dabei“ – tröstlich. –

Professor Barth läßt Sie grüßen. – Der Wunsch nach dem Bilde wurde uns verraten. Sie bekommen hier eine Aufnahme, die erst im September in der Schweiz gemacht wurde.

Mit herzlichem Gruß

Ihre Lollo von Kirschbaum

KBA 98765. 2

Elisabeth Freiling
an Charlotte von Kirschbaum, Brief vom 28. X. 34

Liebes Fräulein von Kirschbaum.

Da der Examensgruß von Herrn Traub gerade abgeht, muß schnell auch ein herzlicher Dank an Sie mit, für den so freundlichen Brief und

16 Am 7. November sollte Barth den Treueid auf den „Führer“ leisten, was er in der vorgeschriebenen Form verweigerte. Daraufhin wurde er am 26. November suspendiert. Charlotte von Kirschbaum brachte am nächsten Tag den vor der verschlossenen Hörsaaltür wartenden Studenten die Nachricht von der Suspension. Am 20. Dezember wurde K.B. dienstentlassen. Er legte Berufung ein.

das feine Bild. Daß Sie sich so viel Zeit für mich genommen haben in Ihrem reichbesetzten Tage. Die Botschaft der Synode habe ich durch Pfarrer Fricke[17] erhalten. Ich bin überhaupt froh für diese theologische Austauschmöglichkeit, sonst wäre die Absperrung hier in Frankfurt schwer zu ertragen. Ob die Bekenntniskirche Arbeitsgebiete für uns Vikarinnen finden wird in all ihrem vielen, noch so unsicheren Vorwärtstasten? Je ferner die Arbeitsmöglichkeiten rücken, um so mehr sehnt man sich doch danach. Aber einstweilen. . sind meine Eltern froh über den Hausarrest des Ausreißers! – Herrn Prof. Barth danke ich nochmals für seine Karte (sofern es Herr Traub nicht ausgerichtet hat!) und für den Gruß aus Berlin und grüße herzlich zurück.

Es grüßt Sie herzlich

Ihre Elli Freiling

KBA 98765. 3

Elisabeth Freiling
an Charlotte von Kirschbaum, Brief aus Barmen vom 12. II. 1935

Liebes Fräulein von Kirschbaum.

Nun sitze ich wieder auf meinem Berg, ein wenig einsam unter einsamen Schwestern. Und nun geht's wieder in die Arbeit hinein. Habe soeben eine Klausur meiner Schülerinnen gelesen, die sie am Samstag zu machen hatten an Stelle der ausfallenden Stunde. „Das Königsamt in Israel". 8–10 Stunden hab ich darüber gegeben, die verschiedensten Linien versucht klarzumachen, die 2 Linien der Beurteilung (hominum confusione, Dei providentia), die Beziehung zum 1. Gebot, die Königsfrage der Heiden, das Lächeln der Bibel über die menschliche Obrigkeit (Jothams Fabel[18]), der Gegensatz von profetischem u. Königsamt, die Obrigkeitsformen in Israel vor dem Königsamt, das Königsgesetz, verglichen mit dem Sinaigesetz u.s.w. – – – und nun dieser „Unterrichtserfolg" in den Klausuren – – – Das einzige, was of-

17 Otto Fricke (1902–1954), Lic. theol., 1929–1954 Pfarrer in Frankfurt/Main. 1934 Sprecher des Pfarrernotbundes in Frankfurt, Landesbruderrat, Reichsbruderrat, 1934 ff. Beurlaubung, Dienststrafverfahren, Haft. 1936–1938 Mitglied der 2. VKL. 1942–1944 Kriegsdienst. 1945–1947 Mitgl. der Vorläufigen KL Frankfurt/M., 1947–1950 OKiR u. Mitgl. der KL Hessen-Nassau. Theol. Ehrenpromotion: DD.

18 Richter 9, 7 ff. erzählt Jothams Fabel von den Bäumen, die sich einen König wünschten; aber weder der Ölbaum noch der Feigenbaum noch der Weinstock wollten sich über die anderen erheben; nur der Dornbusch blieb übrig und war bereit, als König zu herrschen. Martin Buber hat diese Fabel als „stärkste antimonarchische Dichtung der Weltliteratur" bezeichnet (Königtum Gottes, 1932).

fenbar klar geworden ist, ist der fast in allen Arbeiten sich wiederholende Satz, den ich wohl nie so gesagt habe, daß „die Kirche nicht politisch geführt werden kann“. Aber all die feinen verborgenen Schönheiten dieser Samuel – Saul – Geschichten, das ist alles verschwunden, wenigstens aus diesen schriftlichen Ergebnissen. Es ist recht trostlos, wie wenig ich lebendig machen kann für diese einfachen Menschen, denn daß das alles oder wenigstens zum weitaus größten Teil Schuld des Unterrichts ist, das ist mir klar. Nur weiß ich absolut nicht, ob es je anders wird. Da liegen eben eine Fülle theol. u. menschl. Hemmungen bei mir vor. – Ich habe Herrn Traub, obwohl er's nicht verraten hat, im Verdacht, daß er Ihnen von meinen Bibelstunden u.s.w. welche gezeigt hat. Es ist ja auch einerlei, Sie werden schon nichts Besseres erwartet haben, dazu kennen Sie mich ja genügend. Aber wenn Sie mir ein wenig schreiben, wo ich's anders anfassen soll, wo es dran liegt, wenn's so unlebendig ist, dann würde ich Ihnen sicher dankbar sein.

Und nun auch noch einmal herzlichen Dank für alle Ihre Freundlichkeit in den letzten Tagen.[19] Ich komme mir in Ihrer und Barths Nähe immer so ein bißchen wie in den Himmel versetzt vor, wo ja auch alles ganz unverdient zugeht, und denke dann immer, ich will mich einstweilen üben, es wie ein Kind einfach glücklich anzunehmen und nicht mehr dran zu denken, daß ich da eigentlich nicht hingehöre. Es ist das auch auf Erden schon ein sehr glücklicher Zustand! –

Entschuldigen Sie auch den Salat von Ehefragen, den ich Ihnen da mitgegeben habe; ich hab mich 1. an dem Abend nicht konzentrieren können u. 2. auch den ganzen Komplex bei mir noch nicht geordnet, theoretisch und – praktisch, bzw. vielleicht Entscheidungen gefällt, die mir nicht klar waren. Es gibt eben viele Miniaturausgaben unseres Kirchenregiments. Man kann es nur in „getrösteter Verzweiflung“ eben weiter wagen, und das Lächeln über sich und andere nicht vergessen.

Es grüßt Sie herzlich

Ihre dankbare Elli Freiling

19 Karl Barth war mit Charlotte von Kirschbaum in Barmen, wo er am 3. Februar 1935 auf der Vertrauensmännertagung des Rheinisch-Westfälischen Gemeindetages über Matth. 8, 23–27 predigte, in: Vier Predigten. ThExh 22. München 1935, S. 23–35.

4

Charlotte von Kirschbaum
an Elisabeth Freiling, Brief aus Bonn vom 14.II.35

Liebes Fräulein Freiling! Das ist freundlich von Ihnen, daß Sie mir meine vergessenen Handschuhe senden. Haben Sie vielen Dank. – Ich habe mich gefreut, daß wir uns am Montag ein wenig – wirklich nur ein wenig – sprechen konnten. Die schriftliche Fortsetzung des Gesprächs, bzw. den Versuch einer Beantwortung Ihrer Ehefragen, muß ich verschieben bis ich die Zeit finde, darüber ein wenig zusammenhängend nachzudenken u. zu schreiben. Aber ich werde nicht unterlassen, dies zu tun, zumal es hier um einen Fragenkomplex geht, der zuvor wohl bei keinem von uns „weder theoretisch noch praktisch geordnet" ist, über den mich einigermaßen zu besinnen ich aber mancherlei Anlaß hatte.[20]

Heute möchte ich Ihnen nur dies sagen, daß ich in der Zeit einige Ihrer Bibelstunden u. Andachten gelesen habe. Ich glaubte, Traub darum bitten zu dürfen, der mich mit seinen Epheser-Exegesen je u. je bedachte u. ich gern ergänzend die Ihrigen einsehen wollte. –

Ich glaube nicht, daß Sie Anlaß haben, gerade hinsichtlich dieser Arbeit mutlos zu sein. Soweit ich das nach dem verhältnismäßig kleinen Ausschnitt beurteilen kann, gehen Sie mit großer Klarheit u. Disziplin vor u. in einer gründlichen Bemühung um den Text, sodaß mir der Begriff „unlebendig" hier wirklich nicht angebracht schien. Ich würde den Mangel, den Sie zu spüren meinen, als einen solchen erkennen, der notwendig ist, der näm-

20 Charlotte von Kirschbaum und Karl Barth haben in ihren Gesprächen und Briefen immer wieder ihre tiefe intellektuelle, theologische und zärtliche Beziehung reflektiert und ausgesprochen, angesichts der Schwierigkeiten, die sich dieser Beziehung entgegen stellten, z. B. die fortdauernde Ehe mit Nelly Barth, die Abwehr der Mutter Anna und des Bruders Heinrich und die ihrer Familie, die Haltung der fünf Kinder und die Abwendung mancher Mitstreiter im Kirchenkampf. Diese Reflexionen finden ihren Niederschlag im Briefwechsel Karl Barth – Charlotte von Kirschbaum, im Briefwechsel Karl Barth – Eduard Thurneysen und auch in den mir vorliegenden Briefen sowie in den späteren Mutmaßungen Barths in der Kirchlichen Dogmatik III/4, § 54, und der Analyse Charlotte von Kirschbaum in ihrem Buch Die wirkliche Frau, Zürich 1949; s. hierzu Renate Köblers und Suzanne Selingers Bücher über Charlotte von Kirschbaum. Am 11. 2. 1935 hatte Gertrud Lindt Charlotte von Kirschbaum mitgeteilt, „im Hinblick auf die in der Schweiz bereits umgehenden Gerüchte halte es die Familie für richtig, wenn Ch. von Kirschbaum in Basel außerhalb des Hauses Barth wohnen und K. Barth nicht überall hin begleiten würde. Ch. von Kirschbaum möge sich aus Liebe zu Karl Barth und ‚wegen der Dringlichkeit von Karls Arbeit' zurückziehen". Karl Barth – Eduard Thurneysen Briefwechsel 1930–1935.

lich ganz einfach darin begründet ist, daß es ein junger Mensch ist, der hier redet u. der ehrlicherweise in sein Schriftstudium noch nicht gerade eine Fülle von Lebenserfahrung mitbringt, in die hinein er die Worte der Schrift fallen läßt und die dann wiederum seine Worte gefüllt machen. Das ist sicher so u. ich könnte mir denken, daß Ihre guten theol. Erkenntnisse und Einsichten ihren Ausdruck noch einmal interessanter u. selbständiger finden, wenn Sie noch ein Weilchen mehr sich herumgeschlagen haben. Aber ist das ein Anlaß mutlos zu sein? Ist das nicht eine Tatsache, zu der Sie auch wieder freudig stehen dürfen: daß Sie am Anfang sind, aber an einem guten Anfang? Und daß es viel besser ist, Sie machen sich u. Ihren guten Schwestern nichts vor an diesem Punkt u. sagen kein Wort mehr, als Sie ehrlicherweise können?- Und gewiß, je länger Sie unter diesen Schwestern leben u. je besser Sie um sie wissen, je mehr gelingt Ihnen auch die Anrede. Vielleicht sind es Reste der Schule – ich muß ja nicht Angst haben, von Ihnen dahin mißverstanden zu werden, als wollte ich das „Leben" der „Lehre" gegenüberstellen! – die Sie hier noch abstreifen müssen, oder auch wieder nicht müssen. Jeder Tag wird Sie ja mehr hineinführen in die neuen Aufgaben u. zu diesen Menschen, die Ihnen anvertraut sind. Und nichts wird umsonst sein, auch nichts, was schwer vor Ihnen steht. – Ich glaube, Ihnen darf man das schon so sagen, da ich weiß, daß Ihre theologische Bemühung nicht nachlassen wird. Vielleicht sind Sie da einer von den wenigen jg. Theologen, die das begriffen haben, was das Primäre ist u. bleiben muß, die aber nun deshalb nicht aus einer sachlichen Ängstlichkeit das davon nicht ablösbare Sekundäre verkürzen dürfen. – Aber mutlos zu sein, ist sicher kein Anlaß, Frl. Freiling. Auch nicht über die „Klausuren". Glauben Sie denn ernstlich, daß Andre hier sichtbarere Erfolge haben? Und wenn sie glaubten, sie zu haben, daß es dann im Grunde anders wäre?-

Wenn Sie Gelegenheit hätten wie ich sie seit Jahren habe, Karl Barths Arbeit aus der Nähe zu begleiten, dann wüßten Sie, wie hier scheinbar Alles oft ins Leere geredet ist Jahr für Jahr, wie die eingehenden „Klausuren" oft nichts aber auch nichts begriffen zu haben scheinen. Denken Sie an die Bek. Kirche!! Und nun gilt es doch, gerade darum nicht müde u. mutlos zu werden, sondern die Geduld aufzubringen, immer wieder freudig „am Anfang" zu stehen. –

Liebes Frl. Freiling, der „Himmel" ist aus der Nähe besehen sehr „irdisch". Warum sollten Sie nicht dazu gehören? Auch hier nichts anderes als „getroste Verzweiflung". Glauben Sie es.

Herzlich

Ihre Charlotte von Kirschbaum

KBA 98765. 4

Elisabeth Freiling, Postkarte aus Barmen,
an Charlotte von Kirschbaum, Bonn a. Rhein, Siebengebirgsstr. 18, vom 19. II. 1935

Liebes Fräulein von Kirschbaum.

Für Ihren freundlichen Brief und die Drucksache (herrlich!) und die Zusage des weiteren Briefes heute nur ganz herzlichen Dank. Und – bei dem „Himmel" bleib ich doch! Wo anders wäre auch der Himmel, als da, wo das Irdische getröstetes Dasein darf?

Mit herzl. Gruß! Ihre dankbare

E. Freiling

KBA 98765. 5

Elisabeth Freiling,
an Charlotte von Kirschbaum, Brief aus Barmen, Auguste Viktoria Heim, vom 22. III. 1935

Liebes Fräulein von Kirschbaum.

In der Hoffnung, daß sich unsre Briefe nicht kreuzen, kommt schnell noch eine Anfrage dazu, und 2 Bibelstunden, nur wenn Sie Zeit und Lust haben, zum Durchlesen. Es ist mir bei diesen beiden angst geworden, ob die Lebensnähe nicht die Exegese vergewaltigt hat (d.h. die Lebensnähe für meine „Gemeinde" bleibt noch recht zweifelhaft!) Aber Ihr Brief tröstet mich jetzt immer wieder von neuem. Vielleicht hört meine Arbeit unter den Schwestern schon am 1. Mai auf. P. Kunze zieht hierher ins Haus und wird mit mehr Erfolg und Eindrücklichkeit und Schwungkraft meine Arbeit übernehmen.[21] – Was hatten Sie eigentlich für einen Eindruck von ihm? Ich bin manchmal erschossen von seiner unheimlich schnellen theologischen Auffassungsfähigkeit, manchmal darf man vielleicht auch sagen: Anpassungsfähigkeit, und von der Fülle von Arbeit, die er lächelnd bewältigen kann. Manchmal reicht das an eine gewisse Genialität!

Aber meine Anfrage: Ich habe hier einen Primanerinnenkreis u. dergl. übernommen, der aus einer Arbeitsgemeinschaft von P. Schulz hervorgegangen ist. Da habe ich mit mancherlei Gespenstern der Vorfahren zu kämp-

21 Friedrich Wilhelm Kunze (1892–1964), 1927–1935 Pfarrer in Mönchen-Gladbach, 1935–1945 Leiter der Frauenhilfe in Barmen, danach bis 1947 in Godesberg.

fen.[22] Das „Deus dicit“ wird mit unheimlicher Leidenschaft verteidigt, und dazu wird mir gesagt, Prof. Barth hat sich bereit erklärt, für die Lehre von P. Schulz einzustehen und sie als kirchlich rechte Lehre zu verteidigen. Nun habe ich Schulz nie gehört, u. gelesen nur eine Predigt über 1. Mose 12 „Gehe aus deinem Vaterland...“, kurz vor der Ehescheidungssache in einer Bekenntniskirchensitzung gehalten, die mir eine etwas ungemütliche „vorlaufende“ Rechtfertigung seines persönlichen Schrittes zu sein scheint. Ich stehe durchaus für Schulz ein, wenn es sich darum handelt, seinen Schritt zu verteidigen, auch als kirchlich möglich, natürlich! Aber nicht in der Weise durch das „Deus dicit“, wie es in seinem Schülerinnenkreis geschieht, hier scheint mir der Schritt zur D. C.Theologie nicht mehr weit. Sie begründen z. B. den Glauben des 1. Artikels mit dem Glauben an den heiligen Geist. Sind das Mißverständnisse im „Schüler“kreis, oder ist da die schwache Stelle bei P. Schulz?

Die Bibelstunde erbitte ich zurück. Und könnten Sie das bitte auch mal bei Herrn Traub veranlassen? Er schickt mir meine Sachen trotz wiederholter „Ermahnung“ nicht zurück. Pädagogische Unfähigkeit! Ich vermute allerdings allmählich, daß alles im Papierkorb gelandet ist, was ja auch – in Ordnung wäre!

Mit herzlichem Gruß

Ihre Elli Freiling

5

Charlotte von Kirschbaum
an Elisabeth Freiling, Brief aus Bonn vom 25.3.35

Liebes Fräulein Freiling.

Nein, die Gefahr, daß unsre Briefe sich kreuzen möchten, lag diesmal nicht vor. Ihr Zettel begegnet mir zwar fast täglich und seine 5 Fragen sind mir

22 Georg Schulz (1889–1954), Pfarrer in Unterbarmen, Leiter der Sydower Bruderschaft, bedeutender Theologe, hielt während der 1. Bekenntnissynode in Barmen-Gemarke am Nachmittag des 31. Mai 1934 den Vortrag über „Die praktischen Aufgaben der Bekenntnisgemeinschaft der Deutschen Evangelischen Kirche“, der – typischerweise – mehr seiner eigenen lutherischen Intention entsprach als denen des Vorbereitungsausschusses (abgedr. in: Bekenntnissynode der Deutschen Evangelischen Kirche. Barmen 1934). In seinem Rundbrief vom 23.12.1934 teilte er die Scheidung von seiner Frau mit. Er habe diesen Schritt getan aus einem Zwang, der „als Nötigung des göttlichen Willens erfahren worden“ sei. Darum brauche er sich vor niemandem zu rechtfertigen (zit. Lekebusch, Georg Schulz – ein außergewöhnlicher Theologe, S. 24 f.).

durchaus als Fragen gegenwärtig. Aber einmal wollte u. will es zeitlich nie recht langen zu einer ausholenden Beantwortung u. zum anderen fällt mir diese je länger je schwerer. Es scheint mir fast unmöglich in einem Brief die darin angeschnittenen Probleme aufzunehmen. Jede Ihrer Fragen rührt einen ganzen Bereich an. – Aber vielleicht ist Ihnen auch damit ein wenig gedient, wenn ich Ihnen in kurzen Andeutungen lediglich die Richtung anzeige, in der meine Gedanken angesichts dieser Fragen u. im Durchdenken der Ehefrage überhaupt laufen.

Ihre 1. Frage, die mir die wichtigste scheint u. mit der ich noch keineswegs zu Rande komme (Beziehung von Eph. 5 u. Gen. 2) gehört ja wohl darum an den Anfang der Überlegung, als jene Stellen in besonderem Sinne die Ehe in ihrer Bestimmtheit als Schöpfungsordnung meinten, d. h. als solche Ordnung, die unmittelbar mit der Tatsache unseres Lebens selbst in Betracht kommt als Repräsentant der Ordnung Gottes, als Zeugnis von s. Wort, als geschöpflicher Maßstab u. Bekenntnisgrund seines Willens. Es geht um die Ordnung des Geschlechtslebens, das eine Seite des menschl. Lebens ist, für dessen Vollzug wir dem Schöpfer verantwortlich sind. Schöpfungsmäßig leben bedeutet hinsichtlich des Geschlechtslebens: in der Ordnung der Ehe leben. Gen. 2 ist das Zeugnis von der Ehe als Schöpfungsordnung, wobei sofort zu sagen ist, daß auch diese Schöpfungsordnung sich zu einem Problem entfaltet, sich uns als Frage entgegen stellt. Ehe nicht zivil- oder kirchenrechtlich oder unter dem Gesichtspunkt irgend einer geltenden Moral verstanden, sondern als Ordnung Gottes wird für uns immer eine Frage bleiben. Was ist Ehe? – Es scheint mir ferner wichtig in Gen. 2, 18 nicht nur das Zeugnis von der Schöpfungsordnung des Ehestandes zu sehen, sondern auch das Zeugnis von der schöpfungsmäßigen Berufung dieses Mannes Adam für diese Frau Eva u. umgekehrt, ein Zeugnis, das für die Eheschließung von größter Bedeutung ist. Wenn Gen. 2 als Zeugnis für die individuelle Berufenheit je eines bestimmten Mannes zu einer bestimmten Frau angesehen werden darf (Barth tut dies in seiner Ethik u. trifft sich damit stellenweise an einem Punkt mit der Eheauffassung der – Romantik!) so wäre damit ausgesagt, daß Ehe als Schöpfungsordnung nur Einehe sein kann. Die Geltung der Ehe als Ordnung wird freilich nicht davon abhängen können, ob in ihr die schöpfungsmäßige Berufenheit von Mann u. Frau erfüllt ist (welche Ehe würde dann noch gelten??), wohl aber wird jede Eheschließung von dieser Frage aus beurteilt sein wollen, so wenig uns auch hier letzte Einsichten offen sind, so sehr wir auch hier darauf angewiesen sind menschlich zu prüfen. Die Ehe in ihrer Würde als Ordnung kann nicht davon berührt werden, auch wenn die Eheschließung sich hinsichtlich des Berufs als Irrtum erweisen sollte. – Damit komme ich zu Ihrer 2. Frage, die mir freilich in der vorliegenden Formulierung nicht ganz klar ist. Ich meine sie dahin verstehen zu sollen, daß sie sich mit der Beziehung von Ehe u. Eros beschäftigt. Da würde ich nun allerdings meinen, daß wirkliche Ehe nicht anders entstehen kann als aus gemeinsamer Erkenntnis freier gegenseitiger Liebe, Liebe verstanden als das Bejahen u. zwar [das?] u. unbedingte Bejahen einer bestimmten Person des anderen Geschlechtes, u. daß jede Ehe, in der diese Liebe nicht oder nicht mehr gegeben ist, in dieser Hinsicht als gebrochene Ehe anzusehen ist. Diese Liebe besteht in der seelisch-leiblichen Unentbehrlichkeit des Anderen. – Die Frage nach der Verantwortung vor Gott in der Ehe darf die Frage nach der einfachen irdischen Liebe der Eheleute nicht einfach niederschlagen. Sie hat ihre besondere Verantwortung neben jener. Fehlt sie, so kann u.U. die Verantwortung vor Gott diesen Mangel zudecken, so wird die Ehe als Ordnung trotzdem unter dem Anspruch u. der Verheißung des Gebotes stehen, aber eben mit diesem Mangel u. also auch mit der Schuld, die dieser Mangel bedeutet. – Und nun wäre andrerseits freilich auch dies zu sagen: Wo diese Liebe besteht ohne Ehe, wo sie also die Legitimität des Zivil- u. Kirchenrechtes u. der geltenden Moral nicht in Anspruch nehmen kann, da fällt doch auch sie unter das Gebot der Ehe, unter seinen Anspruch u. unter seine Verheißung. Was in der Schrift nicht vorgesehen ist, das ist erotisches Spiel, sodaß wohl zu sagen wäre: jedes Ereignis im Gebiete des Eros meint Ehe (nicht unbedingt „verheiratet sein"!!) u. steht unter diesem Gebot. Unverantwortliche Entscheidungen gibt es hier nicht, hier so wenig wie auf andren Gebieten. –

In Ihrer 3. Frage kommen Sie auf die Ehescheidung zu sprechen u. meinen damit im Blick auf P. Sch.[23] den juristischen Sinn dieses Begriffs. Wir sind uns doch wohl einig darin, daß sie in diesem Sinn nur ein letzter und dann vielleicht unvermeidlicher Punkt ist in einer langen Reihe, auf deren frühere Punkte viel mehr ankommt als auf diesen letzten. Ehescheidung ist grundsätzlich jeder Akt, durch den die Ehe negiert wird, in dem die Liebe u. die Treue, die Ganzheit der Ehe aussetzt. In der Ordnung der Ehe ist diese Ehescheidung im primären eigentlichen wie im sekundären juristischen Sinn nicht vorgesehen, sondern von der Ordnung der Ehe aus kann es nur heißen „der bricht die Ehe". Aber „um eures Herzens Hör[unleserlich]igkeit willen" gibt es hier Kompromisse, gibt es schließlich auch den Kompromiss der juristischen Scheidung. Man wird sich bei diesem Schritt auseinanderzusetzen haben mit dem Anspruch des Gebotes, man wird aber auch diesen Schritt im Glauben an die Vergebung bei sich u. bei Andren sehen dürfen. –

Was die Lage bei P. Sch[ulz] erschwert ist dies, daß er in seinem Reden über diesen s. Schritt den Anschein erweckt, als wolle er diese Situation des Versagens der Ordnung Gottes gegenüber nicht aushalten, sondern beanspruche eine Rechtfertigung s. Weges als eines „gottge[unleserlich:

23 Darüber steht mit Bleistift: „Paul Schemp?"; es ist aber Pastor Schulz (Anm. 22).

salbten?] Weges. Er würde die Situation auch s. Amtsbrüdern gegenüber sehr viel klarer u. einfacher gestaltet haben mit einem schlichten Eingeständnis seines Unvermögens diese Ehe fortzusetzen u. s. Angewiesenheit auf Vergebung. Das konnte er nicht. Wir kennen ihn zu wenig. In einem sehr langen, eingehenden Gespräch mit B[arth] hier gewann dieser den Eindruck eines merkwürdig naiv lebenden Menschen, der die Beweggründe seiner Handlungen selbst sehr häufig nicht durchschaut u. sich selbst merkwürdig wenig kennt. Viele Vorwürfe, die in Ba[rmen] ihm gegenüber jetzt nachträglich sich erheben, übersehen das u. belasten ihn sicher zu Unrecht. Die Psychologie der Pfarrer reicht auch in diesem Fall gewiß nicht aus!! Lebensmäßig wäre da wohl mehr Verstehen am Platz, als P. [sic!] zuteil wurde. – Aber theologisch ist seine Deutung des Vorgangs problematisch. Er hat sich auch da im persönl[ichen] Gespräch sehr vorsichtig ausgedrückt. Aber in einer Bibelstunde, die Martin Eras [24] dort miterlebte, muß allerhand Mißliches gesagt worden sein, sodaß dieser sich energisch zur Wehr setzte. Es ging dort anscheinend wie in einem Vortrag, den B. las, um einen etwas erschreckenden Rekurs auf unmittelbare Einsichten und Erkenntnisse, wie er sie ja auch für seinen [äuß? unleserlich]ren Weg geltend macht. Aber auch da ist es sehr schwierig, ihn zu fassen. Er weiß Alles u. widerlegte s. Einwände gegen s. Vortrag damit, daß dies einer von vielen sei u. daß er an anderem Ort das Korrektiv sehr wohl auch böte. Da er nichts drucken läßt, wir ihn aber so gut wie nie gehört haben, ist es sehr schwer, zu einer Beurteilung zu kommen. Die Warnungssignale laufen alle (incl. Ihr Eindruck im Schülerkreis!) etwa in der gleichen Richtung. Es kann auf keinen Fall darum gehen, daß B[arth] die Theologie von Sch[ulz] unbesehen deckt, wie es auch auf keinen Fall darum gehen kann, daß er seinen konkreten Schritt rechtfertigt. Beides wollten die Freunde von Sch., haben sich aber von der Unmöglichkeit dieses Vorgehens überzeugen lassen. B. hat es lediglich übernommen, mit P[aul] Humburg[25] zu sprechen – dies ist mit gutem gegenseitigen Verstehen geschehen – u. evt. eine grundsätzliche kl. Abhandlung über die theol. Deutung der Ehescheidung überhaupt zu schreiben, da hier vielleicht wirklich auf Seiten der Amtsbrüder gewisse theol. Mißverständnisse vorliegen. – Zur Beziehung von Ehescheidung u. Amt wäre ja wohl dies noch anzudeuten, daß die Gefahr des Ärgernisses hier mindestens sehr nahe liegt u. daß der Amtsträger diese in einem sehr hervorgehobenen Sinn in s. Überlegun-

24 Martin Eras war ein Schüler Karl Barths.

25 Paul Humburg (1878–1945), reformierter Theologe, 1909–1919 Pfarrer in Ref. Elberfeld, 1919–1921 Generalsekretär des DCSV in Berlin, 1921–1929 Bundeswart des Westdeutschen Jungmännerbundes in Barmen, 1928 D. theol. Bonn, 1929 – em. 1943 Pfarrer in Barmen-Gemarke, 1934 – + 1945 Präses der rheinischen BK, 1934 – Rücktritt 1936 Mitgl. der 1. VKL, 1936 „Knospenfrevelpredigt“ gegen die unchristliche Beeinflussung der Jugend, 1936ff. Verhöre und Haft.

gen einbeziehen muß. Auf keinen Fall aber darf allgemein die weitere Ausübung des Amtes als unmöglich angesehen werden. Im Falle Sch[ulz] wäre ja wohl ein Wechsel des Ortes ratsam, da in Barmen nun nachgerade die Welle der „Meinungen“ etwas hoch gegangen ist.[26]

Liebes Fräulein Freiling, über 1. Kor. 7 muß ich mich erst noch ganz anders besinnen. Und zu Ihrer Feststellung hinsichtlich Ehe u. Staat in ihrem Verhältnis zur Kirche kann ich mich nach wie vor nicht bekennen. Auch der Sinn des Staates ist der Dienst am Nächsten, auch er ruht auf der Möglichkeit eines Füreinanderlebens der Menschen, auch er steht in der Kirche. Ich kann hier keinen Rangunterschied sehen. – Der Unterschied wäre aber wohl darin zu finden, daß Ehe Schöpfungsordnung ist, Staat „Sündenordnung“.

Und zum Schluß: Haben Sie sehr herzlichen Dank für Ihre beiden Bibelstunden. Ich habe sie sehr gern gelesen u. finde gegenüber den früheren einen sehr erheblichen Fortschritt hinsichtlich der Lebendigkeit u. Plastik der Darstellung ohne Verkürzung der Exegese. Auch Barth, dem ich die eine (maschinenschriftliche) zur Durchsicht gab, war sehr erfreut darüber u. läßt Ihnen sagen, er fände das „eine sehr gute Bibelstunde“. Vielleicht stärkt das Ihren Mut u. Ihre Freudigkeit zu dieser ganzen Arbeit ein wenig. Es wäre doch traurig, wenn P. Kunze Ihnen diesen Bereich am 1.IV. entzöge. Muß das sein? Und wäre Barmen damit überhaupt zu Ende? Über Kunze wage ich nichts auszusagen. Er liegt mir nicht sehr u. dann muß man gewiß noch ein wenig länger zuwarten im Urteil als sonst. Und ich habe ihn einmal gesehen. Sein etwas unmotiviertes Bekenntnis zum Luthertum hat mich damals in s. Studierzimmer etwas bestürzt, nicht an sich sondern in der gewissen Leichtigkeit, in der er das hinwarf. –

Warum sind Sie so pessimistisch über das Schicksal Ihrer Bibelstunden in H. Traubs Büchern? Sie liegen wohlgeordnet auf seinem Bücherbord. Ich werde ihn mahnen.

Morgen [am 26.03.] ist Reformierte Synode in Siegen. B[arth] predigt abends 8°° trotz des Redeverbotes.[27] Die Synode hat ihn beauftragt. – Am letzten Sonntag wurde hier zwar über das Erste Gebot gepredigt u. die Er-

26 Da das Presbyterium Pastor Schulz die Amtstätigkeit verbot, verließ er nach langem Widerstreben 1936 die Gemeinde und zog mit seiner neuen Frau und der gemeinsamen Tochter nach Falkenhagen. 1937 ließ sich seine psychisch erkrankte Frau von ihm scheiden. Nach der Flucht aus Pommern am Kriegsende lebte Schulz in ärmlichen Verhältnissen in Hilchenbach/Siegen. Erst 1952 gestand ihm die westfälische Landeskirche den Status eines pensionierten Pfarrers zu. 1954 starb er im Alter von 65 Jahren an einem Hirnschlag.

27 Barth predigte in der Nikolaikirche über das Bilderverbot.

klärung verlesen.[28] Die Predigt (von Frick[29]) hat ihr Möglichstes getan, den Zorn des [unleserlich: Herrschers...?] zu mildern. Es ist traurig. – –

Mit herzlichem Gruß

Ihre Charlotte von Kirschbaum

KBA 98765. 6

Elisabeth Freiling
an Charlotte von Kirschbaum, Brief aus Barmen vom 13. IV. 1935

Liebes Fräulein von Kirschbaum!

Zunächst schäme ich mich sehr, daß ich nun bald 3 Wochen habe vorübergehen lassen, ohne Ihnen auch nur zu danken für Ihren Brief und all die Zeit und Mühe, die Sie auf meine Fragen verwandt haben. Es ist einmal meine zeitweise erschreckende Unfähigkeit zu einer ordentlichen Zeiteinteilung, und dann noch, daß ich mich recht unfähig fühlte und noch fühle, auf so einen Brief auch nur einigermaßen vernünftig zu antworten. Ich habe mich deshalb heute, endlich, entschlossen, Ihnen einfach nur sehr herzlich für alle Antworten zu danken und meine doch sehr kindlichen Anmerkungen, die ich dazu machen könnte, wegzulassen. Es sind mir einige ganz neue Lichter auf diesem Gebiet aufgegangen und im ganzen habe ich eben noch gründlich weiter darüber nachzudenken, wie und wo es Theorie und Praxis erfordern!

Ich habe eine schöne Woche (vom 1.–6. IV.) in Bad Harzburg hinter mir, ein Bibellehrgang von Marie Weigle (Vikarin von etwa 42 Jahren)[30] für leitende Frauen in der Frauenhilfe. Ihre Art der Bibelarbeit ist methodisch gut,

28 Mit Kugelschreiber hat ein Bearbeiter darüber geschrieben: „gegen Mythos v. 5.3.35 Pr. Dahlem“. Es handelt sich um das Wort an die Gemeinden, das die Zweite Bekenntnissynode der Ev. Kirche der altpreußischen Union gegen die neue Religion von Blut, Rasse und Volkstum beschlossen hatte. Es sollte am 17.3. verlesen werden. Innenminister Frick hatte die Verlesung verboten. Ca. 500 Pfarrer wurden verhaftet, aber bald wieder freigelassen. Die Verlesung am 24.3. erfolgte ohne Störung.

29 Friedrich Josef Frick (1880–1952), 1926 – em. 1950 Pfarrer in Bonn. Zur Rolle Fricks s. Hinz-Wessels, Die evangelische Kirchengemeinde Bonn.

30 Maria Weigle (1893–1979), evangelische Theologin. 1919 bis 1923 Studium der Theologie und Philosophie, besonders bei Adolf Schlatter in Tübingen, dessen Bibelauslegungen sie faszinierte. 1923 Lehrerinnenexamen, 1924 Fakultätsexamen, 1926 bis 1945 Reichsfrauenhilfe Potsdam, 1929 2. Theologisches Examen. Ab 1933 führte sie Ausbildungskurse für Bibelarbeit mit Frauen durch. 1946 bis 1961 Leiterin des Gemeindehelferinnenseminars in Stein bei Nürnberg, 1958 Ehrenpromotion.

man kann es damit Frauen zumuten, stundenlang über einem kleinen Bibelabschnitt zu sitzen, ohne müde zu werden. Leider ist sie 1. nur auf Evangelientexte anzuwenden!, wodurch sich das 2. erklärt: sie bleibt in einer gewissen biblischen Geschichtlichkeit stecken, ich möchte es noch nicht einmal Unterricht nennen. Es steckt da in ziemlicher Tiefe ein theologischer Fehler, in der Lehre vom Wort Gottes. Es ist die Linie der Schlatter'schen Erläuterungen, mit all ihren Vorzügen und ihrem Mangel. Es kommt zu keiner bekennenden Verkündigung und damit zu keiner echten „Gegenwartsnähe", weil man – ja, vielleicht doch irgendwie weiß, was das Wort Gottes zu sagen hat. – Ich weiß nicht, ob ich's ganz richtig sehe, aber das hat dazu geführt, daß mir die Tagung mehr interessant als „wertvoll" war. Und sehr schön war der Harz in Schnee und strahlendem Sonnenschein!

Der Wechsel meines Arbeitsgebietes am 1. IV. war ein Mißverständnis Ihrerseits, er bezog sich auf den 1. V. und wird auch wirklich. Ich freue mich in vieler Beziehung darüber. Hier im Hause neben und auch mit P. Kunze würde ich mich wohl ziemlich überflüssig und unbehaglich fühlen. Ich habe so meine stillen Beobachtungen bei diesem Wechsel von M. Gladbach nach Barmen gemacht und manches Neue entdeckt. Allein die Tapetenauswahl für die hiesige Wohnung sprach Bände!! Aber ich will lieber nicht „lästern". Ich habe auch in den letzten Wochen sehr stark das Empfinden gehabt, daß ich mit meiner „Obrigkeit" hier nie recht auskommen werde. Die bestehende Ordnung für richtig ansehen, kann ich nicht, vor allem die große Unfreiheit der Schülerinnen, für die ich mich immer wieder einzusetzen versuchte. Und etwas daran zu ändern, habe ich offenbar nicht die genügend schlaue und vorsichtige Art gehabt! Die Form, wie ich all meine Neuerungsversuche vorbrachte, wurde jedesmal mit [dem] Diktum „Nein" beantwortet. Und das hat mich sehr gelähmt. Darum geh ich gern. Nur der Abschied von den Schülerinnen ist mir schwer. Aber mein neues Arbeitsfeld ist nicht weit, und ich hoffe doch, daß ich manche an ihren freien Nachmittagen wiedersehe.

Also: Das neue Gebiet ist die Gemeinde von P. Graeber hier in Barmen.[31] Der Konfirmanden- und Katechumenenunterricht und meine „Jungfrauen" haben mich ja dort schon eingeführt, und ich freue mich eigentlich sehr auf diese Gemeindearbeit. Ich werde bei P. Graeber wohnen, und das bedeutet ein gemütliches Familienleben mit Schlatter-Theologie und guter Kirchenmusik und 2 Kindern (Junge von 16/17 Jahren, Mädchen von 11/12 Jahren) und einer netten Pfarrfrau. In der Gemeinde bestehen mancherlei große Schwierigkeiten durch die Kämpfe zwischen den Pfarrern, die außer

31 Martin Graeber (1884–1959), 1929 – em. 1954 Pfarrer in Barmen-Wupperfeld. 1937 Lic. theol.

P. Graeber alle entweder „bekenntnisschwach“ oder D. C. sind.[32] „Wie selig waren wir, als noch Friede war …“ also ein fruchtbares Arbeitsfeld!

Seit Mitte März soll ich Sie herzlich grüßen von, falls Sie sich noch an sie erinnern: Luise Haverkamp. Sie hat ja nun hier ihr Examen gemacht, wir haben den Morgen danach hier glücklich wie die Kinder genossen – scheinbar wenige Tage später, hat sie sich verlobt![33] Mit Karl Krämer, falls Sie ihn kennen, er hat auch hier das Examen gemacht, Herr Prof. Barth hat ihn mit geprüft![34] So geht das! Gerade hatte ich mich so gefreut, daß nun einmal eine Theologin mit einer anständigen Theologie ins Amt käme (– denn das hat Luise Haverkamp), und nun ist auch dieser schöne Traum wieder aus. D. h. sie geht noch für 1 Jahr ins Lehrvikariat, zum Lernen für ihren neuen Beruf! Und zwar zu P. Graeber nach Anhausen![35] Er ist der Bruder „meines“ Pastors, und Luise hat also auch Gemeindearbeit. Darüber freuen wir uns einstweilen. Anfang Mai fahre ich vor dem neuen „Amtsantritt“ wahrscheinlich für 8 Tage nach Hause, dann werde ich sie gleich in ihrem neuen Amt besuchen, – und – wenn's reicht, darf ich auch einen kleinen Abstecher nach Bonn machen?

Die Beschlüsse von Siegen dürften einem doch mal wieder ein wenig Freude machen, gelt?[36] Ich möchte gerne manches fragen, über diese Hochschule und Barths Zukunftspläne u.s.w., aber dieser Brief soll in keiner Weise eine Antwort erwarten, das geht nicht. Ich wollte Ihnen nur danken und ein bißchen erzählen aus meiner Ecke. Am 28. IV. ist ja hier in Wuppertal „Gemeindetag unter dem Wort“, soviel ich hörte, für das ganze Rheinland, dann sieht man sich vielleicht mal wieder für einen Augenblick; d. h.

32 Die ca. 40 000 Gemeindeglieder der lutherischen Gemeinde Wupperfeld wurden von zehn Geistlichen (bei neun Pfarrstellen) betreut. Die Gemeinde war im Kirchenkampf völlig zerstritten: 1935 standen den sechs sehr unterschiedlich positionierten BK-Pfarrern zwei Deutsche Christen und zwei Neutrale gegenüber. Das Presbyterium lehnte den Anschluss an die BK ab und versuchte einen Kurs der Mitte zu steuern.

33 Luise Haverkamp (1908–2000), März 1936 1. theologisches Examen bei der rheinischen BK. Vikariat in Anhausen bei Pfarrer Johannes Graeber. 1938 Heirat mit BK-Pfarrer Karl Krämer. Pfarrfrau.

34 Karl Krämer (1911–1963), Frühjahr 1935 1. theologisches Examen und Herbst 1937 2. Examen bei der BK, Pfarrer einer BK-Gemeinde in Düsseldorf Eller, 1954–1963 Studienleiter im „Haus der Begegnung“ Mülheim/Ruhr.

35 Johannes Graeber (1887–1959), 1922 – em. 1957 Pfarrer in Anhausen. BK, Strafverfahren. 1945–1957 Superintendent des Kirchenkreises Wied.

36 Die 2. Freie Reformierte Synode in Siegen vom 26.–28. März 1935 hatte fünf wichtige Beschlüsse gefasst, von denen der 2. Beschluss die Errichtung einer Hochschule für reformatorische Theologie vorsah. Viele Freunde Karl Barths, besonders aus Barmen-Gemarke, wollten dort einen Lehrstuhl für ihn einrichten. Das Vorhaben zerschlug sich (Hans Prolingheuer, Der Fall Karl Barth). In der 5. Entschließung richtete sich die Synode gegen die neuheidnische Religion und ihre Propagierung durch staatliche Organe (35. Brief zur Lage vom 11. April 1935. In: Briefe zur Lage, S. 286).

ich rechne so unentwegt, daß man Sie noch in Bonn suchen darf, und vielleicht rüsten Sie schon zum „Auszug"? Aber daran kann man nicht „im voraus" denken ...

Zum Schluß noch ganz herzlichen Dank für „die große Ermutigung". Ob ich's ja verdient hab oder wie das möglich ist, das weiß ich nicht.

Aber jedenfalls weiß ich mir nichts Schöneres für meine Bibelstunden zu wünschen, als daß sie immer wieder einmal dieses Urteil haben dürfen. Dann mögen die Anderen ruhig tadeln! Man muß vielleicht lernen, zwar nicht, sich daran zu gewöhnen, aber sich nicht dadurch irre machen zu lassen.

Nun für heute herzliche Grüße, bitte auch an Herrn und Frau Professor Barth,

von Ihrer dankbaren

Elli Freiling

6

Charlotte von Kirschbaum
an Elisabeth Freiling, Briefkarte aus Bonn vom 26.4.35

Liebes Fräulein Freiling!

Sie hätten auf Ihren guten Brief eine Antwort haben sollen. Aber diese letzten Wochen waren in vielfacher Hinsicht bewegt und beanspruchten Zeit und Kraft.[37] Nun naht die Rheinische Synode.[38] Wir – d.h. Karl Barth u. ich – werden dazu kommen u. ich habe die Hoffnung, Sie dann zu sehen. Den Gemeindetag werden wir voraussichtlich nicht auch noch mitmachen

37 Barth war am 20.12.1934 von der Dienststrafkammer bei der Regierung in Köln dienstentlassen worden. Am 14.3.1935 hatte er beim Preußischen Oberverwaltungsgericht in Berlin Berufung eingelegt.

38 4. Rheinische Bekenntnissynode vom 28.–30.4.35 in Barmen-Gemarke. Sie beschloss u.a., „dafür Sorge zu tragen, daß Professor D.D. Karl Barth seine Arbeit ... fortsetzen kann" (zit. in Beckmann, Rheinische Bekenntnissynoden, S. 208). Aber einen formellen Ruf erhielt er nicht. Am 14. Juni 1935 hob das Oberverwaltungsgericht in Berlin die Dienstentlassung Barths auf, jedoch versetzte Minister Rust ihn am 21. Juni aufgrund des § 6 des Gesetzes zur Wiederherstellung des Berufsbeamtentums in den Ruhestand. Kurz darauf berief ihn der Basler Regierungsrat zum ordentlichen Professor an die Universität Basel.

können,[39] sodaß wir wohl erst Sonntag Abend in Barmen ankommen, vielleicht mit Hellmut Traub, so sein Chef es ihm gestattet.[40] Wir hatten gute Tage zusammen mit Helmut Gollwitzer[41] u. Herrn Steck,[42] die Sie ja beide wenn auch nur flüchtig, kennen. Gollwitzers Arbeit über die lutherische Abendmahlslehre stand im Mittelpunkt. – Hinsichtlich des weiteren Schicksals von K.B. ist immer noch alles unentschieden. Sie werden uns im Mai durchaus noch hier finden u. es wäre schön, wenn Sie dann statt in Beuel vielleicht einmal in der Siebengebirgsstr. Quartier nähmen.

Mit herzlichem Gruß

Ihre Charlotte von Kirschbaum

KBA 98765. 7

Elisabeth Freiling
an Charlotte von Kirschbaum, Briefkarte vom 30. VI. 1935

Liebes Fräulein von Kirschbaum.

Möchten Sie mir bitte einen Hörerschein ausstellen und an Osiander abschicken?[43] Ich habe durch Rückgabe des Kittel'schen Wörterbuchs[44] die Möglichkeit, für 45.– M Bücher zu kaufen! Ein kleiner Lichtblick in dieser theol. kirchl. so dunklen Zeit. – Wie freu ich mich auf das Credo[45] und

39 Der Gemeindetag „Unter dem Wort“ ging der Synode voraus. Er fand in allen Wuppertaler Gemeinden statt. 25000 Menschen nahmen daran teil.

40 Johannes Friedrich Josten (1883–1964), 1922 – em. 1949 Pfarrer in Honnef.

41 Helmut Gollwitzer (1908–1993), Studium der Philosophie und Theologie, engagierter Schüler Karl Barths, 1934 Mitglied der BK, 1937 Promotion in Basel. 1937, nach der Verhaftung Niemöllers, Pfarrdienst in Dahlem, half Juden zur Flucht, 1940 mehrfach verhaftet. Kriegsdienst, russische Gefangenschaft, 1950 oProf. für Systematische Theologie in Bonn, 1957 Freie Universität Berlin. Aktives Engagement in der Friedens- und Studentenbewegung, gegen Atombewaffnung und Vietnamkrieg. 1975 Emeritierung. Theologische Ehrenpromotionen in Heidelberg und Glasgow.

42 Karl Gerhard Steck (1908–1983), Studium der Theologie, gehörte in Bonn zum engsten Schülerkreis Karl Barths. 1936 Dozent am Predigerseminar der BK in Frankfurt a.M. 1943 Pfarrer in Sulzbach- Rosenberg, 1952 oProf für Systematische Theologie Universität Frankfurt, 1964 Münster,1980 Emeritierung.

43 Osiander ist der Name der Buchhandlung.

44 Gerhard Kittel (1888–1948), 1913 Lic. theol., 1921 oProf. in Greifswald, 1926–1945 in Tübingen, 1933 Mitgl. NSDAP, 1933 Hg. des Theol. Wörterbuchs zum NT, seit 1935 im Sachverständigenbeirat des Reichsinstituts für die Geschichte des neuen Deutschland, 1945 Entlassung aufgrund des Vorwurfs antisemitischer Positionen, 1946 Internierungslager Balingen, 1946–1948 Seelsorger in Beuron.

45 Credo. München 1935.

einiges andere, was nun endlich in meinen Besitz kommt. Was ist wichtiger: „Auferstehung der Toten“[46] od. „Wort Gottes u. Theol.“[47]? Ich habe mich für ersteres entschieden und warte mit dem 2. auf die nächste große Gelegenheit. – Alle übrigen Fragen, die auf dem Herzen liegen, sind ein unentwirrbares Rätselraten und ich habe nur die eine Bitte, daß sich endlich etwas entscheidet, einerlei wie. –

Mit herzlichem Gruß und Dank !

Ihre Elli Freiling

7

Charlotte von Kirschbaum
an Elisabeth Freiling, Briefkarte vom 6.7.1935 [48]

Liebes Fräulein Freiling!

Hat der Hörerschein noch ein klein wenig Zeit? Da er der Unterschrift von Barth bedarf, würde ich ihn mit dieser versehen nächste Woche, sobald ich in Basel bin an Osiander abgehen lassen. Augenblicklich liege ich nämlich im Krankenhaus in Honnef mit einem tiefen Loch im Halse, das unerwarteter Weise mitten im Umzug nötig wurde, um einen bösen Furunkel zu entfernen. Ich danke es der Sorge von Herrn Traub und der Tatkraft von Schwester Helene, daß nicht noch Schlimmeres geschah. 8 Tage werde ich wohl noch hier sein müssen, dann hoffe ich der Familie Barths nach Basel nachreisen zu können. – Ich gab Ihren Brief an H. Traub. Sie können sich denken, daß auch ich mich auflehnte gegen diese Entscheidung. – Barth hat sich in einem Brief an D. Hesse ausführlich erklärt.[49] Ich hoffe, daß Sie die-

46 Die Auferstehung der Toten. München 1924.

47 Das Wort Gottes und die Theologie. München 1924.

48 Am gleichen Tag schrieb sie aus dem Krankenhaus in Bad Honnef, wo sie sich einer Operation ihres stark vereiterten Furunkels unterziehen musste, an Karl Barth in Basel, der dort in seinem neuen Wohnsitz am St. Albanring Möbel und Bücher einräumte. Der Umzug der Familie fand am 8. Juli statt. CvK schrieb ihm u.a., dass sie einen Brief von E. Freiling bekommen habe, in dem, wie auch aus anderen Briefen seiner „jungen Freunde“, das Erschrecken über Karl Barths Weggehen wie „ein Aufschrei“ deutlich geworden sei (Karl Barth – Charlotte von Kirschbaum, S. 539).

49 Karl Barth an Hermann Albert Hesse v. 30.6.1935. In diesem Brief schilderte er noch einmal ausführlich die Gründe, die ihn veranlassten, den Ruf aus Basel anzunehmen. Einer der Gründe war ganz entscheidend auch der, dass die Bekenntniskirche nach wie vor sich demütig zu einer Obrigkeit bekenne, die sich zu „einer fluchwürdig ge-

sen Brief bald einmal auf einem Umweg zu Gesicht bekommen. Dem Zorn ist die Basis entzogen, wenn die Leute wie neulich in der rhein. Bruderratssitzung – Traub war dort – ihre Schwäche zugeben. Es fehlt die Erkenntnis. „Darum bitten wir den Heiligen Geist..."

Es grüßt Sie herzlich

Ihre
Charlotte von Kirschbaum

KBA 98765. 8

Elisabeth Freiling, W.-Oberbarmen, Freiligrathstr. 66,
an Charlotte von Kirschbaum, Brief vom 10. VII. 1935

Liebes Fräulein von Kirschbaum.

Ja, der Hörerschein hat noch Zeit, meine Bücher hab ich schon und der Betrag wird dann einfach auf mein Konto gutgeschrieben. Aber – was haben Sie sich denn inzwischen geleistet? Wie dürfen Sie denn mitten im Umzug krank werden, und noch so gefährlich? Ich kann es mir nun lebhaft vorstellen, wie Sie in Basel an allen Ecken fehlen bei der Neueinrichtung der Studierstube u.s.w. Daß das alles hat gehen müssen ohne Sie, und daß es dann immer wieder doch irgendwie geht – das ist seltsam. Sicher war die ganze Sache auch sehr schmerzhaft. Und dann in den heißen Tagen. Wie schön, daß Sie in Honnef liegen konnten und dann sicher doch ein wenig Trost durch Herrn Traub hatten. Ist also nun der ganze Haushalt in Bonn auf-

wordenen Tyrannei" entwickelt hätte. „Sie hat für Millionen von Unrecht Leidenden noch kein Herz. Sie hat zu den einfachsten Fragen der öffentlichen Redlichkeit noch kein Wort gefunden. Sie redet – wenn sie redet – noch immer nur in ihrer eigenen Sache. Sie hält noch immer die Fiktion aufrecht, als ob sie es im heutigen Staat mit einem Rechtsstaat im Sinne von Römer 13 zu tun habe" (Karl Barth, Offene Briefe, S. 336–353, hier: S. 349). D. Hermann Albert Hesse (1877–1957), 1916–1943 Pfarrer in ref. Elberfeld, war einer der engagiertesten und treuesten Anhänger Barths, der sich bis zuletzt bemühte, Barth 1935 in Deutschland zu halten. Als „entschiedener Dahlemit" war er Gründer und Sprecher der „Kirchlichen Arbeitsgemeinschaft", die auf ihren beiden Tagungen im Jahr 1943 den Kurs der kompromissbereiten BK eindeutig ablehnte. Im gleichen Jahr werden Vater und Sohn Helmut Hesse verhaftet und ins KZ Dachau verbracht. Helmut stirbt dort. Vater Hesse wird von der Kirchenleitung zwangspensioniert. 1944 aus Dachau entlassen, kehrt er in seine alte Heimat Weener/Ostfriesland zurück. Rede- und Predigtverbot. Nach der Befreiung Predigtdienst dort und Fortführung seiner Arbeit als Moderator des Ref. Bundes (seit 1934) bis 1946. 1948 Rückkehr nach Elberfeld, hin und wieder Predigtdienst – die neue KL hatte die Zwangspensionierung sofort aufgehoben.

gelöst? Kein Haus Barth mehr in Deutschland? Der kurze Abschied auf der Barmer Synode am 30. April war also der Schluß, wie ich damals auf der Heimreise, auf der ganzen Fahrt, auf der ich mit den Gedanken nicht loskommen konnte von der Synode, befürchtete. Da war es ja so schrecklich deutlich: sie begreifen Prof. Barth nicht und deshalb wollen sie ihn nicht, sie haben im Grunde alle Angst vor seinem Wort. Ach, ich habe auch lange Angst gehabt, eine schreckliche unheimliche Angst, und ich verstehe sie wohl; aber es ist ein stechender, beklemmender Schmerz, daß er nun fort ist, so gewissermaßen ehe die Operation geschehen ist, mitten in der Operation drin. Und nun wurschteln die Assistenten weiter.

Der Umzug mußte ja auch ohne Sie gehen. – Na, ja, die Geschichte der Kirche ist eben ganz seltsam. „Auf diesen Felsen (!) will ich bauen meine Gemeinde" ... mir kam dieser Satz in letzter Zeit manchmal wie „Humor Gottes" vor.

Nächste Woche kommt Herr Traub zu uns. Meine liebe Pfarrfrau, Frau Pastor Graeber, hat ein wenig Angst davor. Er hat ihr keinen sympathischen Eindruck gemacht! Mir auch nicht!! Ich hoffe, daß sie diese Antipathie schneller überwindet – als ich!! 8 Tage sind ja eine kurze Zeit, bei mir ging's nicht so schnell – aber er fängt ja seine Arbeit hier vermutlich mit dem Frauenhilfe – Jona – Abend an, ich hoffe, das überwindet. Es ist halt immer ein Wagnis mit Traub.

Die ganze Vertretung von P. Graeber hier hat mir sehr viel Freude gemacht, es ist etwas ganz Einzigartiges um Gemeindearbeit mit all ihren Sorgen und Freuden, ich bin immer wieder so froh, daß ich in diesem Beruf gelandet bin.

Nun wünsche ich Ihnen von ganzem Herzen noch gute Besserung und wenig Schmerzen und daß Sie bald wieder an Ihrem Platz sein dürfen, auch wenn er nicht mehr in Deutschland ist. Ihr Platz ist auf alle Fälle ein guter.

Es grüßt Sie herzlich

Ihre Elli Freiling

8

Charlotte von Kirschbaum
an Elisabeth Freiling, Briefkarte aus Honnef vom 12.7.1935 [50]

Liebes Fräulein Freiling!

Haben Sie herzlichen Dank für Ihren Brief. Nun H. Traub nicht nach Barmen kommen darf – ich halte das objektiv für gut, da ich jeden Anlaß, den er ungenutzt läßt, sich im gegenwärtigen Stadium zu exponieren, für gut halte – möchte ich Ihnen doch jenen Brief Barths direkt zukommen lassen.[51] Ich darf sicher sein Verständnis voraussetzen, daß zu dem kleinen Kreis, dem er zugesendet wurde, auch Sie gehören. –

Hier darf ich sehr gute, friedliche u. unerwartet reiche Tage verbringen. Am Sonntag fahre ich nach Basel, wo ich bereits zwei schön eingerichtete Studierzimmer vorfinden werde. So nimmt Alles seinen Gang, immer anders als wir planen, aber gerade darum gut.

Es grüßt Sie herzlich

Ihre Charlotte von Kirschbaum

KBA 98765. 9

Elisabeth Freiling, W.-Oberbarmen, Freiligrathstr. 66
an Charlotte von Kirschbaum, Brief vom 19.VII.1935

Liebes Fräulein von Kirschbaum.

Es geht gut! Die Woche ist so schön. Die Hemmungen von Frau Pastor Graeber sind sehr schnell vergangen, und wir haben ein frohes Familienleben im Hause gehabt, seither.[52] Heute kommt Herr Pastor Graeber, da wird sich einiges ändern. Sie staunen sicher, daß mir die Dinge des Hauses zuerst auf der Zunge liegen, aber ich habe eben auch sehr viel für meine liebe Frau Pastor von dieser Woche erhofft. Und ich glaube, wir dürfen alle sehr dank-

50 Am selben Tag schrieb sie zwei Briefkarten an Karl Barth in Basel, und er schrieb eine Karte an sie – voll Liebe und Sehnsucht. Sie kündigte ihr Kommen zum Sonntag, dem 14. Juli an (Karl Barth – Charlotte von Kirschbaum, S. 556–559).

51 S. Anm. 49.

52 Hellmut Traub hat entgegen der vorherigen Nachricht doch die eine Woche Pfarrer Graeber vertreten.

bar sein. Ich hatte zum Schluß noch solche Angst vor der Woche, es konnte ja auch alles verschlossen bleiben, aber es sind offene Türen geschenkt. Ja, daß es nur diese eine Woche ist, das ist das Traurige. Wenn man in der Gemeinde auf solche Verkündigung hin und von solcher Verkündigung her arbeiten dürfte, wie anders wäre das. Und wir brauchen's ja eben täglich so, es läßt sich nicht einfangen.

Herr Traub hat mancherlei frohe Nachrichten und Aussichten hier bekommen, das muß er Ihnen selbst erzählen. Eine wäre ja vielleicht auch mit Daueraufenthalt in Barmen verbunden. Wie froh wäre ich darüber. Warum gibt es nur so schrecklich wenige, die wirklich exegisieren können? Ich kann es ja auch nicht.

Soeben ist Ihr Brief angekommen, herzl. Dank dafür. Dabei wurde mir erst klar, daß Sie ja gar nicht wissen, daß Herr Traub doch hat kommen dürfen, sogar ohne Zorn.

Dieser Brief wird mit dauernden Unterbrechungen geschrieben, verzeihen Sie. Es steht darum auch gar nichts drin, außer daß diese Woche eine schöne Woche ist. Ich danke Ihnen noch sehr herzlich, daß Sie mir den Brief von Prof. Barth an Hesse geschickt haben. Es ist unheimlich, wenn man einmal wieder an solch einem Punkte hineinsieht in das Gewirr von Schuld und Irrtum, aus dem heraus die Entscheidungen der Geschichte fallen. Und dann Dei providentia glauben. Es ist gut, daß auch nach solchen Tagen die Zeit einfach weiter läuft, als sei nichts geschehen, und der neue Tag stellt einfach in die neue Arbeit in der neuen Lage herein und so geht es weiter. Das Gebot der Arbeit bleibt ja das gleiche, einerlei wohin die Reise der deutschen Kirche geht. Ich wollte nur so arbeiten können wie Herr Traub, der im Zimmer nebenan sich auf den heutigen Bekenntnisabend vorbereitet: David – Saul. Ich freue mich darauf für mich und unsere armen halb verhungerten (geistlich!) Leute da unten im Tal der D.C.er.

Elli Freiling

9

Charlotte von Kirschbaum
an Elisabeth Freiling, Brief aus Budapest vom 2.9.35

Liebes Fräulein Freiling,

Ihr Brief traf mich hier, nachgeschickt aus der Schweiz. Wir sind gerade auf einer Vortragsreise durch die Tschechoslowakei, heimwärts eilend durch

Ungarn, Jugoslawien im Auto unsrer Freunde.[53] Gleichzeitig traf mich hier ein Brief von Hellmut Tr[aub]. Er ist in München, wartet auf die gerichtl. Untersuchung. Ich habe ihm eben geschrieben. Sobald er Besuche haben darf, fahre ich dorthin. Er bittet flehend darum u. ist natürlich am Ende seiner Kraft. – Um was es sich handelt? Um eine der sinnlosen Härten, wie wir sie kennen. [Unleserlich] u. ich darf sagen: K.B. und ich wußten seit Jahren um die besondere Schwierigkeit im Leben unseres Freundes. Wir haben ihn in einer Nähe kennen gelernt, wie das vielleicht sehr selten ist. Und ich kann Ihnen von daher nur sagen: Vertrauen Sie ihm weiter wie bisher. Wir müßten über die Dinge <u>sprechen</u> können, schreiben läßt sich darüber nicht. Aber so viel kann ich Ihnen sagen, daß vielleicht Wenige gekämpft u. in den letzten Jahren auch – dafür kann ich bürgen – widerstanden haben wie er. Umso härter ist es, wenn nun aus der Vergangenheit eine Schuld sich an ihm rächen sollte, die als Schuld von <u>ihm selbst</u> erdrückend empfunden wird, die aber mit einem groben Vergehen im <u>gerichtl.</u> Sinn nur infolge einer verantwortungslosen Willkür verwechselt werden könnte. – Alles scheint zurückzugehen auf die Äußerung eines Jungen anläßlich des Verhörs eines bayr. Religionslehrers, der sich an ihm vergangen hatte. Der Junge nannte in diesem belastenden Zusammenhang T[raub]s Namen. Derselbe Junge hat dann s[einem] Pfarrer gegenüber, mit dem ich eingehend sprach, den Sachverhalt sehr viel differenzierter dargestellt. Aber der Name war gefallen u. die Verhaftung erfolgte u. zwar von der Polit. Polizei, da gerichtlich kein Grund vorlag. Gegen diese Instanz ist kaum etwas zu machen. Was gemacht werden kann, ist geschehen. –

Nun müssen wir – weiter warten. Seine Adresse ist: München, Briennerstr. 50, Zelle 9.

Verzeihen Sie die Flüchtigkeit dieses Briefes. Ich schreibe in einem überfüllten Budapester Restaurant u. der Kopf wirbelt mir etwas.

K.B. läßt Sie auch grüßen. S[eine] Begegnung mit der calvinist. Kirche der Mähr. Brüder war gut. Es sind dort sehr aufgeschlossene junge Pfarrer. –

Es grüßt Sie herzlich

Ihre Charlotte von Kirschbaum

Wenn ich etwas mehr Ruhe habe, hören Sie mehr.

53 Charlotte von Kirschbaum begleitete Karl Barth zusammen mit dessen Freunden Gerti und Rudolf Pestalozzi in deren Auto auf einer Vortragsreise nach Mysliborice in Mähren auf Einladung seines Prager Kollegen Josef Hromadka. Auf der Heimreise besichtigten sie Prag, Budapest und Venedig.

Elisabeth Freiling
an Charlotte von Kirschbaum, Brief vom 15. IX. 1935

Liebes Fräulein von Kirschbaum.

Sie sind in all dieser Zeit mein irdischer Trost. Sie haben die Mittel, die Möglichkeiten und die Kraft, soweit ein Mensch da helfen kann, einzugreifen. Haben Sie herzlichen Dank, daß Sie mir trotz allem, was auf Ihnen lag, sofort von der Reise aus geschrieben haben.

Ich habe von der Schuld, die auf Herrn T[raub] lag, in all den Jahren gewußt, ohne daß er mir etwas direkt gesagt hätte. Anders konnte ich mir seine Art nicht erklären.[54] Sie schreiben, es sei eine sinnlose Härte, das mag vom Standpunkt des Richters aus stimmen, ich meine nicht vom Standpunkt des Betroffenen aus. Meinen Sie nicht, daß dieser ganze Bann, der auf Herrn T. lag, diese Unruhe und heimliche Angst, von der Verborgenheit dieser Schuld her kam, und sich ja, wenigstens mir ging es so, unwillkürlich auch auf seine Umgebung legte? Ich weiß wohl, was das alles nun für seinen äußeren Weg bedeutet, aber, verzeihen Sie (ist das herzlos oder unbesonnen?), ich kann es nicht für wichtiger halten als gerade die Bereinigung der heimlichen Schuld. Darum kann ich nur sagen: wie auch das Urteil ausfallen mag, es kann nur gut für ihn sein. Hatte ich vorher das Vertrauen zu H. T., das wir abgesehen von seinen menschlichen Qualitäten, seiner Vertrauens<u>würdigkeit,</u> zu jedem Menschen unbedingt haben dürfen auf Grund des Vertrauens, das Gott zu uns hat, so habe ich jetzt zu H. T. ein neues Vertrauen (das an sich freilich unwichtig ist) auf der menschlichen Ebene, einfach dadurch, daß diese Dinge, die mir immer gegenwärtig waren, ohne daß ich sie fassen konnte, klar geworden sind. Und wenn es anderen Menschen, und wichtig sind ja dabei wieder nur diejenigen, die etwas von der Vergebung der Sünden wissen, ebenso ergehen wird, ist dann das Ganze nicht ein entscheidender Schritt vorwärts auf dem Lebensweg? Ich hörte, daß von der bayrischen Kirchenbehörde aus die Nachricht weiter gegeben wird, er sei wegen politischer Dinge in Dachau. Ich war ein wenig traurig darüber. Je undeutlicher die tatsächlichen Nachrichten sind, umso toller werden die

54 Elisabeth Freiling war, wie die meisten Menschen damals – auch Charlotte von Kirschbaum – nicht in der Lage, die vermutete Homosexualität so wie die Heterosexualität als eine Variante der Natur, als eine menschliche Veranlagung zu erkennen, die der Mensch von Geburt an hat. Sie konnten in der Homosexualität Traubs nur eine „Schuld" erkennen, die „bereinigt" werden muß. Jedoch waren sie in ihrer Empathie de facto schon sehr viel weiter, als es die babylonische Gefangenschaft ihrer dogmatisch-ethischen Vorgaben ermöglichte.

Gerüchte werden. Und kann hier die Wahrheit ernstlich den Schaden vergrößern?

Sie sind vielleicht jetzt ungeduldig geworden über mein naives Lebensbild. Aber ich weiß nicht, jedesmal wenn ich an einem „Stürmer“ vorbei gehe, wird es mir klarer, wie unwichtig diese Dinge sind;[55] und wenn sie Menschen damit zu Tode quälen, es kann im Grunde nur dem Richter, nicht aber dem Gerichteten schaden. Helfen kann dem Gequälten freilich nur die strenge Besinnung auf das, was allein wichtig ist. Grüßen Sie ihn herzlich, wenn Sie schreiben. Und nun genug davon.

Was aus Königsberg werden wird? Ich fürchte, die Bek. K[irche] hat bald den Tiefstand erreicht, von dem her menschlich nichts mehr zu retten ist. Das geschichtliche Entwicklungsgesetz? Und doch – kann es jeden Augenblick noch anders kommen, und so müssen wir arbeiten. Schlimmstenfalls ziehen wir alle hinter – Ihnen – oder H. T[raub] her! „Wo Kirche Kirche ist, da ist sie immer schon gerettet“, auch in dieser Situation noch.

Ich danke herzlich für den Gruß von Herrn Prof. Barth und erwidere ihn ehrerbietig und – herzlich. Ich warte mit großer Freude auf den 2. od. 8. Oktober.[56] Ob Sie mitkommen? Und ob Sie bei uns wohnen können? Das Letztere ist wohl kaum möglich? Daß ich sehr warte auf jede weitere Nachricht, brauche ich kaum zu sagen, aber ich kann gut warten, im Grunde sind Nachrichten jetzt ja auch nicht wichtig. Meine Bitte darum soll Sie in keiner Weise beschweren.

Es grüßt Sie herzlich Ihre dankbare Elli Freiling

10

Charlotte von Kirschbaum
an Elisabeth Freiling, Brief aus München vom 21.9.1935

Liebes Fräulein Freiling!

Heute Morgen war ich bei H[ellmut] T[raub]. Am Dienstag können wir uns noch einmal 5 Min. sprechen, dann muß ich zurück nach B[asel]. Man steht töricht vor dem Gitter u. ist – sehr anders als man sich das vorher denkt – nicht Gebende, sondern Empfangende. Ich bin – trotz Allem – getröstet von

55 „Der Stürmer“ war das übelste NS-Hetzblatt gegen Juden und Homosexuelle im Deutschland der damaligen Zeit.

56 Karl Immer hatte Barth eingeladen, in Barmen einen Vortrag zu halten; s. Anm. 58.

ihm weggegangen. Und ein langes Gespräch mit dem Seelsorger heute Nachmittag hat das gerechtfertigt erscheinen lassen. Er darf durch die konzentrierte Arbeit an der Heiligen Schrift sich anscheinend stärken u. helfen lassen, sodaß die letzte Begegnung mit Ellwein[57] so verlief, daß dieser mir sagen konnte, er denke beschenkt u. beglückt an das theol. Gespräch, das sie hatten. –

Für Ihren guten Brief – nein, ich fand Ihre Worte weder herzlos noch [unleserlich] – danke ich Ihnen. – Die „Bereinigung seiner heiml. Schuld" lag für mich eigentlich in der Beichte, die er vor 2 Jahren s. theol. Lehrer ablegte u. in dem daran anschließenden entschlossenen Kampf gegen diese Schuld.

So habe ich vielleicht etwas Mühe, den nur sehr äußeren Schritt des weltl. Gerichtes (nicht der Kirche!) noch als sinnvoll zu erkennen. Aber so, wie wir in der Vergebung den Tod, der der Sünde Sold ist, als Gnade erblicken u. auch die äußere Strafe auf uns nehmen, so will ich versuchen, diesen Weg zu verstehen. Er ist uns jetzt da vorangegangen, das ist mir heute Morgen deutlich geworden. –

Und nun müssen, nein dürfen wir beten, daß Gott ihm die Kraft schenkt, durchzuhalten. Denn es wird Alles noch viel schwerer werden. An einen Freispruch glauben wir nicht mehr, hoffen auf eine Milderung der Strafe. Er wird dann keine Bücher mehr haben u. keine Briefe mehr bekommen. – Ich werde am Montag den Anwalt sprechen u. ev[t.] mich als Zeuge vormerken lassen, wenn das im Geringsten dienen kann. – Sobald etwas Wesentliches mitzuteilen ist, gebe ich Ihnen Nachricht.

Ob wir nach Ba[rmen] kommen, ist immer noch unentschieden.[58] Wenn, so würde ich mitfahren. Ob ich allein ev[t.] bei Pfr. Gräber wohnen darf oder ist das eine bittere Enttäuschung dort, wenn der „Meister"

57 Theodor Ellwein (1897–1962), Studium der Germanistik und Theologe, Dr. theol., 1922 Stadtvikar in München, 1924 Studienrat in Hof, 1930 in Augsburg, 1933 Mitgl. der Jungreformatorischen Bewegung, dann aber NS-orientierte neutrale Mitte, 1934 Professor an der Hochschule für Lehrerbildung in Weilburg, 1936 Oberkonsistorialrat in der Deutschen Evangelischen Kirchenkanzlei in Berlin, enger Berater von Reichskirchenminister Kerrl, volkskirchliche Mitte. 1939–1945 Kriegsdienst. 1951 Religionslehrer in München. 1954–1961 Studienleiter der Ev. Akademie Bad Boll.

58 Auf Drängen von Karl Immer, dem Pfarrer der reformierten Gemeinde Barmen-Gemarke, fuhr Barth am 7. Oktober mit Charlotte von Kirschbaum nach Barmen, um hier einen Vortrag über „Evangelium und Gesetz" zu halten. Da er selber Redeverbot hatte, musste Karl Immer den Vortrag in der überfüllten Kirche vorlesen. Die Gestapo brachte danach Karl Barth und Charlotte von Kirschbaum im Nacht-D-Zug an die Grenze (Busch, Karl Barths Lebenslauf, S. 279). Der Vortrag wurde in Theologischer Existenz heute, Nr. 32, veröffentlicht.

nicht miterscheint? Er hat sich eben schon seit langem für diesen Fall bei de Quervain [59] verpflichtet.

Es grüßt Sie herzlich

Ihre

Charlotte von Kirschbaum

Morgen treffe ich Prof. Wolf [60] hier, der dann nach Berlin weitereilt. Er hat wieder Beratungen in der letzten Zeit beigewohnt, anscheinend mit steigender Depression! – –

K. B. rüstet sich auf einen Vortrag über das „Bekenntnis" im Schweiz. Predigerverein, der die Pfarrer der ganzen Schweiz umschließt.[61] Sie werden diesen Vortrag zu lesen bekommen.

KBA 98765. 11

Elisabeth Freiling
an Charlotte von Kirschbaum, Briefkarte vom 30. IX. 1935

Liebes Fräulein von Kirschbaum. Es will in diesen Tagen zu keinem Brief reichen, drum entschuldigen Sie den kurzen Gruß. Herzlichen Dank für Ihre Nachrichten. Frau Pastor lädt Sie sehr herzlich ein, bei uns zu wohnen, und wir freuen uns alle sehr darauf. Noch mehr (den Meister) zu bitten, hätten wir gar nicht gewagt. Aber ich glaube sicher, daß Sie sich bei Frau Pastor sehr wohl fühlen werden. Hoffentlich kommen Sie nun. Wenn nicht, so schreiben Sie mir doch bitte, ob die Adresse Briennerstr. noch stimmt. H. T[raub] schrieb mir von M.-Neudeck aus. Und wann ist der entscheidende

59 Alfred de Quervain (1896–1968), reformierter Theologe, Lic. theol., Mitglied der Bekennenden Kirche, 1931–1938 Pfarrer der niederländisch-reformierten Gemeinde Elberfeld, 1938 in Laufen/Schweiz, 1948–1966 oProfessor in Bern. Theol. Ehrenpromotion

60 Ernst Wolf (1902–1971), 1925 Lic. theol., 1931 oProf. für Kirchengeschichte in Bonn, 1935 wegen BK-Engagement Zwangsversetzung nach Halle, Mitglied der Bekenntnissynode der altpreußischen Union. Kriegsdienst, Gefangenschaft, 1947 oProf. für Kirchengeschichte in Bonn, 1957 für Systematische Theologie in Göttingen. 1964–1971 Vors. der EKD-Kommission zur Erforschung des Kirchenkampfes, seit 1970 der Ev. Arbeitsgemeinschaft f. Kirchliche Zeitgeschichte. Engagierte sich für die Arbeit der Prager Christlichen Friedenskonferenz. Ehrenpromtionen.

61 Am 24. September 1935 hielt Karl Barth in St. Gallen einen Vortrag über „Das Bekenntnis der Reformation und unser Bekennen".

Tag? Schreiben Sie uns bitte Ihre Ankunftszeit. Die Freiligrathstr. ist übrigens fast im äußersten Südosten, von Gemarke aus 20/25 Min. zu Fuß. Ist das sehr schlimm?

Es grüßt Sie sehr herzlich Ihre dankbare Elli Freiling

11

Charlotte von Kirschbaum, Postkarte aus Basel vom 3. 10. 1935,
an Vikarin Elisabeth Freiling, Wuppertal-Oberbarmen, Freiligrathstr. 66

Liebes Fräulein Freiling! Haben Sie herzlichen Dank für Ihre Mitteilung. Wir werden am Montag Abend um 20.43 in Wu[ppertal] ankommen. Wollen Sie bitte Frau P. Graeber einstweilen herzlich danken für ihre Einladung, der ich gern Folge leiste. Sie müssen sich mit Abholung etc. nicht bemühen. Ich finde gut allein dort hinaus. – Die von Hellmut [Traub] angegebene Adresse ist die richtige. –

Es grüßt Sie herzlich

Ihre

Charlotte von Kirschbaum

12

Charlotte von Kirschbaum
an Elisabeth Freiling, Brief vom 21. 10. 1935

Liebes Fräulein Freiling!

Sie sollten einen Brief haben. Es reicht nicht mehr. Hier mit Dank die Andacht zurück u. gleichzeitig die zweite, die den Weg über hier nahm. Vielleicht erbitte ich sie noch einmal zur Abschrift für die Mutter, wenn H[ellmut] Tr[aub] es erlaubt. –

Ich fahre in 1 Std. nach München, werde morgen noch einmal jene 5 Min. im Gefängnis sein u. am Mittwoch während der Verhandlung bei den Eltern. Prof. Wolf ist Zeuge. – Nachher bekommen Sie Nachricht. – Seine Briefe sind gut u. ruhig. –

Ich denke mit Betrübnis an den verregneten Schwarzwald. Ob Sie vielleicht gar nicht gereist sind? Auch für Ihre Schwester wird das nicht gut sein. –

Ende der Woche schreibe ich Ihnen. Morgen beginnt hier das Semester u. ich muß mich etwas losreißen. –

Es grüßt Sie herzlich

Ihre Charlotte von Kirschbaum

Auch Prof. Barth läßt Sie grüßen. Mit Schrecken u. Sorge sehen wir auf die Vorgänge in der B.K. Wird sie die Kraft haben (auch nur in Preussen) zu widerstehen? – [62] Grüßen Sie H[ermann] Diem.[63]

13

Charlotte von Kirschbaum
an Elisabeth Freiling, Briefkarte aus München vom 24.10.1935

Ab morgen Basel

Liebes Frl. Freiling!

Gestern war eine fast 5 Std. währende Verhandlung mit d. Ergebnis: Einstellung des Verfahrens u. sofortige Entlassung. Wir wollten ihn gleich mitnehmen, aber er flüsterte mir zu, er müsse noch s. Entlassungsschein in Neudeck holen u. der Polizei dorthin folgen. Wolf und ich sollten ihn draußen abholen. Wir eilten im Taxi hinaus u. bekamen dort Bescheid, er dürfe nicht mitkommen. Trotz des Beschlusses des Gerichtes sei er nun neuerdings Häftling der Bayr. Polit. Polizei: Was nun mit ihm geschieht u. wo er ist, wissen wir im Augenblick nicht, trotzdem Wolf u. ich in verschiedener Richtung alle maßgebenden Stellen absuchten. Wir befürchten Schlimmes.

62 Am 14. Oktober 1935 hatte Kirchenminister Kerrl (1887–1941) einen Reichskirchenausschuss und einen preußischen Landeskirchenausschuss zur Leitung der Kirche berufen, deren Vorsitzende hochgeehrte kirchliche Persönlichkeiten und deren Mitglieder z.T. anerkannte BK-Theologen waren. Die BK konnte dem Lockruf des Ministers kaum widerstehen: während die Mehrheit des Reichsbruderrates und des preußischen Landesbruderrates die staatlich eingesetzten Kirchenausschüsse ablehnten, erklärte sich die Mehrheit der Vorläufigen Leitung der BK unter Vorsitz von Landesbischof Marahrens zur Mitarbeit bereit.

63 Hermann Diem (1900–1975), 1925 Katechet, 1927 Vikar und Religionslehrer in Stuttgart, 1930 in Göppingen, 1934–1954 Pfarrer in Ebersbach/Württemberg. Vertrat im Kirchenkampf konsequent die entschiedene Gruppierung der BK. 1936 Vorsitzender der Kirchlich-Theologischen Sozietät, lehnte den Treueid auf Hitler ab, verfasste mit anderen den sog. „Münchner Laienbrief“. 1957 – em. 1968 oProfessor für Praktische Theologie in Tübingen. Ehrenpromotion.

Vielleicht Dachau unter übelsten Umständen. Einige Wege sind angebahnt, sehr unsichere Wege der Hilfe. – –

Trotz allem sind wir froh um diesen Ausgang des Verfahrens. Was er nun erleidet ist Willkür. – Sobald ich etwas weiß von ihm, hören Sie mehr. Heute Mittag muß ich nach Basel zurück. –

Es grüßt Sie herzlich

Ihre L. v. K.

14

Charlotte von Kirschbaum
an Elisabeth Freiling, Schreibmaschinenbrief aus Basel vom 28.Okt.1935

Liebes Fräulein Freiling!

Vielen Dank für Ihren Brief. – In Eile will ich versuchen, Ihnen zu sagen, wie sich uns die Sache mit den Ausschüssen darstellt. Gerade heute ging noch ein Brief von G. Weber-Oeynh.[64] ein und ausserdem der Sonderbrief zu kirchl. Lage des Rheinlands, der einige aufhellende Dinge sagt. In diesem Sonderbrief vom 25. Okt. wird Stellung genommen zu dem Aufruf des Kirchenausschusses Kerrls in einem Wort an die Gemeinden, das in Ordnung geht. Im Anschluss daran heisst es in einem Wort an die Mitglieder der kirchl. Körperschaften, dass die Kirchenausschüsse lediglich Hilfsorgane des Staates sind und dass der jetzt von dem Herrn Minister f. d. kirchl. Angelegenh. eingeschlagene Weg kein kirchl. Weg ist. Auch das geht in Ordnung. Warum aber, fragt man sich, wird dann im weiteren Verlauf dieses Wortes den Mitgliedern der B.K. die Mitarbeit an diesen Ausschüssen nicht verboten, sondern wird ihnen nur mitgeteilt, dass sie dies auf eigene Verantwortung tun und wird ihnen überdies gesagt, dass man erwarte, dass sie ihrer Verantwortung, die sie als Glieder der bekennenden Kirche bisher bewiesen haben, auch bei dieser Arbeit eingedenk bleiben.[65] Hier klafft ein Widerspruch, der wohl zusammenhängt mit der grundsätzlichen Anerkennung der Rechtshilfe des Staates (zu der übrigens auch Weber in seinem sonst sehr eindeutigen Brief sich bekennt). Die „Rechtshilfe des Staates"

64 Gotthilf Weber (1900–1987), evangelischer Theologe, 1934–1935 Mitarbeiter im Präsidium der Bekenntnissynode Bad Oeynhausen, 1935 Mitglied im Reichsbruderrat, 1936 Pfarrer in Schwenningen/Studentenpfarrer in Stuttgart.

65 Sonderbrief zur kirchlichen Lage der Evangelischen Bekenntnissynode im Rheinland vom 23. Oktober 1935, in: Briefe zur Lage, S. 459–462, hier: S. 461.

könnte doch höchstens darin bestehen – und das ist wohl auch gemeint – dass der Staat anerkennt, dass die V[orläufige] K[irchen] L[eitung] und die Bruderräte die rechtmäßige Leitung der Kirche sind und dass dann auf diesem Boden die künftige Kirchenverfassung und ev[t]. die Wahl der Spitzen der Leitung vom Staat anerkannt und beglaubigt wird. Das wäre die einzig tragbare Rechtshilfe. Auf diese Anerkennung seitens des Staates einen Anspruch zu erheben, darf die B. K. vielleicht nicht – noch nicht – verzichten. Nicht aber darf grundsätzlich oder personal der Staat auf dem Weg über diese Ausschüsse in die Gestaltung der Kirche eingreifen. Da diesbezüglich noch keine grundsätzliche Klärung vorliegt über Wesen und Aufgabe der staatlichen Ausschüsse sollte eine Mitarbeit an diesen Ausschüssen für Glieder der B. K. nicht in Frage kommen. – Das Verbot dieser Mitarbeit seitens der B. K. wäre also im Unterschied zum rheinischen Sonderbrief, der sonst gut ist, deutlich auszusprechen. –

Ich hoffe, es sei Ihnen mit diesen gekürzten Angaben ein wenig gedient. Dass zu der Frage der „Rechtshilfe" dieses Staates das ganze Problem von Röm. 13 besteht, ist ja klar. Soll Röm. 13 aber auch jetzt noch Geltung haben, so ist die eben skizzierte Linie wohl die äusserst gangbare. Und sie ist doch wohl auch von Asmussen[66] (dessen Quo vadis wir gut fanden) und von Niemöller[67] gemeint. –

Aus München telephonischer Bericht, dass H[ellmut Traub] noch abwartender Weise untergebracht ist und es ihm im Augenblick nicht schlecht geht. Ein Kollege konnte sich Zugang verschaffen. Das Weitere wird abzuwarten sein. Oeynhausen hat sich sofort gerührt.

Mit herzlichem Gruss

Ihre

Ch. v. K.

66 Hans Asmussen (1898–1968), 1932–1934 Pfarrer in Altona, 1934 als einer der Vorkämpfer der BK. Ruhestandsversetzung, 1935–1941 Leiter der Kirchlichen Hochschule Berlin. Verhaftung, Reichsredeverbot, 1942 Aushilfspfarrer in Schwäbisch Gmünd. Mitglied des Reichsbruderrates und Rates der DEK. 1945–1948 Präsident der Kirchenkanzlei der EKD in Schwäbisch Gmünd. 1945 wirkte er an der Stuttgarter Schulderklärung mit. 1949–1955 Propst in Kiel. 1958 verteidigte er die atomare Bewaffnung. Ehrenpromotion.

67 Martin Niemöller (1892–1984), 1931–1937 Pfarrer in Berlin – Dahlem, 1933 Gründer und Leiter des Pfarrernotbundes, Mitglied des Reichsbruderrates und Rates der DEK. 1937 Verhaftung wegen Widerstands gegen die Staatsgewalt, 1938 KZ Sachsenhausen, später Dachau, 1945 Befreiung, 1945–1955 Mitglied im Rat der EKD, 1945–1956 Leiter des Kirchl. Außenamtes, 1947–1964 Kirchenpräsident in Hessen-Nassau, 1957 Präsident der Dt Friedensgesellschaft, 1961–1968 einer der Präsidenten des ÖRK. Kampf gegen die atomare Rüstungspolitik.

15

Charlotte von Kirschbaum
an Elli Freiling, Freiligrathstr. 66, bei A. Graeber [muss: M(artin)] heißen, Wuppertal-Oberbarmen, Schreibmaschinen-Postkarte aus Basel vom 12.11.1935

Liebes Frl. Freiling!

Darf ich Sie bitten, mir gelegentlich die zweite Andacht von H[ellmut] T[raub] noch einmal zu senden? Ich habe da noch einen Auftrag von ihm auszuführen, den ich nicht allzu lange hinausschieben möchte. – Es steht nicht gut. Direkt höre ich im Augenblick nichts, die ganze Frage der Korrespondenz wird sehr lieblos behandelt und es ist wohl mehr als ein Brief in den Papierkorb gewandert. Welches seine Zukunft sein wird, ist nicht abzusehen. Der Staatsanwalt hat im letzten Augenblick das Urteil angefochten, da es dem „Volksempfinden nicht Genüge tue". Ob dem so ist, das muss nun in Leipzig überprüft werden, ein Vorgang, der Wochen dauern kann. Wird der Einwand bejaht, dann beginnt die ganze Sache von neuem, wird er abgewiesen, dann kommt er wohl erst recht nicht frei. Man möchte grimmig werden und es hilft doch nichts. –

Mit herzlichem Gruss (in einiger Eile!)

Ihre L. v. K.

16

Charlotte von Kirschbaum
an E. Freiling, p. A. A. [muss Martin heißen] Graeber, Freiligrathstr. 88, Wuppertal-Oberbarmen, vom 13.11.1935

L. Frl. Freiling! Gestern Abend ein Telefon aus Mü[nchen], der eine Berichtigung meiner gestrigen Karte nötig macht: die Revision wird nicht durchgeführt sondern wurde eingestellt. Warum, wieso, das wissen wir nicht. Aber d. Lage ist dadurch wieder offener u. hoffnungsvoller, das Problem wieder nur das, daß er in Mü. nun endlich freigegeben wird. – Ich bin doch sehr froh, denn eine neue Aufrollung des jur[istischen] Weges wäre für ihn selbst zermürbend gewesen.

In Eile mit herzl. Gruss

Ihre L. v. K.

17

Charlotte von Kirschbaum
an Elisabeth Freiling, Brief aus Basel vom 18. 11. 1935

Liebes Fräulein Freiling!

Dank für die Andacht u. für Ihre Begleitzeilen. – Briefe an T[raub] sind nicht erwünscht, wenigstens wurde mir das mitgeteilt. Ganz selten kommt – auf Umwegen – ein direktes Zeichen von ihm. So vorgestern ein kl. Schreiben, das in einer so guten Geborgenheit u. Getröstetheit geschrieben ist, daß ich fast meinen möchte, diese „Zeit" ist für ihn in qualifizierterem Sinn Zeit als alle bisherige. – – Wenn es erst so weit sein sollte u. die äußeren Umstände es erlauben (!), so erwarten wir ihn zur Erholung hier. Ein kl. stilles Arbeitszimmer steht bereit. Wenn das nicht möglich ist, so scheint Ernst Wolf ihn zu rufen. Ein direkter Übergang ins Amt ist nicht ratsam. – – Er legt in tägl. konzentrierter Arbeit den 40. Ps. aus. Schlimm finde ich, daß er nie einen Augenblick an die frische Luft kommt. Sonst hat er nichts zu klagen.

Danken Sie Frau Pastor für die Grüße und erwidern Sie sie bitte herzlich. –

Es grüßt Sie sehr herzlich

Ihre Charlotte von Kirschbaum

K. B. läßt Sie grüßen. Er bohrt an seiner Dogmatik. Ganz langsam kommt d. Gespräch in Gang mit den Studenten. Es ist gut, daß die Deutschen mit ihren Fragen sich darein mischen, denn es braucht Geduld in dem „Vorfeld", das die schweiz. Situation noch darstellt.[68]

18

Charlotte von Kirschbaum
an Elisabeth Freiling, Schreibmaschinenbrief vom 29. 11. 1935

Liebes Fräulein Freiling!

H[ellmut Traub] ist seit ca. 1 Woche im Lager. Ich hatte gestern Abend den Besuch eines Freundes, der in den letzten Wochen mit ihm zusammen

68 Barth hatte eine Reihe deutscher Hörer wie Walter Kreck, Helmut Gollwitzer und Hans Walter Wolf, denen gegenüber die Schweizer Studenten „kraft ihrer ihnen eigenen Zurückhaltung ein etwas härterer Ackerboden" gewesen seien. Sie seien „mit einigen wenigen Ausnahmen ein schwer in Bewegung zu bringendes, mit etwas primitiven Problemen beschäftigtes Volk" (zit. Busch, Karl Barths Lebenslauf, S. 280).

war. – – Es sieht alles sehr dunkel aus. Wir haben wohl Pläne zu seiner Erleichterung, ob sie helfen, ist ganz ungewiss.[69] – Seine gesundheitliche Gefährdung ist jetzt ausserordentlich gross und seine innere Bedrängnis wohl auch. Bislang ging es ihm in beider Hinsicht über Erwarten gut. – Zu verstehen ist das Ganze nicht und soll auch nicht verstanden werden. – –

Es grüsst Sie herzlich

Ihre

Ch. v. K.

19

Charlotte von Kirschbaum
an Elli Freiling, obige Adresse, masch.-schriftl. Postkarte aus Basel vom 8.12.1935

Liebes Fräulein Freiling!

Ich will nicht versäumen, Ihnen rasch mitzuteilen, dass gestern ein erstes Lebenszeichen von H[ellmut Traub] kam. Es geht ihm nicht so schlecht an seinem neuen Aufenthaltsort, wie ich befürchtet hatte; die Behandlung ist ein wenig entsprechender und die Beschäftigung gewohnter, als man erwarten konnte. – Wir hoffen sehr, dass der Aufenthalt trotzdem nicht zu lange dauern möchte und tun unser Möglichstes.

Es grüsst Sie herzlich

Ihre L. v. K.

69 Am 7.12.1935 schrieb Charlotte von Kirschbaum an Visser't Hooft und teilte ihm mit, dass Hellmut Traub wegen Verstoßes gegen § 175 seit August in Haft sei, seit November in Dachau, und bat ihn um Hilfe. Da Visser't Hooft einmal Heinrich Himmler flüchtig kennengelernt hatte, schrieb er (wohl) an Himmler, der dann in der Tat veranlasste, dass Hellmut Traub Anfang Januar 1936 aus Dachau entlassen wurde (Schreiben von Kirschbaums an Vissser't Hooft am 7.12.1935 und 28.1.1936, in: Briefwechsel, S. 45–48).

20

Charlotte von Kirschbaum
an Elli Freiling, obige Adresse, Ansichtskarte aus Basel vom 9.12.1935

Lb. Frl. Freiling! Dank für Ihren Brief. – Schreiben darf man ihm jetzt nicht, nur die Eltern. Ich füge gelegentlich dort einen Gruß ein, wie er umgekehrt in dem ihm erlaubten Brief an d. Eltern mir das Nötige sagen läßt. Das ist Alles, aber es ist schon viel, reicht sogar zu theol. Fragen u. Gegenfragen, sogar über – – – „Ev[angelium] u. Gesetz". -[70]

Vielleicht treffe ich in dieser Woche den Vater. -

Für heute nur dies u. herzl. Gruß

Ihr L. v. K.

21

Charlotte von Kirschbaum
an Elisabeth Freiling, Schreibmaschinenbrief vom 15.12.1935

Liebes Frl. Freiling!

Ich kam in der Tat erst heute dazu, die Andacht von H. T[raub] für seine Eltern abzuschreiben. Ich habe während dieser Arbeit doch erst gesehen, wie stark stilistische Änderungen nötig sind und habe diese, seines Einverständnisses gewiss, vorgenommen. Und ich möchte fast meinen, vor einer Weitergabe sollten Sie das auch möglichst tun, es ist stellenweise schade, wie eine in dieser sicher sehr gemütsbewegten Verfassung niedergeschriebene an sich so gute Untersuchung Einbusse erfährt durch Häufungen, auch Worthäufungen, die das Lesen schwer machen. Es geht mir ja bei ihm immer so, fast in allen seinen Predigten, dass es ganz wehtuend ist, wie der Inhalt seine Form nicht findet. Ich gebrauchte einmal in diesem Zusammenhang das Wort „Gelassenheit" – ich meinte damit jene Ruhe der Zurückhaltung, die das Vertrauen auf das Wort gibt – und das hat ihn bis in die letzten Briefe hinein bewegt, weil er glaubte, damit sei der wunde Punkt gesehen. Ich möchte das aber auf diese Andacht darum nicht anwenden, weil hier besondere Umstände vorliegen, die das auch anders erklären lassen, aber ich würde meinen, so, wie sie

70 Titel des Vortrags, den Karl Barth in Barmen am 7. Oktober von Karl Immer verlesen lassen musste.

geschrieben ist, ist sie nicht so gut geeignet weiter zu wandern. Gedanklich habe ich natürlich alles gelassen, wie es ist und hoffe, es sei da nichts untergegangen. Nicht wahr, Sie verstehen, warum ich das sage? Es ist mir so sehr am Herzen gelegen, dass das, was H. T. wirklich zu sagen hat – dass er das hat, davon bin ich sehr überzeugt – nicht verbaut wird durch Ungeschicklichkeiten, die er auch hat. Ich darf das so ruhig sagen, weil es eine seit Jahren zwischen ihm und mir besprochene und manchmal „durchkämpfte" (!) Sache ist.

Und noch etwas: Können Sie mir in wenigen Worten andeuten, ob die letzte Kundgebung von K. B. [71] auch bei Ihnen mehr abgelehnt als angenommen wurde? Wir haben darüber soeben – K. G. Steck ist über diesen Sonntag eingetroffen – allerhand Merkwürdiges vernommen aus B. K. Kreisen!! –

Und endlich: Frl. Käthe Seifert muss gebeten haben, an Ihrem Arbeitskreis der Vikarenbruderschaft teilnehmen zu dürfen. Auch wenn sie der Kategorie nach nicht dorthin gehört, so möchte ich Ihnen doch warm ans Herz legen, alles zu tun, dass sie nicht zurückgewiesen wird. Sie ist ein Mensch, der in grosser Einsamkeit und erstaunlicher Selbständigkeit seinen Weg sucht und dessen Bitte dringlich ist. – [72]

Es grüsst Sie herzlich, auch von K. B. soll ich Ihnen Grüsse bestellen,

Ihre

Ch. v. K.

„Geistempfang bei der Taufe?" Ich weiss nichts anzugeben, auch nach Erkundigung an höchster Stelle nicht!![73] Gern würde ich Ihnen Kohlbrügges 2 Predigten über die Taufe schicken, aber ich nehme fast an, die haben Sie.[74]

71 Karl Barth war von der schwedischen Zeitung „Svenska Morgenbladet" um eine Stellungnahme zu der Verordnung Kerrls vom 2. 12. 1935 gebeten worden, mit der der Staat die Ausübung kirchenregimentlicher Befugnisse durch die BK verbot. Der Tenor der Barthschen Antwort war, dass damit der nationalsozialistische Staat die Substanz der Kirche zerstören wolle. Die BK war jedoch in ihrer Mehrheit noch nicht so weit, diese scharfe Konfrontation zu akzeptieren (Karl Barth, Offene Briefe 1935–1942, S. 11. Vgl. Brief Karl Gerhard Stecks an Martin Niemöller vom 11. 12. 1935. Abschrift im KBA).

72 Käthe Seiffert (1896–1979), vom rheinischen Präses Wolff (1870–1931) im Jahr 1926 als Rendantin des Provinzialsynodalverbandes berufen, blieb 35 Jahre im Dienst der Rheinischen Kirche, auch in den Zeiten des nazifizierten Konsistoriums. Als überzeugtes Mitglied der BK, eng verbunden mit Charlotte von Kirschbaum und Karl Barth, unterstützte sie in ihrer Stellung als Mitarbeiterin der Finanzabteilung vom Konsistorium gemaßregelte Pfarrer der BK finanziell.

73 1947 schreibt Karl Barth Käthe Seiffert einen Brief, in dem er sie fragt, „was sie sich eigentlich bei einem für ihn so unklaren Begriff, den sie Geisttaufe nennt und von dem sie monatelang schreibt, im Sinn hat". Mitteilung von Marlies Flesch-Thebesius an G. v. N. vom 11. 6. 2006.

74 Hermann Friedrich Kohlbrügge (1803–1875), niederländisch reformierter Theologe. Nach dem Studium der Theologie, Philosophie und der orientalischen Sprachen 1826

Elisabeth Freiling
an Charlotte von Kirschbaum, Brief vom 18. XII. 1935

Liebes Fräulein von Kirschbaum.

Herzlichen Dank für die Rücksendung der Andacht und Ihren Brief. Ich habe die stilistischen Mängel auch bei dieser Andacht stark empfunden, viel stärker z.B. als bei den unnützen Knechten. Ich hätte aber ohne Ihre Aufforderung wohl nicht gewagt, etwas zu verändern. Ob ich es nicht inhaltlich verkürzen würde? Aber ich will das Notwendigste versuchen.

Über die Aufnahme der letzten Kundgebung kann ich nicht viel Einzelnes sagen. Sie wurde von [Karl] Immer dankbar und froh in der Pfarrerbruderschaft vorgelesen, sicher in gleichem Sinn von den anderen Gemarkern. Gesprochen wurde im großen Kreis nicht darüber, nur in anderm Zusammenhang sagte einer der zur Mitte tendierenden, daß er wohl wisse, daß nicht bei allen die Freude Immers darüber da wäre! P. Kunze hat mir in diesem Sinn gesagt, es sei nicht gut, wenn die B.K. sich in der Richtung der politischen Äußerungen so exponiere, u. wie ich hörte, soll die Kundgebung privatim mit einigen Streichungen weitergegeben werden, ich habe aber die variata noch nicht zu Gesicht bekommen. Ich begreife natürlich nicht, wie man sich selbst bei einer durch diesen Namen genügend „spezialisierten" Kundgebung noch fürchten kann. Es wird ja wohl in keinem Lager jemand geben, der glaubt, die deutsche B.K. könne so reden! Die „AG delatarum" soll sich festigen, wie man hört.[75] Man muß immer wieder staunen, welche

Hilfsprediger in Amsterdam. Ab 1856 predigte er in verschiedenen niederländischen Kirchen und später auch in Böhmen und Mähren. Als Pastor der reformierten Gemeinde in Elberfeld wehrte er sich gegen die Einführung der königlichen Agenda und schuf mit seinen Anhängern die niederländisch-reformierte Gemeinde zu Elberfeld.

75 Vermutlich meint E. Freiling damit spöttisch „Die Arbeitsgemeinschaft derjenigen, die alles aufschieben", die die Kanten der Auseinandersetzung wegschieben. Eine solche AG beschloss das Presbyterium von Wupperfeld tatsächlich ein Jahr später am 8. Juni 1936 mit 21 Stimmen, einer Gegenstimme und 2 Enthaltungen der DC. Es heißt in dem Beschluss: „Wir bilden eine sachliche Arbeitsgemeinschaft des Presbyteriums, das geschlossen auf Bibel und Bekenntnis steht. Wir sind bestrebt, alle unnötig verschärfenden Gegensätze zurück zu stellen, und sind bereit, uns den Frieden in der Gemeinde durch Gottes Wort und Geist schenken zu lassen." Auch einige Laien-Presbyter und die Pfarrer Graeber, Hübner und Berkenkamp, die BK-Mitglieder waren, stimmten dem zu, zogen aber ihr Einverständnis ein paar Tage später mit der Begründung zurück, dass es heute nicht mehr einfach um den Bekenntnis- oder Glaubensstand ginge, sondern darum, ob wir diesem Stande entsprechend auch aktiv bekennen würden. Dies habe das Presbyterium nicht getan (Lekebusch, Der NS-Staat und der Kirchenkampf, S. 233 f.).

Umwege nötig sind und wie doch diese Umwege wunderbar immer mal wieder zurückgebogen werden. Wollte Gott, wir verlören bei allen Zickzackwegen nicht doch die Richtung.

Wie sehr würde ich mich freuen und es gerne durchsetzen, wenn Frl. Seiffert in unsern Arbeitskreis wollte. Aber das muß wohl ein Irrtum sein. Wird sie nicht in den Düsseldorfer gehen? Der frühere bei Linz,[76] in den Wuppertal und Düsseldorf ging, ist ja jetzt geteilt in zwei. Wir Wuppertaler sind bei Herkenrath, U-Barmen,[77] dessen Vikar Heidtmann[78] ist und der vorerst seine Sache besser macht als Linz. Ich hätte mich sehr gefreut, wenn ich dort mit Frl. Seiffert zusammen gewesen wäre.

Die Kohlbrügge Taufpredigten habe ich, vielen Dank. An Weihnachten (10 Tage zu Hause mit Eltern u. Schwester zusammen!) werde ich mich mit dem Problem herumschlagen, in der Hoffnung, das Konzept des H. Diem'schen Bruchstücks in der letzten Ev. Theol. noch zu Hilfe zu bekommen.

G. Heidtmann läßt Sie, Herrn u. Frau Prof. Barth herzlich grüßen. Ich bin froh, daß wir mit ihm und Stöwer [sic!][79] wieder 2 gute theol Kräfte in unsern Wupp. Kreis bekommen haben.

Ich habe mich in meinem Presbyterium hier sehr in die Nesseln gesetzt, vielleicht noch nicht einmal um des zentralsten Punktes willen. Da muß ich, um meines etwas sehr unselbständigen Herzens und Geistes willen, doch noch einen halben Bogen zur Ab-reaktion anfügen. Schreiben Sie mir dazu bitte gelegentlich so ein paar gute Worte wie in meinen dunklen Stunden im Auguste-Viktoria-Heim!

Ich habe in einem Augenblick, als meine Geduld eben einfach zu Ende war, in unserm Bekenntnispresbyterium (25 „reife" Männer, darunter 5 Pfarrer!), in dem ich auch sonst gelegentlich einige Worte zur Sache sage, das

76 Friedrich Linz (1885–1966), Studium der Theologie und Philosophie in Tübingen, Erlangen (1911 Dr. phil.), Bonn. 1912–1930 Pfarrer in Wermelskirchen, 1930–1951 in Düsseldorf, 1951 – em. 1955 Landespressepfarrer im Rheinland.

77 Peter Herkenrath (1886–1962), 1911–1915 Pfarrer in Driedorf/Nassau, 1915–1918 in Werl, 1918 – em. 1948 in Unterbarmen.

78 Günther Heidtmann (1912–1970), 1935 1. theologisches Examen bei der BK im Rheinland, Vikar in Unterbarmen, 1938 2. theol. Examen BK im Rheinland, 1939–1950 Pfarrer in Potsdam, 1950–1954 Leiter des Seminars für kirchlichen Dienst in Berlin, 1955–1967 Landespressepfarrer im Rheinland, danach Chefredakteur der Evangelischen Kommentare in Stuttgart.

79 Heinz Stöver (1909–1966), Frühjahr 1934 1. theol. Examen Konsistorium Koblenz, Vikar in Essen und London, Herbst 1936 2. theol. Examen BK, Hilfsprediger in Unterbarmen, Kriegsdienst, 1946–1958 Pfarrer in Unterbarmen, 1958–1966 Oberkirchenrat in Düsseldorf.

Wort zu einer längeren scharf gesalzenen Rede genommen, weil keiner der Herren mal wagte, die Lage offen zu sagen, nämlich 2en unserer Pfarrer gegenüber, die nicht nur theol. noch nicht die Bohne begriffen haben, sondern auch ganz einfache Pflichten der Treue im Amt u. des Gehorsams gegen die Anordnungen des Bruderrats grundsätzlich versäumen. Denen sollten 2 DC Bezirke zur Betreuung übergeben werden, damit man den gefährlichen Vikar, der nach dem Willen der „Laien" berufen wurde, wieder fortschicken könne. Auf meine, trotz der Erregung, wie ich glaube, sehr sachlich gestellte rhetorische Frage an die beiden erhielt ich keine Antwort, wohl aber verließ ein Presbyter „knallend" das Lokal u. der eine Pfarrer tobt – weil – ich als Jüngste u. Frau gewagt habe, ihn in diesem Gremium zu Gericht zu laden! Ich habe dem Presbyter als Antwort die ernste Bitte, 1. Kor. 4, 1–5 zu exegisieren (die Epistel des nächsten Tages nach der Sitzung), geschrieben. – Aber – ich kenne mein [griech.] *Fleisch* zu gut, um nicht den Stachel des „jung" u. „Frau" sehr gut zu spüren und – verzeihen Sie, es wird um der dummen Sache willen tatsächlich noch ein Bogen – ich möchte Sie halt um einen Rat bitten. Sie kennen ja von den Seminaren her mein etwas sehr unweibliches „Reden" und mein allzu loses Mündchen. Ich habe mir manchmal schon die Haare gerauft (im Geist!), wenn es einmal wieder so losgefahren war, wo 100 weit Klügere schwiegen. Aber ich glaube nicht, daß ich diese allzu vorlaute Klappe je zur Ruhe bringen werde, und das Schwierige ist – z.B. in dieser Sitzung hatte ich die gemische Freude: (Gottes Sache wird ja wunderbar auch durch unsre Sünde weitergetrieben!) – Es war die so lang entbehrte offene Kampfessituation endlich da, und 19 dankbare Laien fingen einen stotternden Chor an: wir können nur ganz u. gar unterschreiben, was Frl. Freiling soeben gesagt hat u. s. w. Und darum meinte ich auch, diesem so sittlich entrüsteten Presbyter gegenüber keine Entschuldigung, sondern nur den Hinweis auf die Sache nötig zu haben. Der Streit um die „Frechheit" der Jungen ist ja zudem in der Vikarenbruderschaft nichts Neues mehr. Aber nun schreiben Sie mir mal, ob Sie nicht auch manchmal mir das „mulier taceat..." gern zugerufen hätten, und was Sie in meinem Fall täten, wenn es halt deutlich ist, es sagt keiner ein klares Wort. Aber endlich genug davon. –

Zu Sonntag können Sie an mich denken. Ich wage es, nur durch schriftl. Vorbereitung, in Übereinstimmung allerdings mit meinem Helferinnenkreis, meinem Mädchenkreis die übliche „Weihnachts"feier zu streichen und sie zu Predigt, Abendmahl, einer kleinen Rede über die „Lindigkeit" (Weihnachtsgeschenke u. das Christfestgeschehen) u. kurzer Geschenkausteilung zu führen. Die Großen waren spontan dankbar dafür.

Verzeihen Sie diesen inhaltlosen langen Brief. Es grüßt Sie herzlich dankbar

Ihre Elli Freiling

KBA 98765. 13

Elisabeth Freiling
an ihren Mädchenkreis, maschinenschriftliches Din-a-4-Blatt zum 22. XII.1935

Vorderseite:

„Herzliche Einladung zur Weihnachtsfeier des Sonntagskreises am Sonntag, dem 22. Dezember abends 7,30 Uhr im Saal I des Lutherheims.

Inhalt des Abends: Von der Freude: Gottesdienstliche Feier mit

1. Predigt über Joh. 1,14 (P. Graeber)
2. Abendmahl

Von der Lindigkeit:

1. Vom Schenken (Vikarin Freiling)
2. Bescherung

Mein lieber Sonntagskreis!

Nachdem Ihr die Ordnung für unsere Weihnachtsfeier gelesen habt, werdet Ihr Euch nicht mehr wundern, dass ich Euch noch einmal schriftlich dazu einlade. Ich möchte Euch in einigen Worten erklären, warum ich mich im Einverständnis mit dem Helferkreis dazu entschlossen habe, entgegen Eurer sonstigen Gewohnheit die Weihnachtsfeier so zu gestalten. Ich darf Euch an unsre Bibelarbeit des vorigen Sonntags (1. Kor. 4, 1–3) erinnern, wenn ich Euch sage, dass ich auch bei der Gestaltung einer kirchlichen Weihnachtsfeier zunächst nicht so sehr nach Euren Wünschen, sondern nach meinem Auftrag zu fragen habe. Nun wisst Ihr wie ich, dass nicht nur die häuslichen, sondern auch unsre kirchlichen Weihnachtsfeiern mit all ihrem Kaffeetrinken und Kuchenessen und all den Darbietungen an Dichtung, Aufführungen und Liedern sich ja sehr weit entfernt haben von dem, was der Bibel entsprechend eigentlich Christi-Geburt bedeutet. Ich habe mich gefragt, woher kommt es eigentlich, dass die Kirche immer mehr an ihre Weihnachtsgottesdienste all diesen Aufwand von sonstigen Freuden anhängen musste? Antwort: Einmal weil sie die Weihnachtsbotschaft nicht mehr recht gehört hat. Zum andern aber hat auch ihr rechter Gottesdienst eine Leere bekommen, die durch solch dürftige Ersatzmittel ausgefüllt werden soll. Was ist das für eine Leere, die uns auch im Weihnachtsgottesdienst begegnet? Die Weihnachtsfreude geht den ganzen Menschen an; der ganze Mensch aber ist ein Mensch aus Fleisch und Blut und muss die Freude des Christgeschenks, d.h. dessen, dass sich Christus uns geschenkt hat, auch leiblich empfangen. Unser Herr, Jesus Christus kennt uns darin besser, als es die Kirche durch lange Zeit hindurch begriffen hat. Er hat uns das Sakrament geschenkt! Und all die Ersatzleistungen, die mit so viel Unruhe und Anstrengung in unsere kirchlichen Weihnachtsfeiern hineingebracht worden sind, zeigen nur die Not an, dass uns das Sakrament verloren gegangen ist.

Lasst es Euch nun nicht verdriessen, wenn wir aus dieser Erkenntnis heraus kurz entschlossen Eure uns wohlbekannten Bedenken überwunden haben und Euch über den Berg von Hemmungen hinweg, die Euch vom Abendmahl fernhalten, einfach an die Hand nehmen und hinzuführen zu dem Tisch, zu dem auch Ihr oft und dringend gerufen seid, von unserm Herrn Jesus Christus.“

Rückseite

„In einem kurzen Referat will ich Euch dann an dem Abend klarzumachen versuchen, wie auch das ganz menschliche Freudebereiten in einer solchen Weihnachtsfeier seine Stätte haben darf, und dann wollen wir uns fröhlich mit unsren kleinen Gaben gegenseitig bescheren, nachdem uns Jesus Christus zuvor seine unvergleichlich grosse Gabe, sich selbst, geschenkt hat.

Nun hoffe ich, dass ich keine von Euch an dieser Weihnachtsfeier zu vermissen brauche und dass Ihr Euch mit Freude darauf rüstet. Die Teilnahme am Abendmahl ist selbstverständlich auch für alle, die an dem Abend kommen, freiwillig.

Es grüsst Euch alle herzlich

Eure Elli Freiling, Vikarin

Ich möchte Euch noch bitten, an Euren kleinen Geschenken aussen sichtbar den Namen der Empfängerin anzubringen und mir die Sachen vor Beginn der Feier abzugeben.

Das nächste Zusammensein des Kreises ist am Sonntag, den 5. Jan. 1936 von 5–7 Uhr im Lutherheim.“

Handschriftlicher Zusatz für Charlotte von Kirschbaum:

Kann man so etwas machen? Es stimmt irgendwo im Ansatz nicht ganz: Das Sakrament ist zunächst nicht da, weil wir es brauchen. Von da her stecken Verschleierungen in der Erklärung, die ihre bedenkliche Ursache bei so etwas wie einem „Anknüpfungspunkt“ haben. Ist das nicht schlimm? Nicht zur Entschuldigung, nur zur Erklärung auch dies: es mußte sehr schnell hingeschrieben werden.

Erstaunlich ist der Aufsatz von Takizawa! Europa, Europa! Und so überraschend feine Wendungen, z. B. das von der „Stille Christi“ und von der weltlichen Traurigkeit. D. h. er hat wohl auch beim „Meister" entscheidend deutsch gelernt.[80]

KBA 98765. 14

Elisabeth Freiling
an Charlotte von Kirschbaum, Basel, St. Albanring, Postkarte aus Frankfurt vom 31. XII. 1935

Liebes Fräulein von Kirschbaum!

Haben Sie herzlichen Dank für den Trost zum „Weihnachts"fest! Ich habe ihn in Ruhe – im Bett für einige Tage – genießen können. In dieser Rechtfertigung durch das Christfest darf man dann wohl auch die geringen Versuche zur Veränderung des Weihnachtsfestes tun, damit es wieder etwas sichtbarer auf das Christfest hinweist. Meine Mädchen waren – trotzdem! – fast vollzählig erschienen, und es war auch in seiner äußeren Gestalt sehr schön. Leider versagte für meine Begriffe die – Predigt, was ja auch – Gott sei Dank – in die Rechtfertigung des Christfestes eingeschlossen ist. – Wie mag es H. T[raub] über die Weihnachtszeit gegangen sein?- Wegen Frl. Seiffert hatte ich noch vergessen: Sie könnten gut Udo Röhrig, Düsseldorf, Cäcilienallee 13 deshalb schreiben. Er ist Vikar bei Linz u. Vertrauensmann der Düsseld. Vik[ar]Br[uder]sch[a]ft.[81]

Meine Arbeit um die Taufe macht mir rechte Sorge. Ob ich überhaupt etwas Faßbares zustande bekomme? Das Kapitel vom Hl Geist ist ein rechtes Jammertal bei der Theologie. Ich bin jetzt in Joh. Gerhards „Erklärung der beiden Art[ikel] von der Taufe u. vom Abendmahl" hereingeraten, aber auch

80 Kazumi Takizawa, ein japanischer Student, „der da" – so schreibt Karl Barth – „in Bonn eines Tages mitten in einer christologischen Vorlesung ... auftauchte, die richtige Philosophie suchte, eine Theologie fand, mit überschlagenen Beinen auf seinem Bett saß und im griechischen Neuen Testament las, nach vier Wochen fähig war, sachverständig in die Diskussion einzugreifen, bald auch eine Bibelstunde zu halten und am Ende des Semesters einen scharfsinnigen Aufsatz gegen Bultmann zu schreiben – bei dem Allen aber durchaus, durchaus nicht getauft sein wollte!!" Takizawa selber schrieb: „Seit meiner glücklichen Begegnung mit Karl Barth zu Bonn ... ist mir der Name ‚Jesus Christus' auf eine wunderliche Weise etwas geworden, von dem ich mich nicht mehr ... losreißen kann" (Busch, Karl Barths Lebenslauf, S. 215).

81 Udo Röhrig (1911–1979), Studium in Göttingen, Berlin, Bonn. Herbst 1934 1. theol. Examen Konsistorium Koblenz, Vikar in Düsseldorf, Frühjahr 1937 2. theologisches Examen BK, Hilfsprediger in Köln und Essen, Kriegsdienst (Verlust der rechten Hand), 1946–1951 Pfarrer in Thalfang, 1952 Wartestand wegen Ehescheidung, 1953–1960 Schulpfarrer in Essen, 1960–1967 Fachleiter am Studienseminar Frankfurt a.M., 1969 – em. 1977 Pfarrer in Kirchberg

noch ohne Schlüssel u. Wege zu meiner Frage: Wann kommt der Band der Dogmatik, wo uns darüber die Lichter aufgehen???! Ich versuche den Weg von der Exegese der Taufformel aus, aber dann kommt ein Berg von Schwierigkeiten bei den n[eu]t[estament]l[ichen] Stellen M[at]t[äus] 3, Joh. 1, 33, act 1,5 19,4. Klar sehe ich bis jetzt nur die primitive Linie: es handelt sich immer darum, daß Raum zum Erkennen der ganzen Offenbarung in dem Menschen geschaffen wird, daß nicht das Heil geschieht u. der, dem es zugedacht ist, steht, unfähig es zu ergreifen, daneben. Von da aus versuche ich weiter zu begreifen. Aber es ist ein großes Kapitel.

Nun, das neue Jahr schenkt ja weiter Tage zum Arbeiten! Es grüßt Sie mit guten Wünschen Ihre dankbare Elli Freiling

22

Charlotte von Kirschbaum
an Elisabeth Freiling, Brief aus Basel vom 4. 1. 1936

Liebes Fräulein Freiling!

Das gehört wohl zu unsrer fragwürdigen Existenz, daß wir an Weihnachten noch weniger Zeit für einander haben als sonst schon und daß die Unrast u. Unruhe überhand nimmt. Es stellt sich dann jeweils bei mir prompt als Folgeerscheinung eine jener Depressionen ein, die Sie gewiß auch kennen u. die zum Briefeschreiben nicht sehr befähigen. Aber langsam „legt" es sich wieder u. noch ein wenig im „Morgengrauen" will ich mich daran machen, Ihren Brief zu beantworten. – Zunächst einmal herzlichen Dank, daß Sie ihn schrieben u. daß Sie mir so vertrauend Ihre Sorgen zutragen mögen. Vielleicht sind sie Ihnen inzwischen selbst ferner gerückt u. erübrigt es sich, daß ich nun noch meinerseits das Wort ergreife. –

Solche „Zwischenfälle" wie der mit dem Bekenntnispresbyterium haben es ja an sich, daß sie, nach einiger Distanz gesehen, an Bedrängnis verlieren, vielleicht, weil man schon längst in einer neuen steckt, vielleicht auch, weil Affekte abkühlen. Die Frage freilich, die Sie in diesem Zusammenhang stellen (nach Ihrem „losen Mündchen"!) will ich Ihnen nicht unbeantwortet lassen. Hinsichtlich des „mulier taceat..." gibt es für mich nur einen entscheidenden Gesichtspunkt: steht hinter ihrem Reden die sachliche Notwendigkeit u. Verantwortlichkeit, die es ihnen erlaubt u. dann auch wohl gebietet, zu reden? Das ist natürlich nicht allgemein zu bestimmen u. kann für den Andren nur in einer mehr oder weniger großen Glaubwürdigkeit deutlich werden. Diese „Glaubwürdigkeit" hat mir bei Ihren Reden nie gefehlt, auch nicht, als Sie noch im Seminar Fezer verteidigten!![82] Ich glaube, Sie dürfen da ganz getrost Ihren Weg gehen u. müssen sich nicht durch solche Reflexionen entmutigen. –

Ihre Gestaltung der „Weihnachtsfeier" hat mich im ersten Augenblick unerhört kühn angesehen, bes. hinsichtlich des Angebotes des Abendmahles. Aber nun Sie sagen, daß Sie den Eindruck gewinnen durften, es sei gut so gewesen, kann ich das eigentlich nur annehmen. Und wie sollte ich nicht verstehen, was Sie dazu bewegt hat, hier so energisch durchzugreifen? Ich weiß nicht, ob ich je den Mut gefunden hätte zu diesem Aufbau, wohl zur Negation des Gegebenen. Aber man kann das wohl gar nicht abgelöst von der konkreten Situation sagen. Es kommt ja Alles darauf [an], wie weit Sie Ihre Mädchen im Verständnis geführt hatten u. wie weit darum dem „Mißverständnis" vorgebeugt war. Ich habe in solchen Fällen stets sehr Angst vor der eigenen Ungeduld u. dem Meistern-wollen einer Situation, die vielleicht besser in ihrem Mangel auszuhalten wäre. Aber eben: was heißt „in solchen Fällen"? Jede Situation hat die ihr eigene Notwendigkeit. – Ein wenig erschreckt mich ja, daß die Predigt versagte. Und zwar wiederum wegen des Abendmahles, das ja eben doch nicht ein selbständiger [durchgestrichen] „Programmpunkt" werden u. sein darf. Ich hätte dazu wohl auch zu Ihrem erläuternden Brief an den Sonntagskreis Einiges zu fragen. Das „an die Hand nehmen u. hinzuführen" kann ja nur im Wort u. durch das Wort geschehen u. wenn es dort nicht geschieht, sollten wir dann nicht lieber warten?

Aber nun zum Schwersten: zur Frage der Taufe u. des Hl. Geistes. – Haben Sie Calvin Instit[utio] IV gelesen? Ich glaube, Sie würden da am besten belehrt sein. Mit der von Ihnen skizzierten Gedankenrichtung sind Sie wohl auf der rechten Spur. – Karl Barth hat vor Jahren in seiner Dogmatik-Vorlesung auch einen Abschnitt über d. Taufe gelesen. Vielleicht kann ich Ihnen einen Dienst damit tun, wenn ich ein wenig zu umreißen versuche, wie es da lief u. um was es wesentlich ging. Ich bin ja nun gar nicht im Bilde, wie weit Sie selbst schon vorgedrungen sind, aber im schlimmsten Falle gibt es dann eben eine Wiederholung! – Er führte damals aus, daß wir in der Taufe den Erkenntnisgrund unserer Erlösung finden, die Legitimation zu dem unerhörten Gedankengang: „Ich habe den Hl. Geist", Mut u. Kraft zu dem entscheidenden Zeugnis u. Schwung, uns selbst als versöhnt zu begreifen. Die Taufe hat keine vis conferendi gratiam, sie ist nicht „Gnadenmittel" (wenn schon, dann könnte dieser Begriff nur auf die Predigt angewandt werden!), sie ist Zeichen. Sie bezeugt das Wort, bezeugt es mit Vollmacht, weil von Christus eingesetzt u. befohlen. B. sagt in diesem

82 Karl Fezer (1891–1960), 1926–1959 Professor für Praktische Theologie in Tübingen, führendes Mitglied der Glaubensbewegung DC bis zur Sportpalastkundgebung November 1933, 1933 Mitglied der NSDAP.

Zusammenhang, daß die kath. Lehre vom Sakrament eine Verdrängung des Wortes darstelle, die lutherische eine seltsame Verdoppelung des einen Weges der Heilsverwirklichung, während in der reformierten Lehre die Monarchie des Wortes gewahrt bleibt, indem die besondere Sakramentsgnade in keiner Weise in der Mitteilung der Gnade gesucht wird, sondern darin, daß wir durch das Sakrament wissen – nicht, was uns das Wort alleine sagen kann – aber daß das, was das Wort uns sagt, uns angeht, daß wir durch das Wort versöhnte Sünder sind. Weil die Verwirklichung der Gnade vom Vollzug des Sakraments unabhängig ist, weil vielmehr der Vollzug des Sakramentes abhängig ist von der Verwirklichung der Gnade, sofern es diese nur anzeigen u. bestätigen kann, so kann von einer Heilsnotwendigkeit des Sakr. nicht gesprochen werden. D. Notwendigkeit der Taufe liegt darin, daß d. Mensch, vertreten durch s. Eltern (Paten) dem göttl. Gebot gehorsam [sein]u. also auf dem regelmäßigen Wege die göttl. Zusage s. Gnadenstandes empfangen will. Eine absolute Notwendigkeit ist das nicht. – Sie ist „Zeichen", aber dadurch von allen Symbolen unterschieden, daß sie Symbol der ein für allemal geschehenen Versöhnung, also des einen einzigen Gottes selber ist. Die Taufe empfängt ihre Zeugniskraft also nicht etwa aus der äußeren Besonderheit ihres Geschehens u. auch nicht unser Glaube gibt sie ihr, wenn auch nur der Glaube ihre Kraft erfährt. Calvin spricht hier von dem Bilde des verschlossenen Gefäßes, über das man ganze Kräne von Wein oder Oel ausschütten kann, ohne daß es darum aufhörte, ein leeres Gefäß zu sein (Instit. IV, 14, 17). Die Besonderheit des Sakramentes ist so wenig ableitbar wie die Wirklichkeit der Offenbarung u. Versöhnung. Sie ist einfach u. der aus Gnade erwählte Sünder erkennt sie. Ihm leuchtet sie auf u. ein, nicht kraft einer bes. Eigentümlichkeit, wohl aber kraft des Heil. Geistes. Die Besonderheit des Sakraments liegt darin, daß Gott d. Wasser der Taufe zum Erkenntnisgrund der Versöhnung gemacht hat. Darum setzt der Erkenntnisgrund den Realgrund, den Hl. Geist, voraus. Wie sollten wir das, was Gott gegeben hat anders erkennen als durch ihn selbst. Wir bejahen die Taufe, weil das N.T. sie bejaht. Weil es sie bezeugt als von Christus eingesetzt, darum erkennen wir sie als von Gott gesetztes Zeichen. Man darf, wenn man von der göttl. Einsetzung des Sakraments redet, Gott nicht von Chr., Chr. nicht von der Schrift u. wiederum die Schrift nicht von Gott, der in ihr redet, abstrahieren. Es ist die Kirche, die im Sakrament handelnd auftritt, dieselbe Kirche, die die Offenbarung, empfangen durch die Hl. Schrift, verkündigt als das Wort Gottes. Und was sie in der Taufe tut, das ist prinzipiell nichts Anderes als eben dieser Akt der Verkündigung des Wortes Gottes. Nur daß sie [sich] in diesem Fall mit ihrer Verkündigung einmalig u. einmal für allemal mir zuwendet. Die Kirche kann nicht durch eigene Gestalt den Hl. Geist mitteilen, weder durch d. Wort noch durch d. Sakrament. Sie kann aber durch ihre Existenz bezeugen, daß der Hl. Geist sich selbst mitteilt. *Dies ist bes. ihre Funktion* [durchgestrichen]. Dies ist dem

Einzelnen gegenüber ihre Funktion in der Taufe. In Erfüllung dieser Zeugnisfunktion tauft sie ihn mit Wasser, sie, die eben nicht mit d. Hl. Geist taufen kann. Durch den Vollzug der Taufe im Namen des dreieinigen Gottes bekennt die Kirche, daß ihre Taufe nur Hinweis sein soll auf die Taufe durch den Geist selbst. Die Taufe schafft nicht den Glauben, sie teilt nicht die Gnade mit. Mit „Glaube" u. „Gnade" bezeichnen wir ja schon d. Wunder selbst. D. Taufe ist aber Zeichen, Einladung, Befehl, uns dem Wunder zu beugen, zu sagen: Ich glaube!- Sofern es diese Beziehung gibt zwischen dem gottgegebenen Zeichen u. der Tat des Glaubens, beides wiederum bezogen auf das Wort, kann man wohl von einer „sakramentalen Sphäre" reden. Das Problem des Sakramentsbegriffes ist entsprechend dem Begriff der providentia in der Lehre von der Schöpfung das Problem der Immanenz Gottes nun als Offenbarer u. Versöhner. Es gibt eine Immanenz des transzendenten Offenbarer- u. Versöhnergottes. Er ist erkennbar in s. Unbegreiflichkeit. Es besteht Erlaubnis u. Gebot, daß der sündige Mensch s. Begnadigung erkenne u. s. Glauben bekenne. Da gibt es das, wo Gott es gibt. Und das umschreibt eben der Begriff des Sakramentes. –

Sie Arme, die Sie nun das Alles lesen u. vielleicht z.T. entziffern müssen. Wenn es Ihnen ein wenig hilft, soll es recht sein. – Bedauern Sie mich nicht: mir tat es gut, ein wenig im Zusammenhang über diese Dinge nachzudenken u. das alte Kolleg wieder in Erinnerung zu rufen!

Mutter Tr[aub] schrieb mir nun Ge[stern] Abend einen lieben Brief mit teilweise Wiedergabe von Hellmuts Weihnachtsbrief. Es geht ihm wohl nicht schlecht, wenn sicher auch ihn das Warten müde macht. Es heißt in seinem Brief u.a.: „Dieses wird mein Weihnachtsgruß an Euch alle sein müssen. Da möchte ich Euch wirklich herzlich um eines bitten: Wenn in einem Jahr überhaupt, so möchtet Ihr in diesem Weihnachten recht u. auch fröhlich feiern. Ihr werdet ja an mich und ich an euch denken; und die Geschichte kennen wir zusammen. Was bedarf es da eigentlich noch? (ganz stark bewegt mich der Vers, daß „kein Raum in der Herberge" ist und trotzdem alles geschieht. Sagt vielleicht L[ollo], daß ich jetzt noch einmal Stücklein für Stücklein das Joh.-Evangelium durchlese ... In einer freien Stunde las ich Kants Metaphysik der Sitten, mit großer Belehrung, wenn mir auch der philos. Idealismus fern liegt. Aber s. Klarheit ist in sich bewunderungswürdig. Mit großer Freude las ich Eichendorff-Bändchen. Seine Schwärmerei ist (in aller Weltfremdheit) doch liebenswürdig u. s. Frömmigkeit nie ultramontan ..."

Liebes Fräulein Freiling, leben Sie wohl. Haben Sie ein gutes Jahr. K.B. läßt Sie grüßen.

Sehr herzlich Ihre

Ch. v. K.

Elisabeth Freiling
an Charlotte von Kirschbaum, Brief aus W.-B. vom 13. I. 1936

Liebes Fräulein von Kirschbaum.

Nun wandert schon wieder ein Brieflein zu Ihnen, aber wieder so eins ohne Inhalt, (was andre Leute gar nicht wagen) nur weil ich Ihnen eben so dankbar bin, daß Sie so freundlich zu mir sind, ohne allen Grund. Also herzlichen Dank wieder für diesen letzten Brief mit den 7 Bogen, der Sie so viel Zeit und Mühe gekostet hat, um die ich Sie noch nicht einmal bedauern soll. Für all den freundlichen Inhalt und Kollegauszug. Wissen Sie, wofür ich Ihnen auch dankbar bin? Für die „Depressionen". Daß ich noch ein großes Kind bin, habe ich dabei wieder gemerkt. Ich bin nämlich bei andern zwar schon häufig, aber nicht bei mir, auf den Gedanken gekommen, daß das eben auch vorübergehende Ermüdungserscheinungen sind, deren Ende man mit gewisser Gelassenheit und Zuversicht abwarten kann. – – – Und es ist dann richtig interessant, so die „Strahlen der Morgenröte" ein wenig zu beobachten und auch die aufgehende Sonne!

Die Erregung der Presbyteriumssitzung ist noch nicht gerade verklungen, der betroffene Herr Pastor hat angekündigt, das nächste Vierteljahr nicht zu erscheinen (hoffentlich ist er bis dahin überhaupt aus der BK heraus!) und mein Herr Kampfesbruder, Vikar Penz,[83] und ich sind gebeten, heuteabend, bei der ersten Presbyteriumssitzung nach jenem Knall, nicht zu erscheinen. Ich hätte es sowieso nicht gekonnt, da ich meinen Augustana-Abend gleichzeitig habe. Die Laien haben auch die Situation gut kapiert und inzwischen einen Beschwerdebrief wegen dieses Pfarrers und seiner Gleichgesinnten an P. Schlingensiepen[84] gerichtet. Ich hoffe, sie werden stehen. Und wünsche nur, die Trennung des 3. Jan. wiederholte sich auch hier.[85] Es sind keine

83 August Penz (geb. 1910), Studium in Erlangen, Tübingen, Berlin Bonn. Herbst 1934 1. theol. Examen Konsistorium Koblenz, Vikar in Wupperfeld, Frühjahr 1937 2. theol. Examen BK, Hilfsprediger in Unterbarmen, Berge-Borbeck, Marienberghausen, 1949–1952 Pfarrer dort, 1952 – em. 1975 in Rheydt.

84 Johannes Schlingensiepen (1898–1980), 1930–1949 Pfarrer in Unterbarmen, Leiter des Theol. Ausbildungsamtes der BK, 1938 Ausweisung, Haft, 1945 Superintendent von Barmen, Oberkirchenrat, Mitglied der Kirchenleitung, 1957–1968 Theol. Dirigent der Kirchenleitung. Ehrenpromotion.

85 Am 3. Januar 1936 beschloss die Mehrheit des Reichsbruderrates mit den Stimmen aller rheinischen Vertreter (Lic. Dr. Beckmann, D. Hesse, Immer, Link), die Ablehnung der Kirchenausschüsse und entzog der VKL unter Marahrens, die mehrheitlich die Ausschüsse anerkannte, die Vollmacht zur Leitung der DEK. Damit hatte sich der entschiedene Flügel der BK im Reichsbruderrat durchgesetzt.

erfreulichen Zustände, aber ich hoffe mit Asmussen, daß auch dies ein hoffnungsvolles Chaos ist. Es ist nur für alle Teile schwer, über die Ermüdungs- und Nervenerscheinungen Herr zu bleiben. Bei mir tritt leider noch ein wenig die Sorge um die Lunge hinzu, was vor allem die fast unumgänglich notwendige Nachtarbeit beschränkt. Dies ist sehr bitter. Ich hoffe aber, in möglichst kurzer Zeit wieder „intakt" zu sein.

Mehr Sorge habe ich um Frau Pastor Graeber, bei der ich oft fürchte, es wird für ihre Nerven zu viel. Die Gemeindeschwester, die sehr nüchtern und erfahren ist, sagte mir: das Beste wäre mindestens ¼ Jahr Nervenheilanstalt mit Bädern und eiskalten Liegekuren. Ich weiß nicht, ob H. T[raub] Ihnen damals von ihr erzählt hat, es liegen die tiefen Erschütterungen vor, die in der Tiefe arbeiten und sie gelegentlich an den Rand der Verzweiflung bringen. Man kann auch da von Ermüdungserscheinungen sprechen, aber dies Warten auf die ersten Strahlen ist doch sehr schwer, da hätte ich Sie wohl gern manchmal hier in nächster Nähe, um Ihren Rat holen zu können. Mit dem Versuch zur Heilung ist sie leider vor vielen Jahren an einen christl. Psychoanalytiker (wie mir scheint) geraten, Dr. Lechler. Und ich kann seinen Einfluß nicht als gut einsehen. Gefährlich starke Schlafmittel sind seit Jahren ihre einzige Zuflucht. Und sie ist eine sehr zarte Natur, und Herr Pastor ist keine Stütze, sondern gerade ihr gegenüber ein Kind, mit allem kindlich unverhülltem Egoismus. Ich möchte wohl wünschen, daß sie diesmal (der Jan. ist wie der Juli jeweils der kritische Monat, der bisher regelmäßig nur durch eine Kur bei Dr. Lechler überwunden wurde), da kein Geld zur Kur da ist, irgendwie durchkommen muß ohne Dr. Lechler. Es wäre wohl ein Stück Heilung. Nun, das sind so Nebenarbeiten, – die gelegentlich wohl etwas zu viel Kraft für sich beanspruchen, aber andererseits die Freude an der eigentlichen Arbeit erhöhen.

Der Termin für die Tauffrage ist zum Glück hinausgeschoben auf den 20. Jan., Folge davon natürlich auch bei mir: hinausschieben, so sehr es mich dazu zieht. Ich habe also noch nichts Schriftliches u. also – auch in meinem Kopf noch großes Durcheinander. Ihre Beiträge zur Frage haben mich erst energisch in das Gebiet der eigentlichen Frage um das Sakrament hineingeführt, und ich bin Ihnen also herzlich dankbar und es war keine Wiederholung. Ich war noch viel stärker mit der Frage beschäftigt, was bedeutet überhaupt Geistempfang? Und was bedeutet es für die Tauf„probleme": Glaube u. Kindertaufe, ganz abgesehen davon, inwiefern nun vom Geistempfang bei der Taufe gesprochen werden kann. Die Frage ist mir eben von da her aufgetaucht: liegt die ganze Unsicherheit im Gebiet der Kindertaufe nicht darin, daß man das „getauft im Namen des heil. Geistes" nicht mehr versteht? Wenn es im Taufbüchlein bei Luther mit dem „ … gebet Raum dem hl. G." beginnt, so ist da eben eine Grundlage da, von der wir bei all den heutigen Taufbesprechungen (auch, wenigstens explizit, bei Harald [sic!] Diems

Aufsatz) nichts mehr hören. Deshalb steht man auch so verständnislos vor der Anrede des Kindes auf seinen Glauben hin. Und durch diese ganz spezielle Frage bin ich zu dem Thema (das ich selbst angeschnitten hatte auf dem Konvent und mir so eingebrockt) gekommen. Von daher hat mich dann weiter die Exegese von Mt. 28, auch hinsichtlich des [griech.] *Lehrens* beschäftigt. Und so wurde mir immer klarer, daß eben die ganze Frage nach der Beteiligung des Menschen durch die Frage nach dem hl. Geist gelöst werden muß. – Durch Ihren Brief ist mir nun erst die ganze Frage der Freiheit oder Notwendigkeit der Verbindung von Geistempfang u. Taufe (was wohl sogar die eigentliche Mitte des Themas ist) auf den Leib gerückt u. damit habe ich mich nun noch herum zu schlagen. Calvin IV habe ich – lateinisch. Ich will gewiß nicht sagen: leider. Aber ich muß schon gestehen, es erschwert die Arbeit ein wenig, vor allem aus dem Zeitmangel. Und diese Woche ist Vischer da![86] 5 mal vormittags u. 3 mal nachm.! und 5 Abende sind außerdem amtlich von 8–10 besetzt und ein Nachmittag. Und einer durch eine Einladung. Und der Sonntag von 10–1 u. von 4–½8 Uhr!! Ja, ich beneide schon manchmal Luise Haverkamp um ihre ländliche Ruhe ohne Telephon und ihre wenigen Amtspflichten. Aber sie muß sich auch auf ihre Ehe hin erholen!!

Ich bin wohl gespannt, wie die Ereignisse vom 3. Jan. sich weiter auswirken. Die Versuche zur Verharmlosung gehen im Rheinland mal wieder von dem Düsseldorfer Freund und Humburg aus.[87] Es handele sich nicht um einen Bruch, sondern um 2 Wege, weil man sich in der „Methode" nicht einig sei,

86 Wilhelm Vischer (1895–1988), reformierter schweizerischer Theologe, 1918–1928 Pfarrer in Tenniken (Schweiz), 1928 Lic. theol. in Basel, 1928–1933 Dozent an der Theologischen Schule Bethel, 1933 wegen seiner oppositionellen Haltung gegen den Nationalsozialismus und seines Eintretens für das Judentum Entlassung, Rückkehr in die Schweiz, aber gelegentliche Auftritte in Deutschland, 1934 Pfarrer in Lugano, 1936 Reichsredeverbot in Deutschland, 1936–1947 Pfarrer und Privatdozent in Basel, 1947 – em. 1965 oProf. in Montpellier. Mitbegründer des Schweizerischen Hilfswerkes für die BK, Hilfe für Juden. Ehrenpromotionen.

87 Der „Düsseldorfer Freund" ist Pfarrer Lic.Dr. Beckmann. Humburg, reformiertes Mitglied der VKL, versuchte, einen Bruch zwischen den beiden Flügeln der BK zu vermeiden; er meinte zwar, dass man wohl getrennt marschieren müsse, aber in einer Arbeitsgemeinschaft zusammenbleiben könne, damit „der Feind" nicht frohlocke. Seine reformierten Freunde in Gemarke zweifelten an seiner entschiedenen Standfestigkeit (Schreiben Obendieks an Humburg vom 23.12.1935, Archiv van Norden). Am 14. Januar 1936 trat Humburg als Mitglied der VKL zurück. Beckmann hatte zwar der Mehrheit des RBR zugestimmt, aber er verhandelte dennoch am 25. Januar 1936 in Bad Godesberg mit Minister Kerrl über einen Beitritt zum rheinischen Provinzialkirchenausschuss. Trotz der Warnungen seiner Mitstreiter nahm er am 14. Februar 1936 seine Berufung in den Ausschuss an, legte jedoch am 18. Februar sein Amt nieder (Rundschreiben der Ev. Bekenntnissynode im Rheinland vom 18.2.1936, Archiv van Norden; s.a. van Norden, Politischer Kirchenkampf, S. 102–110).

sagte Beckmann heute vor 8 Tagen in Köln bei Gelegenheit einer Pfarrervereinssitzung. Breidt [sic!][88] selbst habe ja gemeint, er ginge den Weg der A. G., wenn er in Preußen wäre, und vielleicht dauere („hoffentlich") ihr (V. K. L.) Weg nicht mehr lange. Sie wollten nur nichts unversucht lassen ...!! Mit Beckmanns Schlauheit (oder Dummheit?) kämpfen auch die Götter selbst vergebens. Ich wünsche wohl, das Nachspiel des 3. Jan. finge bald in den Pfarrerbruderschaften an.

H. T[raubs] Weihnachtswunsch war das, was auch mich dies Jahr Weihnachten immer wieder bewegte, wenn ich an ihn dachte. Nun gerade – Christfestfreude. – Womit ist er eigentlich den ganzen Tag beschäftigt? Wissen Sie darüber Bescheid? Ist der Kant ihm wohl dort durch eine „Haus"bibliothek zugängig gewesen oder darf er Bücher haben?

Herzlichen Dank auch für die Grüße von Herrn Prof. Barth. Es ist mir immer ein wenig dabei, als sähe ich sein freundliches Nicken dazu, wie es uns an so mancher Ecke in Bonn erfreut hat. Grüßen Sie ihn wieder und wenn es gut ist, auch Frau Professor.

In herzlicher Dankbarkeit

grüßt Sie

Ihre Elli Freiling

KBA 98765. 16

Elisabeth Freiling
an Charlotte von Kirschbaum, Brief aus W.-Barmen, Freiligrathstr. 66, vom 16. II. 1936

Liebes Fräulein von Kirschbaum.

Daß ich zu Ihnen kommen darf mit meinen Hilferufen, wenn ich keinen Ausweg weiß, das ist mir ein heimlicher Trost immer, wenn's sehr schwierig wird, und ich danke Ihnen dafür und komme auch einfach.

Diesmal ist's meine Sorge um Frau Pastor Graeber, in der ich mich allein nicht mehr zurechtfinde. Ich weiß nicht, ob mein Sorgen um sie überhaupt gut ist, und nicht, ob es <u>so</u> (= in der Art!) gut ist, wie ich es meine.

88 Thomas Breit (1880–1966), 1933 – em. 1945 Oberkirchenrat in München, 1934 Mitverfasser der Barmer Theologischen Erklärung, bis 1936 Mitglied im Reichsbruderrat und Rat der DEK, 1934–1936 Mitglied der VKL I. 1936–1938 Vorsitzender des Lutherrates.

In 8 Tagen geht sie wieder für 3 Wochen weg zu ihrem Arzt Dr. Lechler in Hohemark im Taunus, ich weiß nicht, ob Sie vielleicht von ihm gehört haben, er hatte früher sein Sanatorium in Neustadt im Harz, Haus „Lebenswende“. Diese sog. Erholungszeiten sind mein heimliches Grauen, seitdem ich von ihnen weiß, ob mit Recht oder Unrecht, das wüßte ich gern von Ihnen (Nebenbei: Frau Pastor hat mir nach unsrer letzten Unterhaltung darüber erlaubt, Ihnen davon zu schreiben.)

Nun möglichst kurz den Sachverhalt, soweit er mir aus gelegentlichen Gesprächen deutlich geworden ist:

Seit etwa 12 Jahren schläft Frau Pastor nur mit, zeitweise sehr starken Schlafmitteln. Vor 12 Jahren hatte sie eine Zeit sehr schwerer Ereignisse: 2 Kinder starben, in der Zeit, wo sie Margret erwartete und kurz nach Margrets Geburt. Das führte offenbar zu einer starken theologischen Krisis, in der sie keine Hilfe hatte. Da setzte die Schlaflosigkeit ein. 5 Jahre quälte sie sich damit ohne entscheidende Hilfe, dann begegnete sie Dr. Lechler. Er half ihr zunächst zur Bibel zurück, die ihr in den Jahren unerträglich war, und befreite sie auch einmal für einige Wochen ganz von den Schlafmitteln, da kamen wieder einige Erschütterungen seelischer Art und eine Lungenentzündung u. sie griff von neuem zu den Schlafmitteln. Seitdem geht sie in regelmäßigen Abständen von etwa ½ Jahr zu Dr. Lechler, zur Herabminderung der Schlafmitteldosen und zur geistlichen Entspannung. In der Zeit zwischen diesen Erholungen ist Dr. Lechler und sein Heim die heimliche Zuflucht all ihrer Gedanken, wenn es irgendwo schwer wird. Und wenn der Zeitpunkt näherrückt. Wo die Erholung fällig ist, setzen auch prompt die notwendigen Erscheinungen ein, der ganze Komplex: ich kann nicht mehr, einige Briefe hin u. her und dann ist sie dort. Einmal habe ich bis jetzt die Wirkung miterlebt, im September. Sie konnte aus finanziellen Gründen nur 14 Tage dort bleiben, die ersten 8 Tage bekam sie die Schlafmittel entzogen; Folge natürlich völliger Zusammenbruch, riesengroße Angstgespenster. Sie sagte dem Arzt, in 8 Tagen müsse sie nach Hause und das könne sie nicht in diesem Zustand, also: wieder Schlafmittel. So kam sie mit dem Erfolg einer geringen Verminderung der Mittel nach Hause, im übrigen sehr erschöpft. – Entschuldigen Sie, ich bin etwas müde, und so kommt trotz des langen Schreibens die Sache recht wenig klar heraus, wie mir scheint. Aber Sie können sich wohl aus Erfahrung ein Bild machen.

Nun meine Fragen: So, es fehlt natürlich noch: Dr. Lechler kommt mitsamt seinen Schwestern (ich glaube Wandsburger Diakonissen) aus der Gemeinschaftsbewegung. – Also, mir scheint, hier ist seit Jahren ein böser Irrweg, sowohl ärztlich wie theologisch gegangen, an einer so groß angelegten Frau wie Frau Pastor Graeber. Nämlich hier hat man weder ärztlich noch theologisch den Mut bzw. die Fähigkeit zur radikalen Krisis gehabt. Ärztlich:

entweder man rechnet entschlossen mit der Möglichkeit der Befreiung von den Schlafmitteln (man kann es wohl noch nicht morphiumsüchtig nennen, aber es ist nahe dran), dann hält man als Arzt die Krisis durch, d.h. man läßt sich nicht durch solch einen sichtlichen Krisiseinwand: „in 8 Tagen muß ich wieder nach Hause“ von seinem ärztlichen Willen abbringen. Man behandelt dann eben den Menschen als einen Kranken u. trägt die Verantwortung allein. Und läßt ihn nicht alle halb Jahr zu solch einer Quälerei wiederkommen, um wieder vorzeitig abzubrechen. Ich finde so etwas einfach veranwortungslos. Oder aber man rechnet ärztlich nicht mehr mit der Befreiung von den Schlafmitteln, dann stellt man sie auch nicht mehr in Aussicht (wie Dr. Lechler es tut), sondern stellt die Sache harmloser dar und läßt den Menschen sachlich mit der Notwendigkeit der Mittel u. gelegentlicher Kuren zur Herabminderung rechnen.

Nun theologisch: es ist wirklich offensichtlich, daß der Grund der Schlaflosigkeit hier zu suchen ist u. nicht in primär körperlichen Dingen. Frau Pastor hat z.T. sogar gute Nerven u. ist körperlich ganz auf der Höhe. Aber theologisch ist deutlich, daß von damals her ein Wust ungelöster Fragen, fast kiergaard'scher Verkrampfungen aufgestaut ist, die nicht mit allzu billigen Vorsehungs- u. Ergebungsermahnungen, sondern mit einer radikalen Verkündigung der Rechtfertigung allein aus Gnaden angefaßt werden müßten. Nun meine ich freilich nicht, daß man es in der Hand hätte, damit zu heilen wie mit einer Medizin, nur kann ich fast nicht mehr mit zusehen bei diesem andern Weg. Frau Pastor selbst hat wohl schon bei der letzten Kur im September weniger als früher an Dr. Lechlers Hilfe geglaubt und deshalb war natürlich die Kur auch so bedeutend erfolgloser als wohl sonst. Ich habe inzwischen nicht gerade zur Wiedererweckung dieses Glaubens beigetragen, habe aber andererseits nicht das Recht, ihr etwas zu nehmen, ohne einen anderen Weg zu zeigen. Deshalb habe ich neulich mit ihr darüber gesprochen, als sie mir ihren Reiseplan (der diesmal nicht aus eigener Initiative entspringt, sondern durch eine Einladung der leitenden Schwester verursacht und mit starken Bedenken von Frau Pastor angefaßt worden ist) eröffnete. Offenbar suchte sie mein Ja dazu, zur Überwindung ihrer eigenen Kritik. Das konnte ich ihr nicht geben, obwohl ich selbst Angst vor der Verantwortung hatte. Denn alle, Herr Pastor, Schwr. Margarete (unsre Gemeindeschwester, die über die Dinge Bescheid weiß) begrüßten mit Freude diese glückliche Möglichkeit. Ich schlug ihr zunächst ausweichend vor, die Einladung auf eine Zeit zu verschieben, wo sie es vielleicht körperlich nötiger brauche, sagte ihr dann auf ihr Fragen hin, daß ich die Kuren dort nicht für radikal genug hielte, ja nicht nur für unzureichend, sondern sogar für schädlich und gefährlich, wenn es ihr nicht möglich sei, sie als rein körperliche Erholungszeit mit gewissem mechanischem Prozeß der Schlafmittelverminderung durchzuführen. Die geistliche Entspannung dort hielte ich für ein gefährlicheres Schlafmittel als Morphium. Na, so kamen wir schnell auf die letzten Fragen in dieser Sache; und sie war sehr dankbar u. gab zu, daß sie heimlich die gleiche Auffassung von ihrer Krankheit habe. Und daß auch Dr. Lechler am letzten Mal einer theologischen Aussprache sichtlich ausgewichen sei. Ich sagte ihr, meiner Beurteilung der Dinge nach brauche sie einen theologisch-radikalen Zuspruch an den Wurzeln ihrer Angst, ob die Schlaflosigkeit damit wegginge, könne ich nicht sagen, es sei meiner Meinung nach gut möglich, da körperlich keine Ursachen da seien, aber daß das Qualvolle der Verzweiflung, die sie jedesmal dabei überfalle, weggehen könne, glaube ich sicher.

Nun, es ist ja im Grunde verantwortungloser als Dr. Lechler, wenn ich solche Aussichten darstelle und greife sie nicht an. Aber theologisch sind da meine Kräfte so unzureichend, und es käme Frau Pastors Lage entsprechend schon eine starke Hilfe in Frage, und ärztlich, d. h. eine willensmäßig radikale Kur zur Überwindung der Mittel würde einen Wechsel der Umgebung unbedingt erfordern, man müßte sie dann einige Wochen wirklich allein haben, d. h. ohne den unkontrollierbaren wechselnden Einfluß von Herrn Pastor Graeber und alle die Unmöglichkeiten hier, zu einer normalen Ruhe zu kommen. Ich fühle mich also im ganzen dieser Aufgabe, wie ich sie sehe, einfach nicht gewachsen u. möchte, wenn möglich, Frau Pastor vor einer neuen Pfuscherkur bewahren.

Nun möchte ich am liebsten einen neuen Brief schreiben u. kurz u. geordnet versuchen, das alles besser zu sagen, aber ich muß bald ans Schlafen denken u. morgen wartet wieder viel u. ich werde keine Zeit dazu finden. Schreiben Sie mir nun bitte, was Sie meinen. Vielleicht halten Sie Schlaflosigkeit für unheilbar, auch wenn sie theologische Ursachen hat. Vielleicht trifft mich mit Recht wieder ihr Vorwurf, daß ich die Situation des Versagens nicht ausgehalten habe, daß ich zu kühn sofort an Aufbau denke, wie damals Weihnachten, und mich damit vielleicht betrüge über die Tiefe unsres Nichtkönnens. Es liegt ja bei mir hier im Grunde die Frage, ob ich mit dem ganz naiven Glauben recht habe, daß ich meine, wenn man das wirklich gehört hat, daß Gottes Gnade mich von allen Seiten umgibt, daß ich mit all meinem Auflehnen gegen Gott, mit all meinem Nichtwollen u. Nichtkönnen eingeschlossen bin in seine große rettende Liebe und daß all meine Sorgen u. Ängste eine wirkliche Täuschung ist, weil das alles ja längst getragen ist, wenn ich das alles wirklich gehört habe, daß man dann auch ruhig einschlafen kann, ganz konkret, (sofern nicht besondere körperliche Störungen vorliegen) wie es mir manchmal ging, daß man so richtig sich gehen und mitnehmen lassen kann von einer großen weichen Welle der Geborgenheit, wo einfach alles zugedeckt wird, was da an unruhigen Gedanken u. Sorgen noch aufsteigen will. Oder ist das nur eine körperliche Veranlagung, die der eine hat u. der andre nicht? Übrigens, Frau Pastor hat vor jenem

Unglücksjahr die Fähigkeit gehabt, einzuschlafen sofort, wo man sie auch hinlegte!

Aber es ist wohl genug davon. Am liebsten schickte ich sie einmal für einige Wochen zu Ihnen, ich glaube, sie käme gesund zurück! Oder ich hätte Herrn Traub eine Zeitlang für sie zur Verfügung. Sie wollte schon vor einigen Tagen eine Einladung an ihn abschicken, aber Herr Pastor hat es nicht erlaubt – ! In dieser Richtung eine Bitte: ich weiß nicht, wo er z.Z. ist, darum habe ich ihm nicht geschrieben. Wenn Sie ihn sehen oder ihm schreiben, so bitten Sie ihn doch, er möchte, wenn es ihm möglich ist, umgehend den Brief von Frau Pastor beantworten. Sie hat damals sehr darauf gewartet u. wartet, seitdem sie weiß, daß er ihn jetzt erhalten hat, wieder sehr stark. Vielleicht kann er ihn nach Hohemark im Taunus, Kuranstalt von Dr. Lechler, ab 24. II. beantworten. Oder kommt er zur Vikarenfreizeit? Das wäre ja wunderschön. Oder ist er dort? Wie geht es ihm gesundheitlich? Und was sind die nächsten Schritte u. Ziele?

Mein Referat über die Taufe habe ich an ihn geschickt. Ob Sie es von ihm mal haben können? Ich habe leider keinen Durchschlag mehr, ich wüßte wohl gern, was Sie dazu sagen, wenn ich mich auch weithin sehr schämen muß wegen der Ungründlichkeit und dazu werden theologische Irrlehren nicht allzu fern liegen! Am 26. habe ich hier unter Lehrerinnen ein Referat über „Taufe und Bekenntnisschule“ zu halten … ! Ach, es fällt mir all dies theologische Arbeiten recht schwer, so gern ich es tue, aber wenn man immer wieder einfach vor seiner ganz primitiven Dummheit kapitulieren muß, dann fragt man sich wohl, ob man's vor der Sache verantworten kann, den Mund aufzutun. Aber es gibt ja so viele, die es einfach <u>noch</u> schlechter machen, sodaß man gezwungen ist, den Mund aufzutun. Schon ist mir's sehr leid, daß ich in unserm Presbyterium in den letzten Wochen den Mund nicht mehr radikal aufgetan habe, daß ich einiges habe durchgehen lassen, was uns jetzt um Monate der Arbeit betrogen hat. Ja, es ist ein Wunder, daß es überhaupt noch Kirche gibt. – Bekenntnisschule? Schon erlebt man die ersten Märtyrer darum, und doch kann ich nur mit vielen Vorbehalten sie wünschen. Ich komme da übrigens immer wieder in Konflikt mit dem Kap[itel] über den Staat in der Barth'schen Ethik (ich habe den Text nicht, nur die Erinnerung an jenen offenen Abend Anfang 1933). Damals hielt H. T[raub] den Gegenpol u. seine Auffassung ist mir immer wieder die einzig verständliche. Ich kann darum auch vom Staat nichts fordern auf Grunde der Taufe. Und ich kann der Kirche keine Verantwortung für die Schule als solche zumuten. Ich kann nur ihre Glieder jeden Standes ermahnen, als Getaufte zu <u>leben</u>, d.h. ja wohl im Kampf Tag u. Nacht gegen Teufel, Welt, Sünde u. unser eigen Fleisch, und zu bekennen, und zu glauben an die Vollmacht des hl. Geistes auch über die Kinder in der Gemeinschaftsschule.

Nun, morgen beginnt die Synode.[89] P. Immer war guter Hoffnung heute abend.[90] Ob der Grund zuverlässig ist? Mich beängstigt der Eindruck, als ob unsre Synoden bereits in historische Kausalitätsgesetze eingegliedert wären. Aber der Geist weht ja, wo er will, er kann ja vielleicht auch einmal eine Synode wieder erwählen. –

Es grüßt Sie und Herrn Prof. Barth herzlich

Ihre Elli Freiling

Die Karte an Schlier[91] damals habe ich telef. angemeldet u. mit der Post sofort hingeschickt. Da keine Nachfrage kam, nehme ich an, daß sie zuverlässig angekommen ist.

23

Charlotte von Kirschbaum
an Elisabeth Freiling, Brief von Sonntag, 23.II.1936

Liebes Fräulein Freiling!

Es mußte Sonntag werden, bis ich dazu komme, Ihren Brief zu beantworten. Seit er da ist, habe ich immer wieder an Frau Pastor Gr[aeber] u. damit auch an Sie denken müssen. – Nicht wahr, Sie verstehen, daß es sehr schwer ist, ohne eigene Anschauung der Dinge da überhaupt ein Wort mit-

89 Die 4. Bekenntnissynode der DEK tagte vom 17.–22. Februar in Bad Oeyhausen. Es war die letzte gemeinsame Synode der beiden zerstrittenen Flügel der BK. Sie fasste noch einige wichtige gemeinsame Beschlüsse, z. B. zur Schulfrage. Hier forderte sie Eltern und Lehrer auf, für die evangelische Bekenntnisschule zu kämpfen. Sie zerbrach aber an der konkreten Frage der Stellungnahme zu den Kirchenausschüssen. Die VL Marahrens trat zurück. Die „intakten" lutherischen Landeskirchen und andere Gruppierungen, die den Kirchenausschüssen positiv gegenüberstanden, gaben sich im Rat der Ev.-lutherischen Kirche Deutschlands eine eigene Leitung. Die „zerstörten" Kirchen, vor allem die BK der altpreußischen Union, die die Kirchenausschüsse ablehnten, bildeten eine neue Vorläufige Leitung.

90 Karl Immer schrieb am 17. Februar, bevor er nach Oeynhausen abreiste, einen Brief an seine Mitstreiter im Coetus reformierter Prediger in der getrosten Hoffnung, indem er sich auf ein Wort Kohlbrügges berief, dass Christus am Ende doch immer mächtiger ist als alle Widersacher (Beckmann, Karl Immer, S. 112 f.).

91 Heinrich Schlier (1900–1978), 1926 Lic.theol., 1927 Pfarrer in Casekirchen (Thüringen), 1928 Habilitation u. Privatdozent in Jena, 1930–1935 in Marburg. 1933 BK, 1935–1937 Dozent KiHo Wuppertal, 1937–1945 Pfarrer der lutherischen Bekenntnisgemeinde Elberfeld, 1945 – em. 1952 oProf. Bonn. Übertritt zur katholischen Kirche, 1952–1958 Hon.Prof. in der phil. Fakultät Bonn. Ehrenpromotionen.

zureden? Sicher kenne ich ähnlich gelagerte „Fälle“, aber gerade weil es ja nie um „Fälle“ geht, sondern immer um konkrete Menschen in konkreten Situationen, bin ich ängstlich, daraus Schlüsse zu ziehen. – Soweit brieflich der Sachverhalt deutlich werden konnte, ist er mir, glaube ich, deutlich geworden. Und da würde ich nun allerdings doch mit Ihnen meinen, daß der augenblickliche Zustand kein guter ist u. auf jeden Fall behoben werden sollte. Die Hilfeleistung, die Dr. L[echler] ihr angedeihen läßt, scheint ja wirklich eine Illusion zu sein. Und wenn ihr vorübergehend diese „Hilfe“ vielleicht wirklich eine Hilfe war – es gibt ja da sehr merkwürdige Stadien im Leben solcher Kranken u. unser aller Leben – so scheint nun doch nach Allem u. am meisten nach ihrem eigenen Problematisieren dieser Möglichkeit – der Augenblick gekommen, wo ihr diese fragwürdige Hilfe nun wirklich nicht mehr hilft, sondern im Gegenteil schadet. Ich würde ja nun meinen, es ist schon sehr viel damit geschehen, daß sie selbst unsicher ist u. immerhin sich Ihren Zuspruch sichern wollte für den Aufenthalt dort. Und daß sie ihn nicht bekommen hat, das war vielleicht wirklich das, was sie jetzt brauchte. Sie meinen, Sie könnten es nicht recht verantworten, sie dieses wenn auch nur scheinbaren Trostes zu berauben, wenn Sie ihr einen anderen nicht zu bieten hätten. Da würde ich ja nun freilich anderer Meinung sein. Es könnte doch so sein, daß es ganz richtig war, daß sie in Ihrer Auffassung dieser Krankheit ihre eigene wiedererkannte, der eine Folge zu geben sie nur noch nicht den Mut findet. Vielleicht hat dieser Zuspruch der inneren Ablösung von Dr. L. ganz erheblich Vorschub geleistet, vielleicht den Mißerfolg dieses jetzigen Aufenthaltes bestimmt. Das läßt sich nicht vorher sagen. Mir will aber scheinen: daß sie dann mit ihrer Enttäuschung nicht allein gelassen sein wird, sondern bei Ihnen die Begründung bekommt u. immer wieder bekommen kann, das ist viel. Ich verstehe so gut, daß Sie Angst haben vor dieser Aufgabe u. dieser Verantwortung. Und trotzdem möchte ich Sie fast bitten, das Positive, das in dieser Begleitung die Frau Pfr. nun in Ihnen hat, liegt, nicht zu unterschätzen. Sie werden lachen: es liegt in der Tat wieder in der Richtung meines damaligen Zuspruches, was ich angesichts Ihres Briefes auf dem Herzen habe: Werden Sie nicht ungeduldig, wenn die Schritte so klein u. unscheinbar sind, die Sie tun können! Es sind doch Schritte. Ich bin in der Sache ganz mit Ihnen einig, ich glaube durchaus auch, daß diese Schlaflosigkeit zu beheben wäre durch eine sachgemäße Behandlung. Aber wie sie einer solchen zuführen? Der Entschluß, eine durchgreifende ärztliche Hilfe zu suchen, müßte ja von ihr selbst ausgehen. Und das wird er nicht, solange die innere Einstellung nicht eine andere ist. Hier ist die Verquickung von ärztlicher u. theologischer Hilfe wahrscheinlich eine ganz enge u. nicht von einander zu trennende. Und nun meinen Sie, „eine radikale Verkündigung der Rechtfertigung allein aus Gnade“ müßte hier geschehen. Natürlich „müßte“ sie das. Aber damit greifen wir doch nach dem, was schlechthin das „Wunder“ ist, wenn es Ereignis wird. Und darum bin ich ein wenig gehemmt, ganz mitzugehen bei der Betrachtung, die Sie in diesem Zusammenhang anstellen über Ihr eigenes Unvermögen u. über die Eignung von Barth oder Tr[aub] zu dieser Aufgabe. Wenn Sie die Dinge so sehen, wie Sie sie sehen, sowohl die Not, die vorliegt, wie die Hilfe, nach der sie ruft, dann finden Sie gewiß auch Worte, die als Hinweis dienen. In Vollmacht zu reden in einem solchen Fall, das kann doch wirklich nicht von der gewandteren oder reicheren theol. Schulung abhängen. Nun kann es ja sein, daß Hellmut [Traub] in Ba[rmen] einen Zugang zu ihr gefunden hat u. daß es hilfreich wäre, wenn das Gespräch früher oder später eine Fortsetzung fände. Aber ich glaube doch, daß man darauf, auf eine „Aktion", nicht so sehr viel abstellen darf, sondern daß der eigentliche Teil der Aufgabe, so wie die konkrete Situation liegt, doch auf Ihnen ruht. Sie stehen nun einmal in diesem Hause u. sind primär angefordert. Und nach allem, was Sie schreiben, denke ich daran eigentlich zuversichtlich. Es kann nicht ohne hilfreiche Wirkung auf Frau Gr[aeber] bleiben, wenn sie nun im Gespräch mit Ihnen steht, das doch sichtlich unter der guten Voraussetzung erfolgt, daß sie Sie u. Ihre Einwände ernst nimmt. Natürlich kann u. wird sie sich auch immer wieder entziehen, aber läßt sich das berechnen, wer u. was sie wirklich stellen kann? Ich könnte mir doch wohl denken, daß auf dem weiteren Wege u. auf dem Hintergrunde Ihrer Gespräche Frau Pfr. selbst Ausschau hält nach der starken „Hilfe" u. daß dann einmal der Augenblick kommt, wo sich eine jener Begegnungen ergibt, die Sie wünschen. Aber ich würde zögern, auch nur einen gewaltsamen Schritt zu tun in dieser Sache. – Verstehen Sie das oder sind Sie nun enttäuscht über diesen Mangel an Initiative? Ich glaube wirklich, nichts Anderes u. nicht mehr sagen zu können, gerade weil ich mit Ihnen glaube, daß „im Grunde" Alles gut ist. Das aber einem Anderen so sagen, daß er es hört als die Hilfe seines Lebens, das läßt sich doch eben nicht herbeiführen. Wir können ihm doch immer nur das hinhalten, was wir gehört zu haben glauben u. für ihn beten. Und warum sollten Sie das nicht ganz vertrauend u. getrost nun eben tun? –

Hellmut T[raub] ist in Halle, im Hause von Prof. Wolf, Kaiserplatz 20. – Am 24. I., also am Tage nach seiner Heimkehr bin ich für 2 Tage nach München geeilt in der Empfindung, daß er Beistand brauche. Das war auch der Fall. Ich wohnte in s. Elternhause u. habe sehr aus der Nähe die Schwierigkeiten dort miterlebt (viel zu viel Fürsorge, da, wo sie unnötig scheint, u. zu wenig Schonung da, wo sie jetzt bitter not täte), sodaß ich ihn mit Überzeugung dahin zu bestimmen suchte, baldmöglichst nach Halle zu fahren. Hierher wollte er aus Gründen, die ich jetzt nicht mehr erörten möchte, zunächst nicht kommen. Wir hatten den Plan gefaßt, daß er s. Arbeit über d. „Zeichen" als Lic. Arbeit ausbauen würde u. in absehbarer Zeit hier dann s. Examen ablegen könnte. Nun scheint aber ein Besuch von Asm[ussen] in Halle noch andere Türen aufgehen zu haben [sic]. Entschieden ist bis jetzt noch nichts, auf jeden Fall muß wohl eine kl. Zeit der Zurückgezogenheit vorerst angesetzt werden. – Ich habe seine Auslegung des 40. Psalms bekommen, die er in der Zeit in München (nach der Verhandlung) schrieb (53 eng beschriebene Seiten!) u. die ich für das Beste halte, was ich bisher von ihm las. Es ist leider nur fast unleserlich geschrieben (stellenweise überhaupt nur mit der Lupe zu lesen) aber vielleicht gelingt es mir doch einmal, eine Abschrift zu nehmen. – Nach diesem Schriftstück meine ich wohl, daß die natürlich jetzt ein wenig einsetzenden u. zu verarbeitenden Gemütsschwankungen ihn aus einer letzten Geborgenheit nicht mehr reißen können. Alles Andre wird sich fügen. –

Inzwischen geht hier in steilem Anstieg die Dogmatik weiter, in fast noch größerer Einsamkeit als draußen, da auch unter den Schülern Gesprächspartner wohl erst werden müssen. Es wäre viel zu sagen. Aber wenn der Brief endlich fort soll (ich mußte etwa 4× unterbrechen), so ist es wohl besser, ich bringe ihn jetzt zur Post. – Ihr Referat über die Taufe will ich gern lesen u. H[ellmut Traub] darum bitten, wie ihn auch an den erwähnten Brief an Frau Pastor erinnern.

Die Stelle über den „Staat“ in der Ethik wird sicher in einer neuen Fassung revidiert. Gerade da ist ja jetzt Alles im Fluß u. vielleicht müssen Sie den Vortrag „Evang. in der Gegenwart“ bereits einbeziehen. H[ellmut?] ist sich [?Lochung] ja auch gar nicht klar, wir hatten einmal ein langes Gespräch darüber. –

Nun muß eigentlich ich einen Seufzer tun über die mangelnde Sammlung dieses Briefes. Es liegen zwischen seinen einzelnen Phasen z. T. bewegte Ereignisse, denen mögen Sie es ein wenig zugute halten, daß er nicht besser wurde. – Karl Barth läßt Sie herzlich grüßen. Sein Züricher Calvin-Vortrag, der sehr umstritten wurde, erscheint jetzt als Existenzheft.[92]

Es grüßt Sie herzlich

Ihre Charlotte von Kirschbaum

92 Karl Barth, Calvin (Theologische Existenz heute 37). München 1936. Karl Barth hat am 22. 1. 1936 in der Aula der Universität Zürich zur Calvinfeier des Lesezirkels Hottingen diesen Vortrag gehalten. Er hat hier Calvins Erklärung des Gebetes „Unser Vater“ vorgetragen. In der Fußnote (S. 7) teilt er mit, dass seine Ausführungen auf „Mißbilligung“ gestoßen seien, weil die Zuhörer „eine Auseinandersetzung mit der Oxfordbewegung, Angriffe auf Emil Brunner“ etc. erwartet hätten. „Daß ich den Hörern zumutete, sie seien doch gewiß wegen Calvin und nicht wegen mir hergekommen, darin wurde ‚Koketterie‘ erblickt.“ (S.a. Busch, Karl Barths Lebenslauf, S. 289).

Elisabeth Freiling
an Charlotte von Kirschbaum, Brief vom 27. III. 1936

Liebes Fräulein von Kirschbaum.

Heuteabend muß ich Ihnen noch schnell schreiben, wenn es auch schon spät ist. Haben Sie herzlichen Dank für Ihren Brief Ende Februar wegen Frau Pastor Gr[aeber], auch wenn „wenig Initiative" drin war! Ja, wer sollte auch hier „Initiative" haben? Es ist mir schon klar, daß Sie recht damit haben, so schwer es immer wieder ist, nun einfach nicht mehr zu können.

Frau Pastor ist von Hohemark zurück, seit gestern. Eben haben wir länger miteinander gesprochen, sie bittet mich, auf Grund einer Anregung von H. Traub, mit ihr zusammen täglich einen Abschnitt aus der Bibel zu lesen. Ich habe so große Angst davor. Wir wollen ja nicht nur lesen, ich soll ja auslegen, und wenn das schon viel Not für eine Bibelstunde ist, es ist aber noch ein viel größeres Wagnis, so mit einem Menschen allein, wo wir doch beide so arm und hilflos vor diesem Wort stehen. Ich habe so Sorge, daß ich da alles verkehrt mache. Sehen Sie, da ist eben doch der Punkt, wo es etwas ausmacht, ob man H. Traub ist oder E. Freiling. Es ist ja schlimm, daß ich nun nicht mit Freuden und Dankbarkeit diese Möglichkeit annehme und helfe. Wie würde solch ein Wuppertaler Pietist längst von sich aus an dieser Stelle gelandet sein und mit Freuden Zeugnis ablegen von der Hoffnung, die in ihm ist. Und das ist sicher recht. Aber da steht man nun so ganz – ohne „Initiative", und würde mit 1000 Freuden in die Gemeindebibelstunde zurückfliehen, wo man nicht so gefordert ist. Aber das hilft ja nun alles nichts, ich muß es tun, und ich bitte Sie nur, denken Sie an uns beide – ich weiß ja nicht, wie lange wir es tun werden, ob sie nicht bald es leid wird, mit mir zusammen das zu tun.

Von Hohemark ist, wie erwartet, nicht viel Gutes gekommen: eine äußere Entspannung durch die Ablösung von allen Pflichten, das meinte sie gehabt zu haben. Dr. Lechler spricht nicht mehr mit ihr „theologisch", meinte sie, „und dann habe ich ja auch statt dessen Ihnen und Herrn Traub geschrieben" –. Das ist das Gute, daß sie nun doch mit H.T. wieder ins Gespräch gekommen ist, ich bin wirklich allein dazu zu schwach. Sie möchte auch gern mit H. Traub im Gespräch bleiben, obwohl sie immer wieder da einige starke Hemmungen hat, oder meint haben zu müssen. Ich hoffe, er wird einfach weiter schreiben, halten Sie das nicht auch für recht? Es ist freilich Herrn Pastor Gr[aeber] gegenüber nicht ganz leicht, aber ist es nicht so (ich versuchte das auch Frau Pastor heuteabend zu sagen), daß da einfach wir vor der Freiheit Gottes stehen, die nicht eben den Ehemann, auch wenn er

Pfarrer ist, zu seinem Werkzeug an der Pfarrfrau machen muß? Nebenbei meine ich auch, darf Frau Pastor doch Herrn Traub ein wenig diese Hilfe leisten, wo er die Gemeinde entbehren muß und seine theologische Sprache so nötig das „laienhafte“ Gegenüber braucht. Auf diesen Grund reagiert sie am liebsten! Und es ist ja mehr als Psychologie und Pädagogik, es ist ja das zu Zweien geordnet sein als Jünger, nach dem Willen des Herrn.

Was macht man inzwischen mit den Schlafmitteln? Das ist mir immer wieder ganz fraglich. Unsere Gemeindeschwester hält das ja immer für das Notwendige, daß man sie ihr wegnimmt. Sie würde es sich von mir gefallen lassen, aber – soll ich, muß ich, darf ich es tun? Sollte sie darauf nicht freiwillig verzichten, wenn einiges andere aufgegeben, ab – gegeben ist? Und stößt man sie nicht einstweilen in unnötige rein körperlich-seelische Qualen dadurch? Obwohl sie scheinbar immer wieder darauf wartet, daß ich den Schritt bei ihr wage, so gewissermaßen als Experiment – auf den Glauben? Aber – darf man hier handeln, wenn schon so viel Überlegungen über diesen Schritt vorausgegangen sind? – Ach, wäre Frau Pastor doch in Ihre Hände gefallen –, aber freilich, – wir sind ja beide in Gottes Hände gefallen.

Wüßten Sie übrigens, falls einmal die Frage nach einer anderen ärztlichen Hilfe wichtig werden sollte, einen Arzt, der da den Mut hat, durchzugreifen? Denken Sie, die „geistliche Quelle“ von Dr. Lechler ist auf Erden: Das Blättchen von Dir. Goebel, Blaukreuz, in Barmen, wenn Ihnen der ein Begriff ist.[93] Ich glaube übrigens, daß Hohemark einstweilen erledigt ist. Aber ich bin zu müde, ich will erst mal schlafen.

So, das wäre erledigt! Guten Morgen. –

Wir haben gestern abend mit dem Jakobusbrief angefangen zu lesen, Freude zuvor! fing es an. Wir werden da mal weitersehen. So wissen Sie, wo Sie uns in Ihren Gedanken zu suchen haben.

Über meinem Sofa, auf dem wir bei solchen Gesprächen zusammen sitzen, hängt seit einer Woche meine Luxuserrungenschaft von meinem jetzt auf 20.– M monatlich gestiegenen Taschengeld die beiden „exegisierenden“ Apostel vom Creglinger Marienaltar (Riemenschneider), der eine hat den Arm um den andern gelegt und sieht ins offene Buch herunter, der andre sieht nach oben mit halb geöffnetem Mund, ich habe das Bild so sehr gern. Und zu beiden Seiten hängen, etwas verschwindend, Barth und Asmussen!! Ja, die evangelischen Heiligenbilder ...! Sie müßten übrigens jetzt einmal mein Zimmer sehen! Es hat einen riesigen „Diplomaten“schreibtisch bekommen, der steht am Fenster entlang und ist morgens ein Bild von Sonne

93 Wilhelm Goebel (1869–1942), Direktor des Blauen Kreuzes, Pietist, Nationalsozialist, Gegner der BK.

und grünen Pflanzen und allerlei Schönem. Er ist der Bek. Kirche vererbt worden, mir zu Benutzung! Hat Riesenfächer, wo alle – Unordnung sehr schön verschwindet.

Am Montag fahre ich mit der kleinen Margret auf eine Rheintour (Bonn, Anhausen) per Rad los. Wir freuen uns beide sehr, und ich lasse auch ganz unbesorgt einmal hier alles liegen. Wenn ich morgen sterben würde, ginge es ja auch weiter.

Ich bin so froh, daß nun H. Traub doch bleibt. Ich wünschte nur, er würde doch noch Humburgs Hilfsprediger, wie Humburg so gern wollte. Dann hätten wir ihn hier. Werner Koch[94] kommt übrigens jetzt als Nachfolger von Herrn Penz in unsre Gemeinde. Die Verhandlungen, ob Herr Penz kommen sollte, sind zwar noch nicht abgeschlossen – – aber da das Leben zuweilen besonders in Presbyterien ein etwas schlecht gespieltes tragisches Lustspiel ist, schadet es ja nichts, wenn die Figuren ein wenig wechseln zur Mahnung an das Ende des Lustspiels. Ich bin gespannt, ob man während des nächsten halben Jahres sich darüber einig werden wird, ob Werner Koch eigentlich kommen sollte. Günther Heidtmann wird jetzt vermutlich Vertrauensmann Wuppertals u. das wird ja der Aufstieg in höhere Regionen bedeuten!! Wir arbeiten im Anschluß an die Freizeit auf eine Anregung von Eichholz[95] hier an Gesetz und Evangelium in den übrigen (außer Rö[mer] u. Gal[ater]) Schriften des NT weiter. Es ist ein kleiner Ausschuß zur Vorbereitung gebildet, ab 15. April wird dann das Vorbereitete an die Konvente zur Bearbeitung weiter gegeben. Ich sitze ziemlich hilflos (auch von H. Traub schmählich im Stich gelassen!) am Jakobusbrief. Man sollte eben, um Theologe zu sein, das Recht auf kurze Ferien in der Wüste haben, oder auf den Bergen. Nun, Herr Pastor stimmt schon auf seine Weise in Ihr Lied ein: ich müsse noch lernen, mich mit Bruchstücken zufrieden zu geben, er meint also: mit noch kümmerlicheren.

Aber die Tagesarbeit und der Kaffee ruft. Ich lege Ihnen zum Durchlesen eine Andacht bei, die ich neulich schnell für das Sonntagsblatt schreiben mußte. Ich bin dankbar, wenn Sie mir einmal wieder sagen, daß es noch so geht. Aber nein, das ist wohl nicht recht, das ist wohl immer wieder Un-

94 Werner Koch (1910–1994), Studium der Theologie, Frühjahr 1934 1. theol. Examen Konsistorium Koblenz, 1935/36 Mitglied des 2. Kurses des Bonhoefferschen Finkenwalder Predigerseminars, informierte die Auslandspresse mit Nachrichten aus der BK, Vikar in Barmen, Herbst 1936 2. theol. Examen BK, s. Anm. 125.

95 Georg Eichholz (1909–1973), gehörte zum engeren Kreis der Studenten Barths, Lic. theol. Bonn, Herbst 1932 1. theol. Examen Konsistorium Koblenz, Herbst 1935 2. theol. Examen BK, Hilfsprediger in Barmen-Gemarke, 1935–1949 Theol. Lehrer (Rheinische Mission), 1949–1961 Inspektor ebd., 1961 – em. 1971 Professor für NT.

glaube, der eben aus dem Suchen auf uns herkommt. Und drum lesen Sie sie nur als Gruß aus der Arbeit.

Mein Schulreferat hat übrigens recht viel „Ärgernis“ gegeben, ich konnte nicht so viel sagen wie die Oeynhausener Synode. Und das nahm man mir übel. Ich habe durchgeführt, von der Taufe her könne man nur zum Bekenntnis zum Evangelium von Jesus Christus und dadurch vielleicht zum Leiden um und in der Bekenntnisschule, aber nicht zum Kämpfen für die Bekenntnisschule kommen.[96] Schule, Staat, Welt, Todeslinie, Taufe, Tod der Welt, Auferstehung zur neuen Heimat. So etwa liefen die Linien. Sagt nicht Oeynhausen darin zu viel?

Aber schnell, der Kaffee ruft, einen herzlichen dankbaren Gruß von

Ihrer Elli Freiling

[Der folgende Text Nr. 24 ist vielleicht falsch eingeordnet.
Er gehört vielleicht hinter den Text KBA 98765.20, da auch hier sehr intensiv von dem „Nächsten“ gespochen wird.]

24

Charlotte von Kirschbaum
an Elli Freilin, Freiligrathstr. 66, Wuppertal-Barmen, Postkarte vom ?

Lb. Frl. [nicht zu lesen, da die Briefmarke herausgerissen ist] mir herzlich leid, daß es zu dem Brief nicht kommen [… ? s.o.] sollten. Überschlägt sich hier fast. – Hellmut T[raub] schrieb heute [… s.o.] Vortrag in Ba[rmen] annehmen, daß v. d. andern Weg [… s.o.]. Ich muß ihm da eigentlich recht geben, er sollte nun hinnehmen, was ihm gegeben wird u. nicht wählen. Zudem scheint er dort je länger je mehr eine Aufgabe zu haben mit Predigten u. Bibelstunden. Aber es ist sehr lieb von Ihnen überlegt u. es tut ihm als solcher Vertrauensbeweis gewiß wohl. – Und zu dem anderen: Ihr Mitarbeiter Werner [Koch] hat bei mir 60.– deponiert. Was soll ich damit beginnen? Wäre das vielleicht das Gewünschte? Sagen Sie ihm doch auch, daß ich einen Brief an ihn schrieb nach Holland, der mir als unzustellbar vor Wochen zurückkam. – Unsere deutschen Studentlein hier sitzen alle auf d. Trockenen. So bin ich selbst dauernd am „sammeln“. Das ist fatal. – Der

96 S. Anm. 89.

Nächste? Eben nicht alle Menschen, obwohl Jeder dazu werden kann. Aber dazu müßte länger u. ruhig geredet werden. Es wird übers Jahr zu lesen sein.

Es ist mir leid, daß die kurze Karte nun Alles ist. Ein ander Mal mehr.

Herzlichst Ihre

Ch. v. K.

KBA 98765. 18

Elisabeth Freiling
an Charlotte von Kirschbaum, Brief vom 8. V. 1936

Liebes Fräulein von Kirschbaum.

Andre liefern zu dem hohen Festtag[97] die guten Aufsätze über das Problem des theologischen Schülers und der Dankbarkeit in solchem Fall, und ich möchte das wohl auch so können. Das kann ich nun nicht, aber da ist mir ein sehr anspruchsvoller guter Einfall gekommen, zur Erhöhung der Wichtigkeit meines unwichtigen Grußes: man braucht für so ein dickes Buch zu lesen doch auch ein Lesezeichen und nimmt normalerweise dazu nicht so ein Zettelchen aus dem Papierkorb. Ich dachte, es ist eigentlich eine sehr große Ehre für solch ein Zettelchen, „Zeichen“ in einem so bedeutsamen Buche zu sein, von dessen Bedeutung es doch gar nichts ahnt. Und an diese humorvolle Stelle könnte ja nun statt eines solchen Zettelchens auch einer der vielen Kartengrüße zum 50. Geburtstag erhoben werden, und mein Kärtchen hat das Verdienst, auf diesen Platz aufmerksam gemacht zu haben! Womit es nicht gesagt haben will, daß es dorthin rücken möchte, sondern nur, daß unter all den vielen eines durch ein merkwürdiges Schicksal dorthin verschlagen werden kann! So ähnlich komme ich mir ja auch immer wieder vor und bin fröhlich darüber.

Mir geht es gut hier, und ich richte mich allmählich nach menschlichen Plänen auf lange Zeit hier ein. Alles, was in den letzten Monaten zwischen Frau Pastor und mir zur Sprache gekommen ist, hat, entgegen meinen Befürchtungen, bis jetzt zu einer bedeutend stärkeren Verbundenheit mit der ganzen Familie geführt. Ohne daß mir das Zentrum des einsamen theologischen Arbeitens unwichtiger wird, gewinnt das Gebiet des menschlichen Miteinanderlebens für mich ein wenig mehr Tiefe und theologische Bedeutsamkeit und vielleicht tröstet mich das dann gelegentlich über meine, man muß schon sagen, geistige Armut im exakten theologischen Arbeiten hin-

97 Anm. 101.

weg. Es verschlägt mir immer wieder für einige Zeit die Sprache und den Mut, wenn ich solch ein Elaborat von Herrn Traub oder Eichholz oder solchen Leuten durchgearbeitet habe und denke: ja, zum mindesten so müßten wir doch eigentlich das Wort hören und weitersagen. Aber – na ja, trösten wir uns auch mit dem humorvollen Platz jenes Zettelchens im theologischen Werk!

Seit Dezember ist Fräulein Schindelin hier in Gemarke als Vikarin für Frauenarbeit angestellt, und wir halten nun schwesterlich vereint gemeinsam den schwierigen Platz der Vikarinnen im Wuppertal fest. Sie ist schon 40 Jahre, hat viel Lebenserfahrung, ist schon einige Jahre in Afrika gewesen, und immer noch eine gute Theologin![98] Ich fühle mich unter ihren schützenden Fittichen sehr wohl als kleines Küken, und sie bat mich, über Sie einen Gruß an Herrn Professor Barth zu bestellen. Er freut sich vielleicht zu wissen, daß wir beide nun zusammengeraten sind. Wir kommen jede Woche einmal ein paar Stunden zusammen und arbeiten gemeinsam (mit gelegentlich starken Unterbrechungen durch praktische Fragen) an Gesetz u. Evangelium im Jak[obus] brief. Unsere Vikarenbruderschaft hat sich ja hier unter Eichholz Führung für dies Semester an die Synoptiker u. Johannes gewagt, und wir beide studieren dann so nebenher die Jakobusstimme im großen Chor. Sie ist sehr eigenwillig! Aber ich freue mich sehr drauf, wenn wir nun unter Eichholz noch ein wenig mehr von diesem großen Chor zu hören bekommen.

In die Wupperfelder – ach, noch so ungeklärte – Arbeit ist ja nun mit viel diplomatischem Geschick und menschlicher Leichtigkeit Herr Werner Koch cf. „oekumenisch" „Friedens" etc. eingerückt, und er denkt leise daran, sich dort ein wenig einzunisten. Ich wäre schon froh darum. Er hat viele brauchbare Gaben und ist trotz seiner Jugend nicht unerfahren. Man kann in Wupperfeld nicht jeden brauchen, wenn es überhaupt ein wenig vorwärts gehen soll, denn es ist ja keiner da, der auch nur ein wenig leiten könnte. Es ist ein hoffnungsvolles Zeichen für Herrn Koch, daß bzw. wenn er ein wenig Treue für Wupperfeld aufbringen könnte, denn dazu gehört ein Stück Selbstverleugnung für solch einen Werner Koch. Wenn man sich übrigens von seiner Großspurigkeit nicht imponieren läßt, kommen sehr feine Züge bei ihm heraus. Seine Kantenlosigkeit ist wohl sein Schicksal, aber welches Schicksal könnte nicht durch das Evangelium doch einige Risse bekommen? Z. B. ist seine Braut da (gerade 22 Jahre geworden!) und es ist ein wenig wie ein Frühlingsgedicht, diese beiden Kinder sich freuen zu sehen.

98 Frieda Schindelin (1895–1998), 1915–1921 Lehrerin in Barmen, 1921–1927 Studium der Theologie, 1927 Fakultätsexamen in Halle, 1927–1929 Religionslehrerin in Düsseldorfer Berufsschule, 1929/30 Ausbildung zur Missionslehrerin, 1931–1934 Missionsdienst in Afrika, Herbst 1935 2. theol. Examen BK Rheinland, 1935–1937 Frauenarbeit in Barmen, 1938–1960 Frauenhilfe.

In der Woche nach Pfingsten wird hier die große Visitation sein, vielleicht kommt H[einrich] Vogel – Dobbrikow[99] zu uns nach Wupperfeld. Möchten einige der schlafenden Hirten ein wenig aufschrecken!

Und dann freuen wir uns auf den Sommer –

Für heute grüße ich Sie herzlich. Gerade weil das Danken der Kirche vom Ende her und für das Ende geschieht, darf sie ja auch begründet danken für die „Anlässe" zu solcher Erkenntnis, zu denen Sie auch gehören

Ihre „dankende"

Elli Freiling

KBA 98765. 19

Elisabeth Freiling
an Nelly Barth, Brief vom 9. V. 1936

Sehr verehrte, liebe Frau Professor.

Es wird viel Post eingehen morgen an dem Festtag, warum soll da nicht auch ein dicker Brief an Sie dabei sein? Ich habe mich so sehr über Ihren freundlichen Brief gefreut und danke Ihnen herzlich dafür.[100] Daß Sie an den Brief damals noch gedacht haben! Ich bin sehr treulos seitdem gewesen, aber was haben Sie auch von einem Brief von mir? Ich möchte Ihnen nur sagen, daß ich herzlich dankbar bin, daß auch Sie meiner freundlich gedenken, was ich auch bei Fräulein von Kirschbaum immer schon als ein ganz unverdientes Geschenk empfunden habe. Ich wünschte nur, ich könnte auch Ihnen beiden mal eine Freude machen als „Zeichen" meines Dankes, aber wenn ich an dem Punkt lande, steh ich immer wieder ratlos mit ganz leeren Händen da.

Es ist mir nicht mehr ganz gegenwärtig, ob ich Ihnen damals schon von P. Graeber aus geschrieben habe oder nur von meiner Arbeit im Auguste-Viktoria-Heim. Wenn ich schon von P. Graeber schrieb, so hat sich seitdem ja fast nichts verändert und ich bin froh dabei. Nur hier im Pfarrhaus sind wir immer fester zusammengewachsen und richten uns ein wenig auf lange Sicht ein, wenn es nach unsern Wünschen geht. Die Arbeit in der Gemeinde,

99 Heinrich Vogel (1902–1989), Studium der ev. Theologie in Berlin und Jena. Dr. theol. Seit 1932 Pfarrer in Dobbrikow/Luckenwalde. BK, 1935 Dozent an der Kirchlichen Hochschule Berlin, Gestapohaft. Kriegsdienst. 1946 Professor KiHo Berlin und 1948 – em. 1973 oProf. Humboldt-Universität. Engagement gegen Aufrüstung in den 60er Jhren, Prager Friedenskonferemz. Ehrenpromotion.

100 Nicht vorhanden.

die durch den Kirchenkampf sehr zerrissen ist und doch von einigen Seiten immer wieder künstlich im Frieden gehalten wird, ist schwer und erfordert viel Geduld. Verheißung liegt eben nur auf der ganz schlichten Verkündigung des Wortes. Wenn dadurch nicht einiges geschieht und in Bewegung gerät, dann ist „all unser Tun umsonst". Das wird uns hier Tag für Tag zum Greifen deutlich gezeigt, zumal auch gerade unsere „bekennenden" Vertreter menschlich gesehen seltene Exemplare von Schwachheit fast in jeder Beziehung sind. Ein klein wenig falle ich immer wieder darauf herein, wenn ein neuer „Bekenntnis"vikar uns zu Hilfe gesandt wird, nämlich daß ich jedesmal doch wieder „Fleisch für meinen Arm" halte, bis es mir doch wieder langsam aufgeht, daß eben auch die standhaftesten und begabtesten Bekenntnisvikare nicht den lieben Gott ersetzen können. Und Er scheint eine lange Geduld mit uns in Wupperfeld zu haben. Wir sind ja auch eine lutherische Gemeinde, und die haben wohl alle das Vorrecht, die Geduld ihres Herrn ein wenig kräftiger in Anspruch zu nehmen als die reformierten „Gefäße der Ehre"! –

Ostern 1937 will ich mein 2. Examen machen. Bis jetzt habe ich mich um das trübe Kapitel noch nicht gekümmert, es wird, wie ich fürchte, ja auch dieser Sommer nicht viel Zeit für solche Gedanken frei lassen. Irgendwie muß man ja doch mit dem „Glück" rechnen! Herr Werner Koch, der zur Zeit unser Bekenntnisadjutant hier ist, und schon im Herbst das Examen machen will, gibt mir auch ein gutes Vorbild in solcher Großzügigkeit. Nur hat er größere Fähigkeiten, seine Unkenntnis zu verbergen und seine Kenntnisse hervortreten zu lassen!

Etwas wird Sie vielleicht auch freuen zu wissen: ich weiß nicht, ob Sie sich noch an Fräulein Schindelin erinnern, die so um 28–30 herum Theologie studierte und dann einige Jahre in Afrika als Missionslehrerin war. Sie ist seit Dezember 1935 hier in Gemarke als Vikarin angestellt, und ich freue mich nun sehr, nicht mehr als Vikarin allein in Wuppertal zu stehen und dazu an ihr einen treuen mütterlichen Berater und Schutzengel gefunden zu haben! Wir arbeiten regelmäßig ein wenig Theologie zusammen und dabei nimmt sie mich in heilsame Zucht in Bezug aufs wissenschaftliche Arbeiten. Sie ist noch ein rechter Typ aus den glorreichen Anfängen des Frauenstudiums, wo jede studierende Frau so ein bißchen eine Leuchte der Universität sein konnte, zum mindesten in Bezug auf Fleiß und Gründlichkeit. Frl. Schindelin beauftragte mich auch, bei Gelegenheit Grüße an Sie zu übermitteln, was ich hiermit tue.

So gern träumt man immer wieder mal davon, wie es wäre, wenn das Haus Barth wieder in Deutschland stände; aller Briefverkehr ersetzt doch nicht die leibliche Gegenwart, so oft im entscheidenden Moment. Und die Schweizer haben es sicher noch gar nicht ganz kapiert, was sie da ohne ihr Verdienst erworben haben. Aber „Laß mich mit Freuden, ohn alles Leiden, sehen den Segen, den Du wirst legen in meines Bruders u. Nächsten Haus ..." Möge die Schweizer Kirche erwachen! Dann wird es uns auch gut sein!

Es grüßt Sie in herzlicher Dankbarkeit

Ihr Elli Freiling

Darf ich Sie bitten, den Brief an Frl. v. K. weiterzugeben?

25

Charlotte von Kirschbaum
an Elisabeth Freiling, Brief vom 17.5.1936

Liebes Fräulein Freiling!

Die Karte liegt am richtigen Ort: in dem schönen rotledernen Prachtband auf oder zwischen den Seiten, die vom „Danken" reden.[101] „Er" läßt Ihnen dafür herzlich danken u. Sie grüßen. Der Geburtstag war am schönsten gefeiert mit ca. 150 Briefen u. [sic!] nahezu allen aus Deutschland. Sogar die V[orläufige]L[eitung] u. der Preuss[ische] Bruderrat waren vertreten. In einer der nächsten Nummern von „Unter dem Wort" können Sie dann lesen, wie dankbar u. erfreut alle diese Zeichen aufgenommen wurden.[102] Am Vorabend des 10. fuhren zwei Autos vor, Prof. Wolf u. seine Frau, der Verleger Lempp mit s. Frau u. die beiden jg. süddeutschen Pfarrer Hermann Diem u. Steinbauer[103]. Der Letzte der Genannten steht in schwierigsten Auseinandersetzungen, völlig allein gelassen von seinem bayr. Kirchenregiment. So

101 Karl Barth feierte am 10. Mai 1936 seinen 50. Geburtstag. Aus diesem Anlass gab Ernst Wolf im selben Jahr eine 622 Seiten umfassende Festschrift „Theologische Aufsätze" im Chr. Kaiser Verlag München (Verleger A. Lempp) heraus. Die Verfasser der Aufsätze repräsentieren die Blüte der damaligen theologischen Wissenschaft, wobei der Nichttheologe Dr. med. Karl Stoevesandt mit seinem nachdenklichen Beitrag über „Die natürliche Gebundenheit des Menschen" und Charlotte von Kirschbaum mit ihrer sorgfältigen Bibliographie der Arbeiten Barths hier mit einbezogen werden können.

102 Briefwechsel Hermann Klugist Hesse – Karl Barth im Mai 1936, in: Karl Barth, Offene Briefe 1935–1942, S. 18–26, 33–36.

103 Karl Steinbauer (1906–1988), 1933 Vikar in Penzberg, Gegner des Nationalsozialismus, u.a. Ablehnung des Ariernachweises, Konflikte mit Staat und bayerischer Kirchenleitung. 1936 Predigtverbot. 1937 Verhaftung. 1938 Pfarrstelle Senden-Ay. 1939 KZ Sachsenhausen. Kriegsdienst. 1940 Pfarrstelle Illenschwang. Erst seit 1946 regulärer bayerischer Pfarrer.

war dafür gesorgt, daß auch in diese Tage der Kirchenkampf seine Schatten warf u. das war gut so u. durfte nicht anders sein. – Ich glaubte bis zuletzt, daß Wolf auch seinen „Lehrvikar" mitbringen würde u. hätte dies ihm u. uns gegönnt.[104] Aber nach allen Erfahrungen wäre dies Wagnis wohl zu groß gewesen.

Ihr Brief bringt verschiedene gute Nachrichten. Vor allem die, daß Sie etwas Wurzeln schlugen in Barmen u. vor allem im Hause Gr[aeber]. Das mag ich Ihnen u. der guten Frau Pfarrer so von Herzen gönnen. Und das auch theologisch sich in Frl. Schindelin (die ich wohl nicht mehr kennen lernte?) ein Gesprächspartner fand, das ist gut. Es wird immer noch genug bleiben an Einsamkeit u. Ratlosigkeit. – Warum Sie freilich sich selbst ein so dürftiges Plätzlein anweisen, das ist mir nicht ganz erfindlich. Sie hätten gewiß sehr wohl auch Mitarbeit leisten können im festlichen Chor u. indirekt tun Sie es ja auch fortwährend. –

Ich las heute Morgen mit großer Beteiligung den Beitrag von Helmut Gollwitzer, der ja wohl einen Ausschnitt aus s. Lic. Arbeit darstellt.[105] Dies ist eine ganz wichtige Sache für das heute so wichtige konfessionelle Gespräch u. seine Sachkenntnis u. Klarheit ist sehr wohltuend angesichts der viel zu vielen Schlagworte, mit denen man dieses Gespräch heute weithin führt. Ich bin nun sehr gespannt auf diese ganze Arbeit. – Seit Holland, wo wir ja mit Hans A[smussen] über das Alles redeten, bewegt mich das „Luthertum" noch stärker als vorher u. nicht nur das Luthertum, sondern eben auch Luther selbst, der, je mehr man von ihm liest, an Rüpelhaftigkeit zu-

104 Hellmut Traub war als Vikar in Halle, legte im Frühjahr 1937 sein 2. Examen vor der Prüfungskommission der BK ab, wurde am 10. 5. 1937 von Otto Dibelius ordiniert, ging dann als Hilfsprediger nach Fürstenwalde, wo er wieder verhaftet wurde (Beckmann, Immer, Die Briefe des Coetus reformierter Prediger, S. 301). 1938–1939 hatte er eine BK-Pfarrstelle der Kaiser-Friedrich-Gedächtnisgemeinde in Potsdam inne. Redeverbot. Von Mai bis August 1939 leitete er als Vertreter Dietrich Bonhoeffers das Predigerseminar Sigurdshof/Pommern. 1939–1940 war er Dozent des Katechetischen Seminars der Goßner-Mission in Berlin-Friedenau. Wieder Verhaftung wegen des Vorwurfs „hochverräterischer Äußerungen". Im Februar 1940 wurde er zur Wehrmacht eingezogen, leistete jedoch nicht den Eid (Flesch-Thebesius, Zu den Außenseitern gestellt, S. 142). 1942 kriegsdienstverpflichtet bei I.G. Farben Berlin, gleichzeitig vertrat er Gollwitzer, der einberufen worden war, in Dahlem. Hier besorgte er jüdischen Bürgern gefälschte Pässe, Visa und Lebensmittelmarken. 1945–1948 Pfarrer in Hamburg. 1946 Heirat mit der BK-Vikarin Änne Schümer (1904–1982). 1948 Anklage wegen Verstoß § 175. Verzicht auf die Parrstelle. 1950 – em. 1969 Pfarrer in Ref. Stuttgart. 1969–1989 Dozent für Kirchengeschichte und NT an der Missionsschule in Unterweissach. 1985 Doktor der Theologie ehrenhalber (Tübingen). 1994 + in Bietigheim. S. Ulrichs, Hellmut Traub. Wuppertal 1997.

105 Helmut Gollwitzer, Die Abendmahlsfrage als Aufgabe kirchlicher Lehre, in: Wolf (Hg.), Theologische Aufsätze (Anm. 101), S. 275–298.

nimmt. An dieser „Rüpelhaftigkeit“ liegt es wohl, daß seine Nachkommen es so schwer haben u. ihren Gesprächspartnern so schwer machen wie dies Hans A[smussen] in Holland tat.[106] Ich denke etwas beklommen daran zurück. – Wenn der berühmte Satz von Barmen mit der einen Offenbarungsquelle gültig sein soll, dann wird er ganz anders noch in seine Konsequenzen hinein durchdacht werden müssen. Es wurde sehr deutlich dort, daß die eigentliche theolog. Auseinandersetzung überhaupt erst beginnt. Aber gerade weil dem so ist, hat es auch wiederum keinen Zweck Diskussionen anders als im Fluß zu verstehen u. das würde dann eben bedeuten, den Andren nicht zu behaften bei Ausdrucksweisen u. Begriffsbildungen, die sicher nicht endgültige sind, bes. wenn dieser Andere ein solches unruhiges Arbeitsmaß aufgebürdert hat wie eben H. A. – So ist denn auch mein ausführliches Protokoll dieses ganzen Gesprächs unausgeschrieben geblieben. – –

Ich glaube, ich habe Ihnen auch noch nicht geschrieben, daß ich in der Karwoche in Halle war. Eine Bibelstunde in Leipzig, die Hellmut T. dort hielt, war gut in aller menschlichen Befangenheit, die er nun eben noch mit sich schleppt. Im übrigen habe ich ihn etwas besorgt zurückgelassen. Es geht ihm nicht gut. Doch würde ich meinen, daß er nicht ganz ungetröstet sein kann, auch wenn es manchmal so klingt. Die Existenz in Halle nimmt ihm wohl auch eher noch Mut als daß sie ihm neuen gibt. – Nun sitzt er ja an der Examensarbeit, deren Thema erfreulich ist. Aber mit 32 Jahren sollte man natürlich jenseits der „Examen“ sein! – Hier hätte er freilich Leidensgenossen, die 10 u. mehr Jahre älter sind als er, wenn [nämlich?] sogen. „Nichtarier“, die einen neuen Lebensweg suchen. –

Unser 2. Basler Semester läßt sich sehr viel schwungvoller an als das 1. In der Sozietät arbeitet nun Wilhelm Vischer mit, der überdies unser Gemeindepfarrer ist u. allsonntäglich predigt über – den Jakobusbrief! Es ist gut, daß er da ist. Er kennt u. versteht seine Landsleute so gut u. ist doch längst über sie hinausgeschritten. – In den Dogmatikvorlesungen stehen wir in einem § „Das Leben der Kinder Gottes“. Liebe zu Gott und Liebe zum Nächsten. Eben haben wir eine Exegese vom Barmh[erzigen] Samariter hinter uns, die die übliche Deutung auf den Kopf stellt: Der Nächste nicht der Hilfsbedürftige, unter die Räuber Gefallene, sondern der Schenkende, Ge-

106 Auf der theologischen Tagung in Holland vom 13.–16. April, an der neben Barths Wuppertaler Freunden Eduard Hesse, Karl Immer, Carl Wilhelm Halstenbach, Harmannus Obendiek der Pfarrer der deutschen reformierten Gemeinde Amsterdam, Hans Fischer, sowie Heinrich Vogel, Joseph Chambon, Günther Harder, Wilhelm Niesel, Hans Hellbardt, Hans Asmussen u.a. teilnahmen, kam es zu Auseinandersetzungen mit Asmussen wegen dessen Thesen zum Thema „Gesetz und Evangelium“. S. Busch, Karl Barths Lebenslauf, S.285; vgl. Abrath, Hermann Klugkist Hesse, S. 249–251; s.a. Brief Karl Immers an seinen Wehrdienst ableistenden Sohn Karl Immer vom 18.4.1936, Archiv van Norden.

bende, das Evangelium Verkündigende. Letztlich also doch wie in der altkirchl Exegese: Christus. Aber die Zwischenbewegung ist wichtig u. für die Auslegung des Gebotes der Nächstenliebe grundlegend. „Gehe hin u. tue desgleichen!" wird dann nicht Aufforderung zum „Werk" sondern zur Verkündigung Christi. – Sehen Sie es ein wenig, wie das läuft? –

Es wird Abend u. da noch ein Mozart Festspiel auf mich wartet, muß ich mich rüsten.[107] – Der Brief ist in der Sonne auf den Knien geschrieben, hoffentlich lesbar. –

Sind Sie gesundheitlich nun wieder hergestellt? Ihre Andeutung mit der Lunge hat mich etwas besorgt gemacht. –

Grüßen Sie Ihre Hauseltern. – Vielleicht kommt es plötzlich doch einmal so weit, daß Sie ein paar Urlaubstage hier verbringen? So vieles läßt sich nicht schreiben. –

Karl Barth läßt auch Frl. Schindelins Grüße herzlich erwidern.

Mit herzlichem Dank für Ihren Brief grüßt Sie

Ihre

Charlotte von Kirschbaum

KBA 98765. 20

Elisabeth Freiling
an Charlotte von Kirschbaum, Brief vom 11. Juni 1936

Liebes Fräulein von Kirschbaum!

Haben Sie zunächst herzlichen Dank für Ihren Brief mit all den schönen Berichten vom 10. Mai. (Tun Sie aber bitte jetzt die Karte wieder von dem Ehrenplatz weg, sie hat jetzt wohl ihren Zeichendienst getan!) Es ist wohl eine stille Freude durch ganz Deutschland an dem Tag gezogen. Meine Schwester schickte mir ein „Geburtstagspäckchen" zu dem Tag mit dem Vogel – Heft zu den Sakramenten[108] und einer langen Betrachtung zum 10., aus der ich Ihnen doch noch einiges schreiben möchte zum Zeichen der „Laien"freude in Deutschland: „... ist es nicht ein arg froher Festtag, dieser 10. Mai ... Daß der Tag auch gerade noch auf den Sonntag, und auf Cantate

107 Ruedi Pestalozzi hatte Barth zum Geburtstag ein Abonnement für sechs Mozartkonzerte geschenkt.

108 Heinrich Vogel, Das Wort und die Sakramente (Theologische Existenz heute 35), München 1936.

fällt, wo Ihr, oder wir, im Gottesdienst, jeder an seinem Ort, danken u. singen u. hören können ...“ Und dann kommen allerlei theologische u. menschliche Erinnerungen an den 10. Mai 1934, an dem meine Schwester mich gerade in Bonn besuchte. Also, so etwa mit allem, was da nun dazu gehört, habe ich „in der Stille“ den 10. Mai hier gefeiert. Es war ja der Jubiläumstag unserer Kirche u. hat deshalb äußerlich mancherlei Unruhe mit sich gebracht, ich habe mit meinem Jugendkreis das Weite gesucht u. einen großen „Jubiläumsausflug“ gemacht!

Ich hoffe nun, daß bald – wohl wenn die „antichristlichen“ Examensarbeiten abgeliefert sind ?? – auch für gewöhnliche Sterbliche das Jubiläumsbuch erreichbar werden wird, meine Schwester hat schon für mich daraufhin gespart. Auch ich warte, nun schon beinah Jahre!, auf die Lic.arbeit von Gollwitzer, und so manches andere. Hans A[smussen] habe ich inzwischen in F[rank]f[urt a]m[ain] gehört mit dem Erbsündenreferat und [sic! Muß heißen: in] einer kleinen theol. Arbeitsgemeinschaft, in der er die heute brennende theol. Aufgabe als Auslegung der 10 Gebote im Angesicht des Staates bezeichnete. Das gleiche Anliegen begegnete mir dann bei der hiesigen Visitation, die lediglich als Bestand[s]aufnahme vorübergegangen ist und ihre Frucht – hoffentlich – noch bringt! – bei Lic. Alberts [sic][109] und dann noch in verschiedenen Mündern. Ich meine, diese Konzentration sollte nicht allzu sehr um sich greifen, denn unsre theol. Hauptaufgabe dürfte doch wohl keine so zweckgebundene sein. Ich hatte ein wenig den Verdacht des Ablenkungsmanövers von der dissensus-Stelle. Aber es mag harmloser gemeint sein. – Sind die Jakobuspredigten von Vischer wohl irgendwie zugänglich? Es würde mich wohl interessieren, da es meines Wissens gar keinen guten neueren Kommentar dazu gibt. Und solche Predigten sind doch oft eine wertvolle dogmatische Hilfe. – Was Sie mir vom barmherzigen Samariter geschrieben haben, hätte mich sehr interessiert –, wenn ich es verstanden hätte ...! Die übliche Deutung habe ich nie begriffen, denn sie übersieht ja einfach den Text „...der die Barmherzigkeit an ihm tat.. „ Aber warum aus der Frage nach dem Nächsten das Gebot, Nächster zu sein, wird, darüber habe ich mich schon oft besonnen. Ich suchte es – wie so etwas bei mir meist auf sehr komplizierten Wegen läuft – immer in der Richtung: weil auch Jesus, anstatt wählend zu suchen, einfach allen der Nächste wurde, durch die Menschwerdung, weil er die Frage: wer gehört denn zu mir? einfach beantwortete: ich gehöre ihnen allen, ich bin gefragt, nicht

109 Martin Albertz (1883–1956), reformierter Theologe, 1908 Lic. theol., 1931 – em. 1953 Pfarrer und Superintendent in Spandau, Mitglied der BK, 1936–1945 Mitglied der II. VKL, mehrfach in Haft. 1945 Prof. KiHo Berlin und a.o.Prof. für Reformierte Theologie Humboldt-Universität, 1950–1956 Moderator des Ref. Bundes. Ehrenpromotion.

die andern, daß darum nun auch „christliche" Nächstenliebe fraglose, unbegrenzte Liebe ist. Darum ist mir die Frage, was nun eigentlich das „Tun" ist, ob Verkündigung Christi oder schlicht – gehorsames, zeichenhaftes Helfen, nie so wichtig geworden, und das mit der „Zwischenbewegung" zwischen dem – ist es so recht? – Christuswerk über die Evangeliumsverkündigung zu dem Christuswerk [der Nächstenliebe?] ist mir in seiner Bedeutung noch nicht ganz klar geworden. Vielleicht erscheinen auch diese Vorlesungen noch einmal im Rahmen der Dogmatik, Bd. ...?!

Aber nun noch zu der Sache, die hauptsächlich Anlaß des Briefes ist. Sie haben von H. T[raub] vielleicht schon gehört, daß unsre hiesige Vikarenbruderschaft ihn zu einem Referat hierher eingeladen hat. Werner Koch und ich – es hat sich inzwischen ein gutes Zusammenarbeiten, auch unter mancherlei Zusammenstößen mit der übrigen Welt des Hauses und der Gemeinde, zwischen uns beiden entwickelt – haben es uns als gut und nützlich ausgedacht, wenn er bei dieser Gelegenheit – Anfang Juli soll es sein – gleich hier bliebe bis zum Examen. Er kann bei Werner Koch wohnen, mit ihm zusammenarbeiten zum Examen, ihm helfen bei seiner augenblicklich sehr umfangreichen und in den Sommermonaten durch die Urlaubszeiten unserer Pfarrer noch gesteigerten Gemeindearbeit, ganz privatim, ohne großes Aufsehen, er hat dazu die gute Gemeinschaft unserer hiesigen Vikarenbruderschaft – Heidtmann, Eichholz, Hellbardt,[110] Hesse[111] u.s.w., und vielleicht auch ein wenig menschliche Freuden u. Ablenkungen durch Werner Kochs reizende Braut, die für den Sommer als Haustochter in unserm Hause bleibt. Ich weiß natürlich nicht, wie es sich finanziell für H. T[raub] machen läßt, ob er bei Wolf bezahlt [wird] u.s.w., aber das werden Sie wissen. Und wenn Sie nun meinen, es sei so gut für ihn, so raten Sie ihm doch bitte energisch zu. Denn mancherlei Hemmungen werden ja zu erwarten sein. Ich meine aber allen Ernstes, es könne nur besser für ihn sein als Halle, trotz des Wegfalls der Aufgaben und Anregungen bei Wolf. Werner Koch ist zudem ein vor allem auch menschlich mit vielen wohltuenden Gaben ausgestatteter guter Theologe. In Kenntnis unserer Vikarenportemonnaies – ! – werden Sie eine weitere Anfrage verstehen: wissen Sie uns irgendeine kleine Hilfe zukommen zu lassen? Wir möchten ihm gern auf alle Fälle Reise- und Aufenthaltskosten für den Auftrag erstatten, aber die Haupt-

110 Hans Hellbardt (1910–1944), Studium der Theologie, Lic. theol., Herbst 1932 1. theol. Examen Konsistorium Koblenz, Vikar in Wuppertal, Frühjahr 1935 2. theol. Examen BK, (illegaler) Hilfsprediger in Wuppertal, 1939 Kriegsdienst, 1944 in amerikanischer Kriegsgefangenschaft bei Toulon gestorben.

111 Theodor Hesse (1909–1942), Studium der Theologie, Frühjahr 1933 1. theol. Examen Konsistorium Koblenz, Vikar in Wuppertal, Frühjahr 1936 2. theol. Examen BK, (illegaler) Hilfsprediger in Wuppertal, 1939 Kriegsdienst, 1942 „gefallen" in Brest-Litowsk.

kasse rückt nichts heraus u. Nebenkassen haben wir keine. Ich habe eine kleine angelegt, die sich aus Sonderkollekten u. „gelegentlich" speist, und wir werden es auch „gut" schaffen, aber ich dachte mir, falls Sie irgendwo etwas „Überflüssiges" wüßten, hätten Sie sicher auch Verständnis für solche Fragen!

Nun weiß ich wieder etwas sehr gut in Ihren Händen aufbewahrt und erwarte Ihre Entscheidung über den Fall, und wäre ja sehr froh, wenn Sie es auch für gut hielten u. H.T. dazu bewegen könnten. Für das Referat hat er schon so gut wie zugesagt, mit ebenso viel Komplex- wie Freudenexplosionen! Aber das andre wird ja größere Schwierigkeiten haben. – Er würde damit auch evt. Reisekosten im August sparen! –

Ach, nun will ich wohl darum beten, daß ihm all unser Planen auch ein Schrittlein weiter hilft, ich meine nicht „unser Planen", aber daß es dazu dienen durfte.

Es grüßt Sie und Herrn u. Frau Prof. Barth für heute herzlich

Ihre Elli Freiling

26

Charlotte von Kirschbaum
an Elisabeth Freiling, Briefkarte o.D. [22. VI. 1936]

Liebes Fräulein Freiling! Ihr Brief von gestern – für den ich Ihnen sehr danke – zeigt mir, daß Sie nicht wissen, daß Hellmut [Traub] zum 2. Mal den schweren Weg antreten mußte, vor etwa 8 T[a]g[en]. Im letzten Augenblick konnte er noch eine Karte schreiben, die das meldet u. am andren Tag kam ein Brief eines wohl noch jugendl. Gemeindegliedes mit der gleichen Nachricht u. der Bitte, ich möchte ihm dorthin schreiben. Das habe ich getan, aber noch nichts gehört. – Er war im Urlaub gewesen u. heimgeeilt, weil sein Superintendent in der gleichen Weise vom Posten gerufen worden war.[112]- Ob die Ursache u. die Bedingungen dieselben sind wie das letzte Mal, das weiß ich nicht. –

Wir sind noch hier auf dem Bergli. K.B. kommt heute Abend nach einer 8 täg. Arbeitsgemeinschaft über die Conf[essio] gallicana mit südfranzösischen Pfarrern zurück. 14 Tg. später bricht er dann nach Schottland auf. Ich bleibe diesmal seßhaft, ganz vertieft in die schöne aber schwierige Ar-

112 Es handelt sich um Superintendent Staemmler.

beit des Sachregisters für die Prol II.[113] Man kommt dabei sehr in die innersten Räume des Buches im Nachspüren s[einer] Gedankengänge u. Zusammenhänge. Und das lohnt. – Aber es ist auch der Grund, warum der Brief, den ich Ihnen gerne als Antwort auf den Ihren schreiben möchte, jetzt nicht geschrieben wird. Haben Sie Dank für alles Teilhabenlassen. Die „Päcklein" heben sich gegenseitig nicht auf. Aber man legt sie zueinander u. das eigene dazu u. weiß sich beisammen. – Schwenzels[114] sind zurzeit in der Schweiz, es geht ihm besser. – Ihre Frage im Hause rührt stark an meine eigene. Man kann solche Konstellationen sich wohl immer wieder nur jeden Tag neu zeigen u. geben lassen u. im übrigen versuchen, seine eigenen Nerven zu bewahren. Das ist der Vordergrund [?] aber er ist nicht unwichtig. Herzlichst denkt an Sie Ihre LvK.

KBA 98765. 21

Elisabeth Freiling, W.-Barmen, Freiligrathstr. 66,
an Charlotte von Kirschbaum, Brief vom 4. VIII. 1936

Liebes Fräulein von Kirschbaum.

Nachdem der Faden meinerseits so lange abgerissen ist, soll endlich ein richtiger Brief kommen. Ich weiß auch einiges Wichtigere zu schreiben, sonst lohnt es sich [nicht], Sie und Ihre kostbare Zeit lange bei einem Schrieb von mir aufzuhalten.

Haben Sie also zunächst herzlichen Dank für Ihren Bescheid über H. T[raub] auf der Karte vom 22. VI., auf die Ihnen ja W. Koch geantwortet hat. Nun soll es also endgültig im September klappen, hoffentlich, denn unser schönes Semesterprogramm über Ev[angelium] u. Ges[etz] unter Eichholz ist ziemlich schmählich ins Wasser gefallen wegen mangelnder Zeit auf allen Seiten. Nur eine 1. Sitzung mit Eichholz u. die 2. am 13. Juli mit Wolf sind gestiegen. Die 1. hat in einige wenige Verse des 1. Joh[annes]briefes eingeführt und allerlei grundsätzliche Fragen berührt, die 2. versetzte uns (mit völlig ungenügender Vorbereitung) plötzlich mitten in die Apostolischen Väter hinein, das war nur so ein Schlaglicht, von dem wir mit mehr oder weniger geblendeten Augen einige Strahlen auffingen. Wolf wird auch recht enttäuscht gewesen sein, denn auf die Ap[ostolischen] V[äter] ist keiner in der Diskussion eingegangen, wahrscheinlich weil im Grunde keiner fähig war, sich in deren Welt eigentlich zurechzufinden. Man sucht tastend

113 Prolegomena zur Kirchlichen Dogmatik.
114 Günther Schwenzel, 1933–1946 Pfarrer in Wahlrod/Hessen und seine Frau Lieselotte sind enge Freunde Karl Barths.

nach der Stelle, wo man hier, abgesehen von gleichklingenden Wörten, die [griech.] Gemeinschaft des Heiligen Geistes der Kirche Jesu Christi findet. – Im August werden alle genügend Ferienpläne haben, sodaß es auch da wohl kaum zu einer Arbeitssitzung kommt, zumal Eichholz selbst verreist ist. So wird die Sept. Sitzung mit Traub tatsächlich die 3. u. letzte Zusammenkunft unserer mit so großen Hoffnungen gegründeten Bruderschafts AG sein! Nunja, „wir heißen euch hoffen"!!

Herzlichen Dank auch für die Drucksache, die mich glücklich erreichte. Die inzwischen eingetretene Suche nach dem unbekannten Täter berührt mich etwas peinlich. Aber schweigen wir darüber. Ich habe mich jedenfalls gefreut und es in der Ordnung gefunden, sei es auch auf diesem Wege, etwas von der Sache zu erfahren.

Nun noch eine Frage aus der „praktischen Theologie", die mich seit einiger Zeit immer wieder beschäftigt und in der ich mich noch nicht ganz zurecht finde. Es geht um die applicatio in der Predigt, soweit sie die „Nicht-Hörer", die außerhalb der Kirchenmauern trifft. Es treffen da meines Erachtens mehrere Schwierigkeiten zusammen:

1. daß man eben den Antichristen (im Gegensatz zu Christus) nicht mir irgendeiner konkreten Erscheinung identifizieren kann. Das ist die große Linie im Hintergrund, die hervortritt m.E. jeweils, wenn man irgendeine Stelle der Schrift auf einen konkreten Menschen anwendet.

2. kommt hinzu, daß dieser Betreffende, den man dann, gewiß nur als Beispiel zur Illustration des Textes, nennt, durchweg nicht selbst Hörer ist und also eine mir immer sehr peinliche, sensationelle Interessiertheit die Hörer ergreift, von sich selbst ablenkt und zur Parteinahme für oder gegen den Genannten entflammt, und mit dieser „Flamme" entwischen sie dem Angriff, den das Evangelium doch wohl eigentlich auf uns <u>selbst</u> machen wollte.

Die Frage bewegt mich hier im Blick auf W. Koch. Er ist gestern um solcher „Stellen" willen in seinen Predigten, angezeigt von DC Seite, zur Stapo geladen worden und die Sache ist einstweilen zur Staatsanwaltschaft weitergeleitet. Das ist der konkrete Anlaß, warum ich nun Sie frage, nachdem ich öfters schon mit W. Koch selbst über die Fragwürdigkeit solcher „Stellen" gesprochen habe. Er hatte, mit Recht, von Anfang an den Eindruck, Wupperfeld lebt in der Situation der Vernebelung und muß „aufgeklärt" werden. So wechselte er, je nach dem Text, mit Angriffen auf Löwenstein (DC Führer) sehr konkreter Art,[115] auf Zöllner (mit Namensnennung u. aus-

115 Johannes Heinrich Loewenstein (1897–1976), 1931–1946 Pfarrer in Wupperfeld, radikaler DC-Anhänger, 1950–1959 Pfarrer in Rosbach/Sieg, danach Beschäftigungsauftrag in der Flüchtlingsseelsorge bis 1963.

drücklichen Gesetzblattzitaten)[116] und auf die D[eutsch]C[hrist]liche Geschichtsdeutung mit Angabe berühmter Jahreszahlen[117] u.s.w. Er hat sich, sicher z.T. auch durch solche Sensationen, einen großen Predigthörerkreis geschaffen, hat auch, mit großem diplomatischen Geschick, mitten in dem „vernebelten" Wupperfeld schon etwa 10 Predigten (seit April!) gehalten. Es kamen, wie es gerade geschickt war, zwischendurch auch Predigten, in denen nichts „passierte". Aber das war ja im Grunde dann auch eine, eben negative, Sensation. – Es ist mir früher immer an Herrn Prof. Barths Predigten aufgefallen, wie sehr zurückhaltend sie in solchen Konkretionen waren, wie da kein Satz drin war, der nicht jeden, der in der Kirche saß, selbst traf oder treffen konnte. Es ist mir immer so ungemütlich, wenn die „draußen" gemeint sind und auch, wenn in der Kirche so „brav" oder „pfui" Stimmung entsteht. Andrerseits begreife ich wohl, wie einen angesichts einer schlafenden, steuerlosen Gemeinde die Ungeduld faßt, und, da man sonst keine Gelegenheit hat, die Predigt einem als Weckmittel geeignet scheint. W. K[och]. erzählte mir dann auch, daß K.B. gelegentlich wohl gesagt habe, es täte ihm leid, daß er nicht früher noch viel konkreter geredet habe, er habe es aber der noch, ach so schwachen BK in Deutschland nicht zumuten dürfen. Was dürfen wir unsren noch so gemischten Predigthörerscharen, die ja nicht etwa BK sind, zumuten? Es ist etwas anderes in den BK Bibel- und Schulungsstunden, wo man BK vor sich hat, die von einem geleitet werden will. – Die betreffenden Predigten sind übrigens z.Z. in Händen der Stapo, sonst würde ich Ihnen die betreffenden Stellen mal zur Durchsicht schicken. Ich kann es aber, wenn Sie möchten, später noch tun.

Pastors sind z.Z. alle in Ferien. Frl. Stokmann (W. Kochs Braut) und ich bewachen das Haus und sind sehr glücklich dabei. Die Aufgaben der letzten Wochen waren wieder schwer. Frau Pastor ist, seitdem W. Koch u. dann seine Braut, stärker im Hause stehen, wieder ganz in Unruhe geraten. Es liegt wohl daran, daß nun wieder vor 2 fremden Menschen, einiges von ihrem Zustand offenbar wird, den sie ja so gern vor allen Menschen verbergen möchte. In den letzten Wochen war es von Tag zu Tag eine neue Katastrophe, Tränen, Verzweiflung, doppelte bis 3 fache Schlafmittel, das Spielen mit dem Gedanken der Nervenanstalt. Es wäre wohl das Beste, sie käme wirklich ein halbes Jahr in eine gute Nervenanstalt, aber wie ich ihr das beibringen soll, dazu der Jammer „es ist kein Geld dafür da" – – ? O, es ist manchmal sehr trostlos. Auch Herr Pastor ist in den letzten Wochen sehr davon aufgerieben. Ich bin so dankbar, daß das Sonnenschein-

116 Wilhelm Zoellner (1860–1937), 1905 – em. 1930 Generalsuperintendent von Westfalen, 1933 „Aufruf an alle Lutheraner" zum Zusammenschluss auf klarer Bekenntnisgrundlage, 1934/35 Mitglied des Lutherischen Rates, 1935–1937 Vorsitzender des Reichskirchenausschusses.

117 Evt. 1933: „Wende durch Gottes Fügung".

chen Frl. Stokmann uns gerade in dieser Zeit ins Haus geschickt worden ist, obwohl Frau Pastors Augen gegen solche Strahlen sehr empfindlich sind.

Es grüßt Sie u. Herrn u. Frau Prof. Barth

für heute sehr herzlich Ihre Elli Freiling

27

Charlotte von Kirschbaum
an Elisabeth Freiling, Brief vom Bergli-Oberrieden, Kanton Zürich, vom 5.9.1936

Liebes Fräulein Freiling!

Die stillen Ferienwochen hier gehen zu Ende. Es ist Vieles nicht geschehen, was geschehen sollte, vor allem blieben die meisten der Briefe ungeschrieben, die geschrieben sein sollten u. wollten. Aber am Anfang war die Müdigkeit so groß u. als die Kräfte wieder wuchsen, da taten dies auch die Anforderungen. Und der Wald u. die Wiesen u. die Sonne riefen auch u. wenn sie es nicht waren, dann die Freunde, die abwechselnd nun alljährlich hier oben an uns vorüberziehen. Unter ihnen war diesmal auch Helmut Gollwitzer u. das war besonders schön. Ich möchte fast meinen, daß er unter den jungen Theologen am weitesten vorgestoßen ist – dies natürlich in der Begrenzung unseres Überblicks gesagt – in der wichtigen u. vielleicht entscheidenden Frage der „Konfessionen". Er hat uns seine Arbeit hier gelassen über die „Anfänge der luth. Abendmahlslehre", mit der er im November seinen Lic. in Basel bestehen wird. – Die Gespräche mit ihm waren eine hilfreiche u. klärende Fortsetzung einer Arbeitsgemeinschaft mit einem Teil der württ. Sozietät, die wir in den letzten Tagen in Basel hatten. Thema: Gesetz u. Evangelium. – Sie werden in einer der nächsten Nummern ein zusammenfassendes Protokoll dieser Arbeit finden von Hermann Diem. Die Wirklichkeit war noch erheblich bewegter u. auch schwieriger. Die luth. Opposition vertreten in Paul Schempp[118]. – Wir hatten einen sehr guten Eindruck von dieser Gruppe u. von der Energie ihrer theologischen Forschung,

118 Paul Schempp (1900–1959), 1929 Religionslehrer, 1930 Mitbegründer der Kirchl.-theol. Sozietät in Württemberg, 1931 Pfarrer in Waiblingen, 1933 Entlassung aus dem Schuldienst aus politischen Gründen, 1934 Pfarrer in Iptingen, 1939 Enthebung vom Pfarrdienst wegen seiner Opposition gegen die württ. Kirchenleitung, 1939 Kriegsdienst, 1943 Niederlegung des Pfarramtes, 1946 Pfarrer der ev.-reformierten Gemeinde Stuttgart, 1949 Studienrat, 1955 Ehrenpromotion in Bonn, 1958 oProf. für Praktische Theologie in Bonn.

die eine diszipliniertere Diskussion ermöglichte als etwa die seinerzeit in Holland. Schade war, daß Ernst Wolf nur bis zur Grenze vorstieß – man hatte ihm den Pass nicht rechtzeitig ausgehändigt – u. infolgedessen ich allein ihn für 2 Std. auf deutschem Boden begrüßen konnte.

Für Ihren Brief vom 4. August danke ich Ihnen herzlich. Es war mir eine Freude, wieder von Ihnen zu hören. Auch wenn Sie nichts „Wichtiges" zu schreiben haben, freue ich mich!!

Wie mag es mit Werner Koch weitergegangen sein? [119] Da K. Semper [= Immer] vor einigen Tagen da war u. nichts Besonderes zu melden hatte, nehme ich an, daß die Dinge noch unentschieden sind u. vielleicht auch bleiben. Grüßen Sie ihn herzlich von K.B. u. von mir u. wie es auch sei: wir stehen auf jeden Fall in Sympathie mit ihm. Grüßen Sie ihn auch von einem engl. Pfarrer Floyd aus Bournemouth, 4 Reechy Road, der uns nach ihm fragte u. gerne von ihm hören möchte, da er anscheinend in Sorge ist wegen seines langen Stillschweigens.[120]

Ihre Bedenken gegen solche Konkretionen in der Predigt meine ich wohl zu verstehen. Vielleicht nicht ganz das unter 1) Gesagte bez. des Antichrist. Man identifiziert ja doch nicht, indem man eine konkrete Erscheinung anführt, oder wie meinen Sie das? Wenn das der Fall wäre, dann wäre es sicher eine unerlaubte Konkretion, unerlaubt darum, weil der Verkündigung entnommen. Dann muß freilich notwendig das geschehen, was Sie unter 2) sagen, daß der Predigthörer aus der Anrede entlassen ist. – Nun scheint mir aber beides noch nicht unbedingt damit gegeben sein zu müssen, daß man „solche Konkretionen" wagt. Es wird Alles davon abhängen, wie sie im Zusammenhang der Schriftauslegung stehen. Wird der Genannte gelöst aus diesem Zusammenhang, d.h. trifft der an ihn gerichtete Bußruf nicht uns mit, dann wird das natürlich zur pharisäischen Gebärde. Aber muß das so sein? Ein sehr lehrreiches Beispiel einer legitimen Möglichkeit war mir Heinrich Vogels Andacht auf der 1. Schles. Bek.-Synode. – Die andere Gefahr ist eben doch die, daß die Predigt die Entscheidung, in der die Gemeinde steht, nicht aufnimmt u. dann zwar gewiß geschützt ist gegen einen Mißgriff nach der Seite der Konkretion, aber um den Preis eines – Doktrinarismus. Zwischen diesen beiden Gefahren muß sich die Predigt heute draußen wohl hindurchtasten u. nicht nur „draußen". – K.B. meinte freilich seinerzeit sein Bedauern weniger in Bezug auf die Predigt als auf sein verantwortungsvolles Mitarbeiten in den Beratungen u. Synoden. Es ist ja wohl schon so: je schriftgebundener eine Predigt ist, desto weniger wird sie

119 Ein Bearbeiter weist darauf hin, daß Koch wegen einer Predigt über Jakobus 1, 27 von der Gestapo verhört worden ist. So steht es über dieser Zeile.

120 Pf. Floyd ist nicht zu ermitteln.

es nötig haben, jäh vorzustoßen in die Richtung dessen, was Sie „Sensation" nennen, ohne deshalb ungefährlich zu werden. Vielleicht hängt es damit zusammen, daß er sparsam sein konnte u. kann mit Apostrophierungen! Man hat ihm die letzte in Basel („ihr lieben Bröhr [?] mit euren Partituren!") übel genug genommen! -

Inzwischen sind hier 4 Vorlesungen über „Gottes Gnadenwahl" entstanden u. ein Vortrag über „Volkskirche, Freikirche, Bekenntniskirche". Alles als Vorbereitung für eine Reise nach Ungarn, Rumänien u. Jugoslawien, die wir Ende des Monats antreten. Ich werde nächste Woche in Mü[nchen] dem Verlag das Manuskript bringen, sodaß es bald auch für Sie alle zugänglich ist.[121] Und vielleicht erfreut viel später einmal auch ein persönl. Reisebericht Ihr Herz!!

Wie traurig ist das, was Sie über Frau Pfr. Graeber schreiben! Vielleicht haben die Ferien inzwischen gut getan? Aber der Schaden liegt wohl zu tief. Ich weiß keinen Rat. Das will ausgehalten sein. -

Da – eben kommt die Post, bringt mir einen Eilbrief eines jg. östl. [?] Pfarrers mit verzweifelten Perspektiven (die Kirche dort ist noch kränker als unsere!) u. einen Brief von H. Traub, in dem er schreibt, daß er unterwegs nach Ba[rmen] ist. Ich will ihm gleich ein paar Worte antworten. – Hoffentlich haben Sie gute Tage u. Freude an der Arbeit. –

Es grüßt Sie sehr herzlich – und K.B., bei dem Sie in gutem Gedenken stehen u. gar nicht mehr als Fräulein „Freisinn" (erinnern Sie sich noch?) grüßt herzlich mit

Ihre

Charlotte von Kirschbaum

KBA 98765. 22

Elisabeth Freiling, W.-Barmen
an Charlotte von Kirschbaum, Brief vom 23. IX. 1936

Liebes Fräulein von Kirschbaum.

Der Nachklang von der schönen Woche mit Traub wäre früher gewesen, wenn er früher gekommen wäre. Jetzt ist das Geleise schon wieder so sehr das alte, daß man meinen könnte, es wäre nichts gewesen. H.T. wird Ihnen

121 Karl Barth, Gottes Gnadenwahl (= Theologische Existenz heute 47). München 1936.

auch geschrieben haben und besser als ich das Krankheitsbild des Hauses einschl. seines Hilfspredigers zeichnen können. Ich frage mich immer mal wieder, ob sich hier an meinem Platz wirklich so viele besondere Schwierigkeiten auftürmen oder ob ich eben nur durch allerlei Ursachen hier gezwungen bin, die Augen aufzumachen, und es also im Grunde vielleicht nirgends viel besser aussieht. Ich war vor einigen Wochen nahe dran zu fliehen, den Winter in Frankfurt/Main bei meinen Eltern, bzw. dem Kreck[122]-Steck-schen Predigerseminar zuzubringen. Frau Pastor bat dann flehentlich, es nicht zu tun, Sie schreiben „durchhalten", und H. T. hält nicht viel von Predigerseminaren. Da hab ich es mir wieder ein wenig aus dem Kopf geschlagen, aber ganz ist die Frage noch nicht fort, ob es nicht für mich und das Haus besser wäre, ich ginge, – so vieles mich auch in Barmen festhält. Was meinen Sie dazu?

Auf Mitte November ist die Freizeit der Bruderschaft festgesetzt. Thema: Gesetz u. Evangelium in den johanneischen Schriften. Als Referenten sind geplant: Schniewind[123], Schlier, de Quervain. Als Leiter der Diskussionen u. für die Bibelarbeit: H. Gollwitzer! Durch die professorale Besetzung der Referate ist leider – das Referat Traubs weggefallen. Wir wollen ihn aber als Barmer Bruderschaft nochmal zu dem Hebräerbrief holen. Auf Gollwitzer freue ich mich, vor allem auch wegen seiner pädagogischen Talente – das ist nicht zu unterschätzen für eine Bruderschaftsfreizeit! Traubs Referat hier hat sehr unter dem Mangel an solchen Fähigkeiten gelitten. Von <u>allen</u> Seiten kam mir nur das Echo: nicht verstanden! Daher gab es auch kein Gespräch, u. es ist für die allermeisten wohl in den Wind geredet. Er hat sich immer noch ein wenig damit gerechtfertigt, das müsse man von „akademischen" Hörern verlangen können, er mag ja recht haben, aber was hilft es. Ziel eines solchen Referats soll ja doch mindestens <u>auch</u> sein, die <u>Bruderschaft</u>, nicht nur die Theologie einen Schritt weiterzubringen, auch nicht nur H. T. (!), und zu diesem Ziel gehört eben ein wenig Barmherzigkeit! Ich will mit einigen, wenn er uns das Referat zugeschickt hat, noch einmal Nachlese halten, das wird der letzte Versuch sein, es fruchtbar zu machen!

122 Walter Kreck (1908–2002), Studium der Theologie in Tübingen, Marburg, Bonn. Er gehörte zum engsten Schülerkreis Karl Barths. Promotion zum Dr. theol. – 1935 Pfarrer der franz.-ref. Gemeinde in Frankfurt a. M. Zusammen mit Karl Gerhard Steck Leiter des BK-Predigerseminars ebd. Reichsredeverbot. Pfarrer in Oberfischbach/Siegen. Kriegsdienst. Nach dem Krieg Pfarrer in Herborn, 1948 Direktor des Predigerseminars Herborn. 1952 oProf. für Systematische Theologie in Bonn. Engagement in der Friedensbewegung. 1973 Emeritierung.

123 Julius Schniewind (1883–1948), luth. Theologe, 1927 oProf. in Greifswald, 1929 in Königsberg. 1935 wegen seines Engagements für die BK nach Kiel zwangsversetzt, aber April 1936 wieder in Halle. 1937 Beurlaubung, 1938 Disziplinarverfahren, danach aber wieder Lehrtätigkeit bis zur Emeritierung 1948.

Sehr gewonnen hat H. T[raub] meinem Urteil nach in der „Ansprache", überhaupt in der Sprache mit der Gemeinde. Da werden wenige gewesen sein, die mit gutem Gewissen sagen konnten, sie hätten ihn nicht verstanden. Man weiß ja langsam zu unterscheiden, wenn die Ausrede „nicht verstanden" nur bedeutet, ich will nicht diesen Anstoß, diese Unruhe, diese Entscheidung. Die Sache bleibt eben „schwer", weil sie so einfach ist.

Das Gespräch, das im ganzen Hause angefangen hatte, müßte wohl fortgeführt werden; darum ist H.T. ja von Herrn u. Frau Pastor sehr dringend zu 14 Tagen „Erholung" im Oktober eingeladen. Ich bezweifle etwas die „Erholung" und kann deshalb nicht ganz zuraten, so sehr ich mich selbst freuen würde. Er muß es selbst entscheiden. 8 Tage Motorradfahrt täten ihm auch gut!

W. Koch steigt heute „mit Gleichmut" (d.i. die Maske!) ins Examen. Es ist mir durch H.T. vieles aufgegangen von meinen Bedenken gegen W.K.s Predigten, aber an einem anderen Punkt als dem der „Sensation". Ich soll ihn „an die Kandare" nehmen, ist T.s Weisung! Ja – – das kann wohl nur geschenkt werden. Ich möchte wohl, daß er ein rechter Zeuge würde. Wir können uns ja nur gegenseitig helfen, „unter dem Wort" zu stehen. Ich halte mich einstweilen mehr an seine Braut und glaube wohl, daß sie es verstanden hat, worauf es nun ankommt.

Ich sitze nun in meinen Examensarbeiten: „Die Gerechtigkeit Gottes im A.T." – etwas zu groß für meine geringe synthetische Begabung! Ich wünschte, ich könnte mir von H.T. die Disposition machen lassen!

Bibelstunde: Hebr. 1, 1–6. Zu Weihnachten! Katechese: Beichte nach Luthers kl[einem] Katechismus!

Ich begreife ja nicht, wie man solche Examensthemen stellen kann. Beim 1. Examen hatte ich „Rechtfertigung u. [griech.] Christusgemeinschaft bei Paulus". Ich kann über solche Themen nichts Ordentliches schreiben. Dazu bin ich 1. nicht „groß" genug oder 2. nicht oberflächlich genug! Was ich mit selbstzufriedenem Schmunzeln mir eingestehe!!

Für heute nur dies als Gruß, „Wichtiges" weiß ich nicht. Das Bildchen grüßt Sie von der schönen Woche hier. Es war für mich eine große persönliche Hilfe auch in der Frage, ob man denn als Frau „im Amt" durchhalten kann. Die [griech.] Gemeinschaft der Kirche ist eben doch ein sehr realer Trost für solche „Verzweiflungen"! – –

Manchmal, in so etwas zuchtlosen Minuten der Müdigkeit habe ich einen schönen Traum: im Frühjahr, wenn H. T[raub] und ich zusammen das Examen bestanden hätten, bäte ich meine Eltern um eine Reise in die Schweiz. Und vielleicht täte H.T. das gleiche. –

Ist das nicht einfach als Traum eine wunderschöne Sache?

Verzeihen Sie, ich habe gar nicht am Anfang für Ihren Brief, der mitten in die schöne Woche hineinkam, gedankt. Ich tue es nun am Ende umso herzlicher. Ihr Urteil über die Konkretionen in der Predigt habe ich ganz eingesehen und auch selbst so empfunden. Ich schrieb ja oben schon, daß mir der Punkt an Kochs Predigten jetzt etwas anders aufgegangen ist, persönlicher in ihm begründet. Die Andacht von Vogel würde mich eben an keiner Stelle persönlich peinlich berührt haben, so sehr sie deutlich Personen auch meint. – Vielleicht schließen wir W. Koch noch in den Frühlingstraum ein?! –

Nun entschuldigen Sie alle Zerstreutheit dieses Briefes, der mit mancherlei Unterbrechungen geschrieben ist und Sie – und Herrn Prof. Barth – sehr herzlich und dankbar grüßen möchte

von Ihrer Elli Freiling.

Das Pfarrhaus läßt herzlich begrüßen.

28

Charlotte von Kirschbaum
an Elli Freiling, Postkarte aus Debrecen vom 29.9.1936

Liebes Fräulein Freiling! Ihr Brief erreichte mich hier im Osten. Eben ertönt an meinem Ohr in klingendem Ungarisch die Vorlesung über Gottes Gnadenwahl. So schön es ist: ich verstehe nichts davon u. warte darum lieber auf diese Weise, bis der Meister wieder in vertrauten deutschen Lauten s[eine] Sache vorträgt. Ich danke Ihnen f. Ihren Brief u. die Bildlein. – Ich traf Hellmut Traub in Bamberg u. wir hatten dort einen guten u. notwendigen Tag zusammen. Da hörte ich Näheres über die auch in seiner Meinung schöne Woche in Barmen. Die Begegnung hat meine Sorge um ihn eher erleichtert, er ist doch auf dem Wege u. wird es auch weiter sein, trotz aller sicher immer wieder einbrechenden Dunkelheiten. – Wir sind über Wien u. Budapest im Auto unseres Freundes Pestalozzi [124] hierher geeilt u. sind nun inmitten der Magyaren, umgeben von fast leidenschaftlicher Gastfreundschaft, die uns von einer festlichen Einladung zur anderen führt u. worin eine Bereitschaft ist, die fast zum Gleichnis wird!! Theologisch ist auch hier, bes. unter der Jugend, Neues im Werden u. ein ziemlich selbstsicheres, erstarrtes

124 Rudolf Pestalozzi (1882–1961), Besitzer einer Eisenhandelsfirma in Zürich, Mitarbeiter im Zürcher CVJM. Enger Freund Barths und Thurneysens.

ref[ormiertes] Kirchentum knarrt bereits etwas in den Fugen. Die großzügige, [unleserlich] Menschlichkeit ist sehr wohltuend u. läßt uns gern hier sein. – In Wien trafen wir eine Gruppe jg. Theologen, die in ähnl[ichen] Fragen sind wie wir 1932. – – Die Welt ist überall sehr aufgewühlt, vielleicht gerade darum auch sehr schön. Es grüßt Sie herzlich Ihre Ch. von Kirschbaum

Herzliche Grüße von Ihrem

Karl Barth

KBA 98765. 23

Elisabeth Freiling
an Charlotte von Kirschbaum, Brief vom 17. XI. 1936

Liebes Fräulein von Kirschbaum.

Längst hätte ich Ihnen gerne geschrieben, ich glaube, es ist sehr lange her, daß ich zuletzt schrieb. Heute treibt mich ein trauriger Anlaß dazu, von dem Sie vielleicht durch H. T[raub] schon wissen. Am Freitagmorgen ist auch Werner Koch im Zusammenhang mit manchen Leuten in Berlin verhaftet worden und hat nun wohl, mehr als wir alle es ihm wünschten, Zeit zu intensiver theologischer Arbeit. Er ist seit Freitag in Düsseldorf und wird bald nach Berlin kommen.[125] Am Sonntag (15.) sollte seine Ordination sein, und

125 Werner Koch (1910–1994) wurde am 13. November 1936 verhaftet, weil er beschuldigt wurde, die Denkschrift der Vorläufigen Leitung der Evangelischen Kirche an Hitler vom Mai 1936 im Ausland bekannt gemacht zu haben. Diese Denkschrift ist eine der mutigsten Äußerungen der Bekennenden Kirche im Kirchenkampf. Sie bezog auch politische Position gegen „einen Antisemitismus, der zum Judenhaß verpflichtet", gegen Misshandlungen von Wahlverweigerern, gegen die Existenz von „Konzentrationslagern" etc. Sie wurde im Ausland breit veröffentlicht. Der NS-Staat reagierte mit brutaler Härte: der Bürochef der BK, Dr. Friedrich Weißler, Vikar Ernst Tillich und schließlich auch Werner Koch wurden verhaftet, später ins KZ Sachsenhausen gebracht. Bischof Bell von Chichester, Karl Barth und Visser't Hooft setzten sich für ihre Freilassung ein. Visser't Hooft bat am 27. 1. 1937 Himmler um die Freilassung von Werner Koch (Schreiben Barths an Visser't Hooft vom 5. 1. 1937, Schreiben Visser't Hooft an Charlotte von Kirschbaum vom 22. 1. 1937, in: Karl Barth – Visser't Hooft. Briefwechsel, S. 51–54). Der sog. „Nichtarier" Weißler wurde dort zu Tode geprügelt, die beiden Vikare nach monatelanger Haft freigelassen (Greschat (Hg.), Zwischen Widerspruch und Widerstand, S. 172). 1939–1945 Kriegsdienst, 1945–1946 Lagerpfarrer in Ascot, 1946–1951 Pfarrer in Berlin-Wedding, 1952–1953 Bielefeld, 1953–1955 in Espelkamp und 1955–1969 in Netphen, danach Religionslehrer in der Grafschaft Bentheim, 1971 Dr. theol. Paris, Ruhestand in Emlichheim. Engagierte sich in der Friedensbewegung.

wir standen mitten in schönen Vorbereitungen. Seine Eltern u. Schwiegereltern waren auf dem Weg hierher und der Ordinationsgottesdienst wurde von Berkenkamp (nicht gerade besonders geeignet) ohne den Ordinandus gehalten.[126] Menschlich ist das alles sehr schwer. Es steht ja nun wieder einem unserer Brüder ein schweres Weihnachtsfest bevor. Frl. Stokmann ist noch bei uns u. hat die Erlaubnis der Stapo, mit P. Graeber Werner Koch vor der Abreise nach Berlin in Düsseldorf zu besuchen. Wir hatten auch heute morgen den 1. schriftlichen Gruß von ihm und haben auf seine Bitte ein Paket mit Büchern u. einigen Erleichterungen hingeschickt. Wir müssen nun auch erst ganz konkret die 1. Erfahrungen auf solchem Gebiet machen. W.K. kann ja gesundheitlich nicht viel aushalten, hat sofort starke Migräne, die ihn ganz beherrscht. Tun kann man ja in diesem Fall gar nichts. Da die Verhandlungen schon seit Anfang Oktober offiziell laufen, wird es wohl damit nicht mehr sehr lange dauern.

Schreiben Sie auch H. T[raub]. Seinem Schweigen nach zu urteilen, hat es ihn wohl sehr traurig gemacht. Er macht mir überhaupt Sorge im letzten Monat. Graebers Einladungen gegenüber hat er sich so unfreundlich und unhöflich benommen. Ich meine immer, solche Formfehler sind ein Zeichen schlechter innerer Verfassung bei ihm. Vielleicht spricht stark mit, daß die Bruderschaft ihn zur Freizeit gar nicht zur Mitarbeit herangezogen hat, wohl auf Grund der „Unverständlichkeit" des Apok[alypse] Referates. Das hat ihn wohl sehr enttäuscht. Ich konnte aber nichts daran ändern, ich habe Th[eodor] Hesse mehrmals gebeten, ihm irgendeine Aufgabe auf der Freizeit zuzuweisen. Ich kann es ja nicht erzwingen. Und dann über Halle hat er auch gar nichts hören lassen, warum das nichts geworden ist. Es ist so schwer, er ist doch eine selten gute Kraft. Gerade all die Dunkelheiten, sie machen ja doch sein Hören soviel schärfer als unseres. Kirchenleitungen haben aber wohl wenig Einsehen, und wenig Demut, und daher so wenig Mut.

Ich habe Sorge um die kommenden Ereignisse. Nicht, weil uns von außen Böses droht, sondern weil die BK noch so sehr von ihrer eigenen Gerechtigkeit lebt. Was haben unsre Gemeinden von dem simul iustus, simul peccator gehört? Man merkt es erschreckend bei solchen Ereignissen.

Haben Sie nun, endlich, auch herzlichen Dank für Ihren Kartengruß aus Debrecen, und auch dafür, daß Sie den Sondergruß des Meisters darauf ge-

126 Hermann Berkenkamp (1882–1950), Inhaber der 2. Pfarrstelle in Wupperfeld, seit 1930 Superintendent des Kirchenkreises Barmen. Er hatte sich 1933 den DC angeschlossen, nach der Sportpalastkundgebung im November 1933 aber von der Glaubensbewegung getrennt und wurde dann im Laufe der nächsten Monate Anhänger der BK.

zaubert haben. Ich habe mich so darüber gefreut und danke auch meinem verehrten Lehrer sehr dafür. Denken Sie, vor kurzem hatte ich Geburtstag und bekam dazu von Frl. Schindelin die Bleistiftzeichnung von K.B. von Hertha Twitzers 1928/29 in Münster! Mit der eigenhändigen Unterschrift des Meisters! Das prangt jetzt auf meinem Bücherschrank, auf ein altes Pappestück aufgespannt!! Von der Wand sieht die Synagoge vom Straßburger Münster darauf herunter.

Vom 24.–26. ist die Freizeit, die Referate unter dem Gesamtthema „Ges. u. Ev. in den Joh.briefen" lauten 1. „Christologie u. Ethik" (Schlier), 2. „Pistis u. Agape" (Jochums, Eiserfeld)[127] u. 3. „Eschatologie und Ethik" (Steck-Frankfurt). Die Bibelarbeit wird von Th[eodor] Hesse u. Hans Meyer-Neuwied[128] bestritten. Ob H. T[raub] kommt, weiß ich noch nicht.

Im Oktober war ich 3 Wochen zu Hause und habe dort Predigt u. Katechese gemacht (die Texte habe ich Ihnen wohl geschrieben), dann hoffte ich hier mit allem Fleiß an die große Arbeit zu gehen, habe aber noch fast nichts tun können. Der Mut dazu ist auch sehr gering, ich habe eine zu schlechte Theologie dazu und zu wenig Kenntnisse des AT. Aber – – „ehe ich gedemütigt ward, irrte ich" ... höre ich da auch in meinem Ohr klingen, ich träumte wohl einmal, ich möchte eine gute Theologin werden, mit solchen Träumen verdirbt man sich viel.

Frau Pastor geht es seit Wochen recht gut, d.h. sie ist sehr fest gehalten von und bei Gottes Wort. Sie hilft mir oft bei der Arbeit und gewinnt ein ungeheuer feines Urteil für gute Verkündigung. In ihrer Frauenhilfe hat sie einen kleinen Bibelstudiumkreis eingerichtet und ihre Gedanken drehen sich immer mehr ausschließlich um die Erkenntnis des Wortes Gottes. Ich bin ja so froh darüber. – Einen sehr guten Mädchenwechsel haben wir auch hinter uns, und auch das Schwere, was nun die Nächsten in ihrer Umgebung zu tragen haben, hilft ihr viel über die eigenen Ängste hinweg.

Ich muß abbrechen, damit es mit der nächsten Post noch mitgeht, es kommt wohl dann bald wieder ein Gruß. Noch mal die Bitte: trösten Sie Herrn

127 Heinrich Jochums (1904–1985), 1931–1934 Pfarrer in Delling, 1934–1956 in Eiserfeld/Siegerland, Mitglied der BK, 1956 – em. 1974 Direktor der Ev. Gesellschaft für Deutschland, Vorstand der Bekenntnisbewegung „Kein anderes Evangelium".

128 Hans Meyer (1910–1971), Studium der Theologie, Herbst 1932 1. theol. Examen Konsistorium, Frühjahr 1935 2. Examen BK, 1936–1945 Pfarrstellenverwalter in Neuwied, 1937 Strafverfahren, 1940–1945 Kriegsdienst, 1945–1946 Pfarrer in Neuwied, 1946–1957 in Düsseldorf, 1957–1961 Jugendpfarrer in Stuttgart, 1961–1966 Landesmännerpfarrer in der Rhein.Kirche, 1966 – + 1971 Pfarrer a. d. Ev. Akademie Mülheim.

Traub, Sie können es besser als ich. Ich habe jetzt sicher manches vergessen, was ich schreiben wollte, aber dann eben bis zum nächsten Mal.

Es grüßt Sie und Herrn Professor Barth sehr herzlich

Ihre Elli Freiling.

Zu meinem Geburtstag habe ich auch die Festschrift geschenkt bekommen!

29

Charlotte von Kirschbaum
an Elisabeth Freiling, Brief aus Basel vom 20. 11. 1936

Liebes Fräulein Freiling!

Hans A[smussen] war hier u. hat uns von Allem erzählt. Und als er keinen Namen nannte, da wußte ich doch, um wen es geht. Wir denken sehr daran, an Alles, was das für ihn selbst u. für die in der Umgebung bedeutet. Es ist ja auch diesmal wohl das Schwerste, das es in einer gewissen Isolierung getragen sein will, denn ich denke kaum, daß die Ursache so formuliert wird, daß sie als eine im strengen Sinn kirchliche bezeichnet werden kann, so wenig wie bei dem Berliner Schicksalsgefährten. Wir hörten Einzelheiten. Es ist Alles recht schwierig gelagert. – –

Von H[ellmut Traub] hörte ich in der letzten Zeit kaum. Nachdem ihn ein anscheinend geradezu rührender Eifer nach Anonymität befallen hat, wage ich aber auch nicht, ihm nachzugehen, wie ich oft möchte. Ich denke, daß er in diesen Tagen einmal in Ba[rmen] auftauchen wird, da er seine Ferien im Westerwald verbringt. Als Ernst W[olf] hier war, sprach er sich sehr zufrieden über die Gesundheit resp[ektive] Gesundung von H. aus. Welches innere oder äußere (?) Ereignis zwei Tage später sie anscheinend so energisch wieder ins Wanken gebracht hat, darüber habe ich nichts gehört. Ich halte es nicht für ausgeschlossen, daß ein Zusammenhang (u. wenn auch nur ein gemütsmäßiger) mit den Ereignissen, die Sie bewegen, besteht. –

Mein letzter Brief an ihn schilderte ihm meinen Eindruck bei der Lektüre seines apokalyptischen Vortrags. Ich habe leider nicht sagen können, daß ich ihn verstanden hätte u. vor allem leider nicht daß er mir als Exegese von cap. 14 einleuchtet. Ich hätte ihm so gerne ein bejahendes Wort geschrieben, denn es ist mir ja auch bei diesem Vortrag wieder so viel Wesentliches u. im guten Sinne Erleuchtetes u. Erleuchtendes begegnet. Trotzdem meine ich als Ganzes sei es ihm nicht gelungen klar zu machen, was er klar machen möchte. Und darum kann ich es der Bruderschaft nicht verargen, wenn sie nun etwas zögert. Vielleicht sollte der nächste Auftrag an ihn ganz schlicht ein Stück Bibelauslegung sein, das gelingt nach meinen Erfahrungen am besten, weil er dann am gebändigsten u. am – verständlichsten spricht. –

Hans [Asmussen] hat hier einen wohlgeformten Vortrag gehalten mit der ihm eigenen Originalität in Form u. Gedankenführung. Das Basler Publikum horchte auf. – Thema: Die reformatorische Rechtfertigungslehre. Sehr schön u. neu gesagt war der Bezug zwischen der „fremden Gerechtigkeit“ und meinem mit ihr gegebenen persönlichen ja individuellen „ein Recht haben“. –

Mit Ihrer Arbeit dauern Sie mich. Ich kann mir denken, daß es viel schwieriger ist im Vikariat die Energie, die es dazu braucht, zu finden als in der Studienzeit. Und unter den augenblicklichen Umständen noch besonders. Hätten Sie doch Wilhelm Vischer in so schöner Nähe wie wir hier! Seine Schriftauslegung wird mir immer wichtiger, vorzüglich in seinen Predigten. Die Vorlesungen, die ich regelmäßig höre, sind durch ihre Bindung an die Fortsetzung des „Christuszeugnis im A.T.“ (Bd. II Propheten) nicht immer ganz glücklich beeinflußt. Etwas mehr Einzelexegese wäre wohltuend. Aber das Zentrale ist so überzeugend geschehen, daß man wohl mitgehen kann.

Was Sie über Ihre Frau Pfarrer schreiben können, das ist wirklich erfreulich. Tut es Ihnen nicht auch ein wenig persönlich wohl, nachdem Sie so stark die Verantwortung mitgetragen haben in den schwierigen Zeiten? Und darf es Ihnen nicht eine Bestätigung sein auch auf Ihrem Wege? Ich meine doch u. auch darum freut es mich. – Es ist mir so nahe [?], daß Sie so fern von allem Optimismus leben (müssen??/dürfen??), aber gerade weil dem so ist, haben Sie es auch nötig, allen Trost, auch den konkreten, der in solchen Lebensführungen liegen kann, zu hören. –

Ich muß abbrechen. Sonst hätte ich Ihnen noch ein wenig erzählt vom Semester hier, das reich ist. –

Mit herzlichen Grüßen, auch an das ganze Haus Graeber

Ihre

Charlotte von Kirschbaum

Demnächst erscheinen die Vorlesungen über „Gottes Gnadenwahl“ u. der Vortrag über die Kirche. Die Predigt von Großwardein haben Sie wohl dort bekommen?

Und wenn H[ellmut Traub] kommt, dann grüßen Sie auch ihn. –

Ihnen noch einen besonderen Gruß von K.B. !

30

Charlotte von Kirschbaum
an Elisabeth Freiling, Freiligrathstr. 66, W.-Barmen, Postkarte aus Basel vom 14.12.1936

Liebes Fräulein Freiling! Über das Ergehen von W[erner] K[och] weiß ich nichts. Wollen Sie uns nicht einmal in ein paar Worten sagen, wie es mit ihm steht? Wir wären Ihnen so dankbar. – Und wie geht es Ihnen? Bedeutet Weihnacht erhöhte Arbeit u. wie wird es dieses Jahr mit der Weihnachtsfeier werden?? – Schreiben darf ich wohl an K. nicht? – Ich schreibe Ihnen bald einmal. Für heute nur dies u. herzliche Grüße.

Ihre LvKirschbaum

KBA 98765. 24

Elisabeth Freiling
an Charlotte von Kirschbaum, Brief vom 16. XII. 1936

Liebes Fräulein von Kirschbaum.

Verzeihen Sie bitte, daß ich nicht schrieb.

1. hoffte ich, H. T[raub] besorgt das, da er ja ebenso viel weiß wie ich und es viel besser schreiben kann,

2. steckte ich (noch) so in den Examensarbeiten, daß ich mir (noch) keine Zeit nahm, zu schreiben, auch zu antworten auf Ihren letzten Brief. Es soll alles bald kommen. Aber – ich stecke in ziemlichen Nöten, habe schon 8 Tage Verlängerung bekommen, und noch sehr wenige Sätze geschrieben und nicht viel gearbeitet. Es ist so schade, es war ein so schönes Thema, aber ich werde nie eine auch nur anfangsweise ordentliche wissenschaftliche Arbeit liefern, ich kann nicht schreiben, weil ich nicht klar denken kann. Aber – ich will jetzt keinen Jammerbrief schreiben, Unsinn, das war nicht der Grund!

Also, W. K[och]. ist seit 23. XI. in Berlin. Dort zunächst 14 Tage lang (!) ohne alles, ohne Bibel u. Gesangbuch, in Gemeinschaftshaft. Die V[orläufige] L[eitung] hat von Anfang an gearbeitet, aber keinen Zugang gehabt. Erst als sein Bruder Günther persönlich eingriff, wurden ihm vor 8 Tagen seine Bücher zugestellt. Er will aber in Gemeinschaftshaft bleiben. H.T. war am Bußtag hier, hat uns allen, auch W.K. durch seinen Brief, sehr geholfen, er wollte unbedingt einen Rechtsanwalt auf die Beine bringen, er hat auch mit Frl. Stokmann und Dr. Bleibtreu[129] die Sache besprochen, aber es hat keinen Zweck, es wird keiner zugelassen. Frl. St. Ist seit 8 Tagen selbst in Berlin, hat mit Holstein[130], Bonhoeffer[131], Niemöller, Günther[132] gesprochen, sie halten es alle für zwecklos. Theoretisch sind Briefe erlaubt, über Geh[eime] St[aats]P[olizei] Alexanderplatz, bis vor 8 Tagen hatte ihn allerdings keiner erreicht. Er selbst darf 14tägig an seine Eltern, ausnahmsweise ab u. zu an seine Braut schreiben. Frl. St. hat ihn bis jetzt (letzte Nachricht bekam ich Montag, 14. XII.) einmal besuchen dürfen, und verhältnismäßig gut vorgefunden (in Berlin); in Düsseldorf hat sie ihn 2 mal besucht, u. „theologisch" schlecht vorgefunden, z.B. hat er sich dort die an sich wohlwollende Lage verscherzt durch unwahre Aussagen bei den Verhören. Über diese Unklarheit scheint er hinweg. Frl. St. geht es in allem gut, sie ist menschlich stärker als er, und theologisch auf einem guten Wege. Sie hilft ihm sehr. Frl. Stokmann's Anschrift z.Z. in Berlin: Berlin-Lichtenrade bei Dipl. ing. Erwin Köhler Mozartstr. 1. – Über den „jurist." Stand der Dinge (den es eben nicht gibt!) weiß ich nichts. Es wird zu keinem Verfahren kommen. Das alles ist ganz unabsehbar. Von den Wegen der V[orläufigen] L[eitung] weiß ich auch nichts. Außer W.K. und den beiden

129 Otto Bleibtreu (1904–1959), 1932–1935 Hilfsrichter an den Land- und Amtsgerichten in Bonn und Köln, 1933 für die von Barth angeführte Liste „Für die Freiheit des Evangeliums" bei der Kirchenwahl in die Größere Gemeindevertretung in Bonn gewählt, 1935 Entlassung als Hilfsrichter wegen seiner Zugehörigkeit zur SPD. Rechtsanwalt in Bonn, 1940 Kriegsdienst und Gefangenschaft, 1946–1948 Landgerichtsrat bzw. Landgerichtsdirektor am Bonner Landgericht, 1948–1953 Ministerialdirektor, 1953–1956 Staatssekretär im Justizministerium NRW, 1956–1958 Leiter der Düsseldorfer Staatskanzlei, 1958 – + 1959 der Berliner Senatskanzlei.

130 Horst Holstein (1894–1945), Dr. jur., Rechtsanwalt in Berlin, Rechtsbeistand BK. Verteidiger in zahlreichen Prozessen gegen die BK.

131 Dietrich Bonhoeffer (1906–1945), 1923–1927 Studium der Theologie, 1927 Lic. theol., 1928/29 Vikar in Barcelona, 1930 Privatdozent in Berlin, 1931 Studentenpfarrer in Berlin, 1933 BK, 1933–1935 Auslandspfarrer in London, 1935 bis zur Schließung 1937 Leiter der BK-Predigerseminare Zingst und Finkenwalde,1938 Ausweisung aus Berlin; 1939 trotz Kriegsgefahr Rückkehr aus den USA, Kontakte zum Widerstand, 1940 Dienst im Amt Ausland/Abwehr („Amt Canaris") beim Oberkommando der Wehrmacht, 1943 Verhaftung, 1944 KZ Flossenbürg, dort 1945 Ermordung.

132 Fritz Günther (1871–1956), 1892 Dr. jur., 1905 Amtsgericht Berlin, 1912 – Ruhestand 1936 Landgerichtsdirektor, 1936–1939 jur. Mitglied der II. VKL., 1946 Wiedereinstellung, 1948/49 Führung der Geschäfte des Vizepräsidenten des Landgerichts. 1950 Ruhestand.

Vorgängern[133] ist auch Dr. Schmidt[134] jetzt unter den Verhafteten, meines Wissens.

Bald mehr, auch über die Freizeit. Ich versuche, H.T[raub] bis zum März in die Nachfolge von W. K[och] in unsrer Gemeinde zu bringen!

Herzlich grüßt Ihre Elli Freiling

Zum Schreiben würde ich raten: an Frl. St., sie „verwendet" es dann, sehr geschickt, in ihren Briefen, die am leichtesten Zugang finden. „Gute Reise" auch für diesen!!

31

Charlotte von Kirschbaum
an Elisabeth Freiling, Briefkarte, Weihnachten 1936

Liebes Fräulein Freiling,

nehmen Sie dieses einsame Winterbäumlein [Rückseite] als herzlichen Gruß zum Weihnachtsfest. – Ich habe an Frl. St. nun doch nicht geschrieben, wir sind so belastete – zu belastete! – Absender. Also sagen Sie ihr bitte, daß wir an ihn u. an sie denken. –

Und nun wünsche ich Ihnen in aller Examens- u. andrer Not eine frohe Weihnacht! – Das beiliegende Bild freut Sie vielleicht ein wenig. Es ist im letzten Sommer, 8 Tage „vorher" aufgenommen. –

Mit herzlichen Grüßen

Auch von K.B.

Ihre L. v. K.

133 Friedrich Weißler (1891–1937), 1914 Dr.iur. Landgerichtsdirektor in Magdeburg, 1933 trotz Taufe in früher Jugend Entlassung als „Nichtarier". BK, 1934 Leiter der Kanzlei der VKL I, 1936 VKL II. 1936 Verhaftung im Zusammenhang mit der vorzeitig im Ausland bekannt gewordenen Denkschrift an Hitler. 1937 im KZ Sachsenhausen ermordet. Vikar Ernst Tillich wurde ebenfalls in diesem Zusammenhang verhaftet, im Jahr 1939 freigelassen.

134 Nicht identifiziert.

Elisabeth Freiling, Düsseldorf – Wuppertal,
an Charlotte von Kirschbaum, Brief vom 29. XII. 1936

Liebes Fräulein von Kirschbaum.

Eine langweilige Bummelzugfahrt ... entschuldigen Sie, daß ich diese so wenig schöne Gelegenheit benutze, um ein wenig schneller zu dem Brief an Sie zu kommen. Ich hoffe, daß Sie es trotz des ziemlich bedenklichen Wackelns lesen können.

Zunächst haben Sie sehr herzlichen Dank für die Freude, die Sie mir zu Weihnachten gemacht haben. Im Pfarrhaus ist ein Streit darüber entstanden, ob das Bild gut, aber nicht schön sei, oder schön, aber nicht gut. Ich habe mich für das letztere erklärt, wobei „nicht gut" nur heißt, daß dies einen Idealfall von friedlicher Stimmung darstellt. Die Beleuchtung von unten u. der helle Anzug macht es dazu selten festlich. Also noch einmal herzlichen Dank, und auch für das einsame – schöne Winterbäumchen, ich habe mich über beides sehr gefreut.

Heute habe ich hier in Düsseldorf den Geburtstag einer seltsamen Erscheinung im Rheinland gefeiert: Die „Arbeitsgemeinschaft lutherischer Pastoren im Rheinland" ist geboren! Beckmann[135], Brunner[136], Lutze (früher Cleinich, jetzt Wuppertal-Wichlinghausen)[137] haben die Leitung. Mitglieder ordinierte Pastoren, die sich dem lutherischen Bekenntnis, mit Barmer Abgrenzung, verpflichtet fühlen. Aufgaben: 1. theol. Neuerarbeitung des luth. Bekenntnisses. 2. Durchsetzung des Bekenntnisses in Lehre, Kultus, Zucht, Verfassung der luth. Gemeinden des Rheinlandes. 3. Beobachtung u. Prüfung der kirchl. Entscheidungen vom Bekenntnis her. Arbeitsweg: vierteljährliche Zusammenkunft; jährliche Freizeit von mehreren Tagen; gelegentliche Zusammenkünfte nach Bedarf. Nächste Zus.kunft Di[enstag]

135 Joachim Beckmann (1901–1987), 1924 Dr. phil. Münster, 1925 Lic. theol. Bonn, 1933–1948 Pfarrer in Düsseldorf, Gründer der Rheinischen Pfarrerbruderschaft, 1934 Mitgl. im Rat der Bek. Syn. im Rheinland, des Reichsbruderrates der DEK bzw. des Bruderrates der EKD, mehrmals Maßregelungen, 1945 Mitglied der KL Rheinland, 1948 Oberkirchenrat, 1951 Prof. KiHo Wuppertal, 1958–1971 Präses, 1961 Honorarprof. Bonn.

136 Peter Brunner (1900–1981), 1924 Lic. theol. Gießen, 1927 Dr. of Theology Harvard, 1930–1932 Studentenpfarrer in Gießen, 1932–1936 Pfarrer in Ranstadt/Hessen, März–Mai 1935 KZ Dachau, 1936–1940 Dozent KiHo Wuppertal u. Pfarrer der luth. Bekenntnisgemeinde Elberfeld, 1947 – em. 1968 oProf. Heidelberg.

137 Hermann Lutze (1903–1987), 1929–1936 Pfarrer in Kleinich, BK, 1936–1953 in Wichlinghausen, 1954–1956 Landeskatechet, 1956 – em. 1968 Pfarrer in luth. Elberfeld. 1945 Mitbegründer der rheinischen CDU.

nach Ostern (!) Jak. 4, 5!. Themen: 1. Brunner: luth. Verhältnis von Schrift u. Bekenntnis. 2. Delius[138] – Homann[139] (?): Möglichkeit der Abendmahlsgemeinschaft. – Die Bildung eines luth. Konvents auf der nächsten Rhein. Synode ist vorgesehen. – Anwesend waren außer der Leitung (!) wenig Bedeutsame: Schlier, Brandt/Linz[140], Kunze (!), M. Graeber, Homann, Delius, das übrige Volk: Jugend! Darunter ist Dr. Rose zum Hüter des Luthertums in der V[ikar] u. HP-Bruderschaft von der Leitung der Arbeitsgemeinschaft ernannt[141]. Es sollen aber ca. 80 Pastoren luth. Bekenntnisses (mit Überzeugung!) im Rheinland aufzutreiben sein!

Dies die Ereignisse des Tages.

Gleich noch etwas weiteres, mit der Bitte: ich weiß nicht, bekommen Sie von irgendeiner Seite immer die Rundbriefe bzw. Ergebnisse der Freizeiten der V. u. HP-Bruderschaft zugeschickt? Ich nehme es an. Dann haben Sie von den „Beschlüssen über die Vikarinnen" gelesen.[142] Es soll also jetzt ein kleiner Ausschuß, bestehend aus Theo Hesse, Dr. Rose, Frl. Bach[143] od. Schin-

138 Eberhard Adolf Delius (1903 – „gefallen" 1945), Lic. theol., 1930–1945 Missionsinspektor in Barmen.

139 Rudolf Karl Albert Homann (1894–1973), 1924–1928 Pfarrer in Dortmund, 1928 – em. 1944 in Düsseldorf, 1948 – em. 1964 in Münster.

140 Heinrich Wilhelm Brandt (1871–1947), Lic. theol., 1902–1909 Pfarrer in Reichenbach, 1909 – em. 1941 in Linz.

141 Eugen Rose (1909–2003), Dr. phil., Frühjahr 1934 1. theol. Examen Konsistorium Koblenz, Herbst 1936 2. Examen BK. Hilfsprediger in Düsseldorf (Beckmann) und Köln (Encke), Mitarbeit in der VKL Berlin, 1937–1945 Pfarrer in Gröben/Kreis Teltow, 1945–1963 in Wupperfeld, 1963 – em 1971 Boppard.

142 Die Frage nach dem „Amt" der Vikarin war sehr umstritten. Kann eine Frau zum Amt der Wortverkündigung und Sakramentsverwaltung ordiniert werden? Stehen nicht strenge biblische Aussagen dagegen? In der Ev. Kirche der altpreußischen Union wurde 1927 per Kirchengesetz der Kompromiss beschlossen, dass eine akademisch ausgebildete Theologin, sofern sie unverheiratet ist, als Vikarin eingesegnet und zum Dienst an Frauen und Jugendlichen zugelassen werden kann. Unter den Vikarinnen selbst ergab sich mit der Zeit eine Auseinandersetzung darüber, ob man sich mit einem frauenspezifischen „Pfarramt" begnügen oder ob das volle Pfarramt angestrebt werden solle. Der Krieg brachte die entscheidende Wende. Viele Pfarrer wurden eingezogen, Vikarinnen übernahmen wie selbstverständlich die pfarramtlichen Aufgaben der Gemeindepredigt und Sakramentsverwaltung. Gegen den Beschluss der 11. BK-Synode der altpreußischen Union 1942, nur eine auf Frauenarbeit eingeschränkte Ordination zuzulassen, protestierte der Brandenburger Bruderrat und führte 1943 die ersten Ordinationen zum vollen Pfarramt durch.

143 Emilie Bach (1909–2003), 1928–1933 Studium der Theologie schließlich auch in Bonn bei Karl Barth, Frühjahr 1933 1. theol. Examen Konsistorium, Vikarin in Düsseldorf, Herbst 1933 2. Examen BK, Einsegnung, 1936–1939 Vorsitzende des Konvents rheinischer BK-Theologinnen, 1940 Heirat mit BK-Pfarrer Karl Mühlen, verschiedene pastorale Tätigkeiten, drei Söhne.

delin u. mir, über die exegetische Begründung des Vikarinnenamtes befinden (Dr. Rose hat sich im voraus für Ablehnung entschieden u. sich ja auch darum mit einer Vikarin, Martha Trube[144], verlobt!!) und „dementsprechend" dem Rhein. Rat praktische Vorschläge zur Ordnung unsrer ach so unordentlichen Existenz unterbreiten. Der Wille zur kirchlichen Arbeit in dieser Frage war anerkennenswert u. wohltuend in der Bruderschaft, aber: werden wir zu einem Ergebnis kommen? Die radikale Ablehnung ist immer noch (oder wieder?) teilweise sehr stark. Aber kann man exegetisch unser Amt begründen? Vielleicht kann man ja auch das heutige Pfarramt exegetisch nicht begründen, aber – das ist nun da, unser Amt aber ist noch nicht da. Das stärkt sehr wesentlich die Situation der Ablehnenden. Ich habe gehört, aber nicht selbst gelesen, von der Debatte Kolfhaus[145] – Barth. Ich kann sie nicht auftreiben. Haben Sie vielleicht die Exemplare einmal übrig? Und stimmt das, was mir neulich von irgendeiner Seite, ich weiß nicht mehr von wem, entgegengehalten wurde: Prof. Barth habe (wann?) gesagt, das Amt der Frau in der Kirche sei: Luk. 2, 19 ? Was meinen Sie kann die Kirche mit „gutem Gewissen" in der Vikarinnenfrage tun? Muß diese, ach wohl schöne, aber oft doch fast zu schwere Arbeit ohne Auftrag sein? In Berlin hat Jakobi [sic][146] u. auch Präses Koch[147], soviel ich weiß, jetzt einige Vikarinnen „fast richtig" ordiniert. Im Rheinland sind sie ja nur „eingesegnet", ohne Verpflichtung auf ein Bekenntnis (soviel ich weiß, auch nicht in Berlin), ohne eigentliche Amtsübertragung, nach der Formel des „Entwurfs". In Berlin ging die Predigt des Ordinators m. W. über Mt. 10 u. das andre Mal über act. 20. Ein sehr wesentlicher Fortschritt. Können wir das nicht wenigstens „verlangen"? Und dann eine wirkliche „Indienstnahme"? Nicht wie Schlingensiepen nach dem 2. Examen sagt: „Soll ich für Sie annoncieren?" – Gäbe es nicht geordnete Arbeitsgebiete für uns, auch in der Gemeinde, wenn man nur „wollte"? Aber ich frage nur. Vielleicht war es ja auch wirklich ein Irrweg der Kirche, verführt durch die Frauenrechtsbewegung, die uns

144 Martha Trube (1911–2006), 1931–1935 Studium der Theologie schließlich auch in Bonn bei Karl Barth, Herbst 1935 1. theol. Examen BK, Vikariat Düsseldorf, 1937 Heirat mit BK-Pfarrer Dr. Eugen Rose, das 2. Examen wurde ihr als verheirateter Frau verweigert, vier Kinder, ehrenamtliche Mitarbeit in den Gemeinden ihres Mannes.

145 Wilhelm Kolfhaus (1870–1954), D. theol. Münster, 1896–1902 Pfarrer in ref. Radevormwald, 1902–1920 in ref. Elberfeld, 1920 – em. 1940 in Vlotho.

146 Gerhard Jacobi (1891–1971), 1927 Domprediger in Magdeburg, 1930–1954 Pfarrer in Berlin, 1933–1939 Präses der BK in Berlin, 1937 Haft, 1945 Superintendent, 1948 Generalsuperintendent, 1954–1967 Landesbischof von Oldenburg. Ehrenpromotionen.

147 Karl Koch (1876–1951), 1916–1949 Pfarrer in Bad Oeynhausen, 1919–1933 DNVP-MdL Preußen, 1927–1945 Präses der westfälischen Provinzialkirche, 1945–1949 Präses der Landeskirche, Mitglied der BK, seit Mai 1934 Präses der Bekenntnissynode der DEK, 1936 Mitglied der 1.. VKL.

diese Arbeit eine Zeitlang ermöglicht hat, und wir müssen wieder abtreten. Wenn die Kirche nur die Frage einmal ernsthaft (die Bekennende Kirche) in Angriff nähme, und nicht immer von Fall zu Fall, bald „ritterlich", bald unfreundlich, entschiede. Am 11. Jan. ist voraussichtlich unsre 1. Zusammenkunft. Ich wäre Ihnen dankbar, wenn Sie mir einiges dazu schrieben.

30. XII. 36 Fortsetzung D-Zug Wuppertal – Ffm auf dem Wege zum 10 tägigen „Heimaturlaub".

Die Dinge mit H. T[raub] sind noch nicht weiter gediehen. Wir hofften, er könnte schon zum 1. Jan. bei uns einziehen, aber das Ausbildungsamt macht Schwierigkeiten. „Wenn ... dann schon wieder eine „Belastung" für die Gemeinde ..." Ach, ich bin sehr traurig darüber. P. Graeber will in den nächsten Tagen noch einmal mit Humburg sprechen, er setzt sich sehr für H.T. ein, er hat ihn die letzten beiden Male auch persönlich sehr lieb gewonnen. Halten Sie es für gut, wenn er nach Wupperfeld kommt? Bis zum Examen natürlich nur. Es ist eine so geborgene Arbeit dort. Und in Halle scheint er doch eben überhaupt keine Gemeindearbeit zu haben. Es wäre ihm so gut, wenn er darin noch ein wenig arbeiten könnte, ehe er so ganz im Lehramt verschwindet. Das möchte er ja wohl jetzt, und es wird ja auch gut so sein. Hellbardt will übrigens m. W. im Sommer nach Fiume, aber an seine Stelle könnte H.T. ja wohl nicht einrücken. Wenn ich zurückkomme, will ich einmal mit Eichholz über solche Möglichkeiten sprechen. Er sprach übrigens auch davon, daß er evt. nur noch bis Ostern am Missionshaus bleibt.

Meine Examensarbeiten sind gerade noch am 23. XII. fertig geworden und am 24. abgeliefert. Über die atl. bin ich recht betrübt, wenn auch dankbar, daß ich überhaupt durchhalten konnte, denn es ging mir in den letzten Wochen nicht gut, vor allem war ich immer schrecklich müde. Aber ich hätte so gern noch einmal gründlich gearbeitet, exegetisch gründlich, und das ging nun alles nicht durch die mancherlei Zwischenfälle. Sie wird zu einem „genügend", d.h. für's Examen reichen, aber es war so ein schönes Thema! Und ich weiß ja schon: jetzt die mündliche Vorbereitung wird auch äußerst mangelhaft werden.

Von W. K[och]. wissen wir noch nichts Neues. Frl. Stokmann dankt Ihnen herzlich für die Grüße u. erwidert sie. Scheinbar hat sie in den Feiertagen ihn nicht mehr besuchen dürfen. In den nächsten Tagen will Willi Rott vom Predigerseminar Finkenwalde (Inspektor)[148] nach Barmen kommen u. eini-

148 Wilhelm Rott (1908–1967), Studium der Theologie, Herbst 1932 1. theol. Examen Konsistorium, Vikar in Mülheim/Ruhr, Herbst 1934 2. theol. Examen BK Rheinland, 1935–1937 Studieninspektor im BK-Predigerseminar Finkenwalde, 1937–1941 Mitarbeit in der VKL (Albertz), 1941–1943 Pfarrer in Berlin, 1943–1945 Wehrdienst (Abwehr/Canaris), 1946–1966 Pfarrer und Superintendent in Koblenz.

ges Nähere, auch über die Wege der VL, berichten. Leider bin ich da nun nicht mehr da. Aber ich werde es ja erfahren u. schreibe Ihnen dann noch. Mein letzter Brief (vor Weihnachten) scheint also gut bei Ihnen gelandet zu sein. Es liegt mir so wenig, vorsichtig zu sein.

Nun verzeihen Sie diesen Schmierbrief (der D-Zug heute wackelt noch wesentlich mehr als der Bummelzug gestern), aber ich fürchte, in den nächsten Tagen zu Hause doch noch nicht zum Schreiben zu kommen, und ich wollte nicht gern noch länger warten.

Am Ende des Jahres – danke ich Ihnen herzlich für alle Zeit und Freundlichkeit und Hilfe, die Sie mir geschenkt haben. Es ist so schön, daß man so gemeinsam leben darf. Am 2. Feiertag ist unser treuster Presbyter, der mir ein väterlicher Freund war, plötzlich gestorben. Da sieht man wieder für einen Augenblick mit ganz anderen Augen die, die noch bleiben dürfen. Die man noch lieb haben darf.

Es grüßt Sie besonders und Herrn Prof. Barth und Frau Prof. Barth mit allen guten Wünschen für das neue Jahr in Treue und Dankbarkeit Ihre Elli Freiling.

KBA 98765. 26

Elisabeth Freiling
an Charlotte von Kirschbaum, Brief vom 13. I. 1937

Liebes Fräulein von Kirschbaum.

Haben Sie herzlichen Dank für Ihren Brief, daß Sie mitten in Ihren vielen Arbeiten sich dafür Zeit genommen haben. Das Resultat unsrer Arbeit am Montag ist noch nicht gut, es fehlt eine bessere exegetische Leitung, die auch ich gerade in diesem heiklen Thema nicht zu ergreifen wage. Th. Hesse, der sie wahrzunehmen hätte, ist trotz guter Einzelarbeit irgendwo in einer letzten zusammenhaltenden Linie unklar, oder – unsicher. Er hat mit sehr gutem Willen gearbeitet, sogar mit dem gewissen „Vorurteil“: Das Resultat wird positiv sein. Mitten drin aber kam es zu dem exegetischen Urteil: Das Amt geht auf Grund von 1. Kor. 14 u. 1. Tim. 2 nicht. Dann tauchte die Erleuchtung der Frage nach der Unterscheidung der verheirateten von der unverheirateten Frau auf, und schließlich schieden wir mit der Riesenaufgabe, uns erst über der Frage der Ehe und der [griech.] Jungfräulichkeit auf der prophetischen Linie klar zu werden, um auf Grund solcher Arbeit noch einmal neu die „Frau in der Kirche“ zu sehen. Wann wir zu praktischen Folgerungen von da aus kommen, sehe ich noch nicht. Aber immer wieder sehe ich doch sehr stark die biblische „Hemmung“; die Grenze, die der Apostel so „grundsätzlich“, bzw. doch wenigstens für die Ordnungsfrage sehr energisch zieht, kann ich noch nicht so schnell überspringen. Ich sehe noch nicht, woher Sie und auch H. T[raub] solche Gewißheit zu dem Auftrag nehmen. Eben, da ich mich nicht auf den Geist berufen kann, müßte ja doch die Berufung des Wortes und der Gemeinde da sein, und beides fehlt. Ich kann mich doch nicht auf mein Dasein berufen, und woher käme das auch anders als auf frauenrechtlerischen, von mir nicht im voraus kontrollierten Bahnen. Ich habe diesen Weg meines Berufes nicht vom Wort Gottes kontrollieren lassen, sondern eher – mit schlechtem Gewissen gegen 1. Kor. 14 u.s.w. unternommen. Es fehlt uns übrigens da wieder sehr entscheidend H.T. zur exegetischen Arbeit! –

Damit einstweilen Gedankenstrich über dies Thema, im Augenblick bewegt mich nämlich ein andres noch viel „leidenschaftlicher“, d.h. ich bin von einem großen Zorn erfüllt, den ich auch wieder bei Ihnen abladen muß u. für den ich wieder, diesmal mit besserem Gewissen, Ihre Zeit in Anspruch nehmen muß. Aber erst noch, verzeihen Sie, daß ich es vergaß: herzlichen Dank für Ihr Bild, über das ich mich „schrecklich“ (!) gefreut habe. Das war allerdings ein lange unerfüllter, heißer Wunsch, ich hatte H. T[raub] schon so oft darum gebeten. Jetzt steht es vor mir und hilft – vielleicht – ein wenig klären, manchmal, oder zwingt zur Zucht. Ja, ich will mich darüber nicht verbreiten. – Vielen Dank!

Nun der Zorn: Da die Frage Wupperfeld zu keiner Lösung kommen wollte, bin ich vorgestern selbst Schl[ingensiepen] auf die Bude gerückt u. habe Entscheidung gefordert. Entweder Ja oder Nein zu H.T. und wenn nein, dann endlich einen anderen, die Gemeinde ist 2 Monate jetzt verwaist u. verläuft sich, dazu war die Mühe ihrer Sammlung wirklich zu groß. In diesem Gespräch kam heraus, was ich längst leise vermutete, man will H.T. nicht mehr ernsthaft im Rheinland haben. Der Ausgang in München. – „Früher“ hätte das ... u.s.w.

Ich habe 1. Erhard Mueller[149] davon in Kenntnis gesetzt, 2. Ist mein Chef noch einmal zu Schl. „Wenn er die Verantwortung übernehmen will“, darf H.T. nach Wupperfeld, auch für den Sommer kommen. Die K[irchen] L[eitung] lehnt die Verantwortung ab! Ich habe gesagt: Ja, jetzt würde ich die Verantwortung übernehmen, gerade einer so feigen KL gegenüber. (Auch bei W. K[och] sagt man bereits: besser an delá des frontiéres ...!!)[150] Pfui, sage ich. Lauter Psychologie, kein einziger kirchlicher Grund wird ge-

149 Erhard Mueller (1909 – vermisst 1943 in Stalingrad), Studium der Theologie, Frühjahr 1934 1. theol. Examen Konsistorium Koblenz, Frühjahr 1936 2. theol. Examen BK. Ordination, Pastor der BK-Gemeinde Hilden, Sprecher der Bruderschaft rhein. Hilfsprediger und Vikare.

150 „Jenseits derGrenzen“.

sagt. Hält man das, was geschehen ist, für untragbar für das Amt, so soll man ihm das sagen, und ihn nicht so feige hinhalten. Und wie denkt man sich das: Will man ihn der ausl[ändischen] Kirche mit einer Lüge präsentieren? Wenn es aber nicht untragbar ist, wie kann dann die deutsche BK die Konequenzen nicht auf sich nehmen wollen? Verzeihen Sie, ich bin recht wütend. Und bitte Sie nur, uns baldigst zu schreiben, was zu tun ist u. sich selbst freundlich der Seelsorge an der rhein. KL anzunehmen. Da wundern sich die Herren immer noch, daß H. T[raub] sich absolut nicht „erholt". Nächstens schicken sie ihn noch „zur Erholung" an delá des frontiéres! – Meinem Chef würde ich die Verantwortung gerne zumuten, wenn er auch ein wenig ungeschickt ist, sie zu vertreten, aber da wollen wir schon alle helfen. – Wenn Wupperfeld überhaupt gut für ihn ist. Ich finde, im Sommer gehört ihm eine Gemeinde mit sonntäglichem Gottesdienst, Unterricht u. s. w., nicht solch eine im besonderen Sinn Notgemeinde. Für meinen Chef würde ich dann übrigens Einsicht in die Akten fordern, das muß dann sein, obwohl er keine wesentlichen Überraschungen mehr zu erwarten hat. Er will sich übrigens an Wolf wenden, ich finde nur, das alles müßte jetzt schleunigst gehen, der arme Junge ist lange genug hingehalten. Ich mag ihm schon gar nicht mehr schreiben, weil man über diesen Punkt dauernd schweigen muß.

Wie kann man übrigens dann in der Vikarinnenfrage eine wirklich kirchliche Entscheidung erwarten? Humburg hat meinem Chef mit hohen Lobestönen für die Weihnachtsferien ein Buch eines „hochbegnadeten Dichters" geliehen: H. Josten (Honnef! ...) „Der Stärkste" Die Geschichte eines stillen Lebens. Widmung: „Meinen herzlieben Eltern ein winzig Körnlein einer unabtragbaren Dankesschuld". Wenn Sie vielleicht einmal etwas Erbauliches lesen möchten ... Ich kann es nur „wärmstens" empfehlen. – Aber ich muß wohl schließen. Ihr Bild sieht mich sehr ernsthaft an, ob man so wohl schreiben darf?! Sie verstehen es, gelt, wenn man seinem Zorn mal Luft machen muß. Ich kenne ja meine eignen sentimentalen Seiten und weiß, daß P. Humburg sehr am Ende seiner Kräfte ist. Und daß er sicher – treuer betet als ich. – W. Rott habe ich am Freitag noch hier getroffen, er ist dann zurück gefahren. Im Frühjahr hoffe ich sehr, mal zu Ihnen zu dürfen. Aber – bis dahin ist noch eine „lange" Zeit.

Für heute grüßt Sie herzlich Ihre Elli Freiling.

32

Charlotte von Kirschbaum
an Elisabeth Freiling, Brief vom 15. Januar 1937,

Liebes Fräulein Freiling,

trotzdem die Zeitverhältnisse noch gleich ungünstig liegen, möchte ich Ihnen rasch auf Ihren heute eingetroffenen Brief antworten. – Zunächst einmal herzl Dank, daß Sie mich teilnehmen lassen an dem Gang Ihrer Nachforschungen über das Amt der Frau. – Es mußte ja fast so kommen, daß Sie, diese Frage anschneidend, zur Frage der Frau vorstoßen mußten u. dabei eben dann – ins Leere traten. Wie es nun allerdings möglich sein soll, diesen Bereich so aufzuarbeiten, daß es zu einer Klärung in Ihrem besonderen Anliegen kommt, das ist mir unter den Voraussetzungen, unter denen Sie arbeiten müssen, unvorstellbar. Aber ich werde dankbar sein für Alles, was Sie mich darüber wissen lassen. – Ich glaube nicht, „Gewißheit zu dem Auftrag" der Frau zu haben. Aber ist es nicht so, daß in aller meinetwegen vorhandenen Unklarheit Sie doch Theologin wurden, indem Sie „irgendwie" unter dem Wort standen: „Gehet hin in alle Welt ..." Und daß Ihnen nun jene anderen Stellen in den Weg traten u. diesem Ihren Lebensentscheid sich entgegenstellen? Oder meinen Sie diesen letzteren so völlig preisgeben zu müssen, daß Sie für ihn den Aussendungsbefehl weder beanspruchen können noch wollen? Dann freilich ist es schwierig, denn dann fehlt die „Berufung durch das Wort", wie Sie sagen. Aber ich meine doch, daß Sie da mindestens zögern müssen u. schon wenn das der Fall ist, können Sie doch wohl nicht sagen, daß Sie nur auf frauenrechtlerischen oder anderen unkontrollierbaren Pfaden wandeln, selbst wenn Sie damals sich nicht bewußt entschieden.

Aber es ist nicht dies, sondern das „leidenschaftliche" Anliegen, was mich schreiben läßt. Vielleicht sind Sie böse, wenn ich Ihnen sage: Ich würde nicht kämpfen darum, daß H. T[raub] nun gerade nach Ba[rmen]kommt. Ich glaube dies wäre wohl nötig und geboten, wenn die B.K. überhaupt keinen Raum für ihn haben wollte. Aber ist es nicht so, daß die kirchenpol. Haltung des Rheinlandes – u. das hat ja dann immer tiefere Hintergründe – von Anfang an eine seltsam vieldeutige war? Daß hier immer Geister zusammentrafen, die einen geraden Weg nicht möglich werden ließen? Sodaß es bei allem Positiven, was auch zu sagen ist, es in der Linie liegt, wenn sie nun dort auch zögern, die Not mit H. T[raub] auf sich zu nehmen. Daß es eine Not ist u. immer sein wird, das steht ja doch fest u. da läßt sich nichts verharmlosen. – Ich würde Ihnen nicht raten, es in die persönl. Verantwortung von P. Graeber zu stellen. Das dürfte T. nicht annehmen, soweit ich das beurteilen kann. Und „ein Einblick in die Akten" – ich kenne sie – scheint mir diesem Mann zu viel zuzumuten. Was dann u.U. für H.T. sehr schwer werden könnte. Sie wissen ja, wie ich ihn u. seine Lage sehe. Ich möchte das aber – bei gleich genauer Kenntnis – von keinem anderen Menschen verlangen, – gerade weil ich weiß, daß auch er selbst das nicht tut. Wenn eine Kirche ihm ein selbständiges Pfarramt anvertraut – und ich bin wie Sie der Ansicht, daß er ein solches in mehr als einer Hinsicht getreuer u. geeigneter erfüllt als viele andere – so wird sie das nur tun können, wenn sie selbst „in Ordnung" ist. Und da habe ich einfach zu Berlin mehr Vertrauen als zu Ba[rmen]. – Man hat dort weniger „Angst" und vielleicht auch weniger pietistische Belastung. Wie „Hans" [Asmussen] die Sache aufnahm u. mit ihm sprach, das scheint mir ein tragbarer Boden. Wobei eben wirklich auch noch der schlichte Umstand hinzukommt, daß es für d. Berliner „leichter" ist, weil sie nicht seinerzeit belastet waren mit den Ereignissen wie d. Kirche im Rheinland. Das Examen wird er ja dort machen können. Aber sollte er sich dann nicht im Osten melden? Ich habe ihm selbst noch nicht darüber geschrieben. Sein ganzes Dransein macht mir Sorge. Vielleicht wäre es nicht das Schlimmste, er ginge tatsächlich etwas heraus. Gollw[itzer], der ihn ja nicht ganz selten sieht, ist unbedingt dafür u. hat mir das im Sommer sehr ans Herz gelegt. Aber ich sehe noch keinen Weg. Eine Arbeit hier wäre nicht gut für ihn. Aber sollte er nicht bis zum Examen ruhig bei Wo[lf] in Ha[lle] bleiben? Wenn es vielleicht auch nicht leicht ist: er hat Arbeit dort u. jetzt im letzten Stadium wird es ihm doch auch nötig sein, Zeit an die Vorbereitung zu wenden. Dann – nach bestandenem Examen – wird sich die Frage: Rheinl[and] oder Osten klären. Sollte an beiden Stellen d. Verantwortung abgeschoben werden, dann scheint es mir an der Zeit, scharf zu schießen. Nicht vorher u. vielleicht nicht für Sonderwünsche. Ich glaube, der Dienst für ihn besteht besser im geduldigen Aushalten s[einer] besonderen Schwierigkeit u. im Mittragen der gewissen Resignation ([unleserlich] könnte es ja auch Demütigung heißen). Sie wissen, daß ich das nicht quietistisch u. nicht pietistisch meine u. daß sehr wohl der Augenblick kommen kann, wo wir sehr aktiv werden. Aber verdirbt es im Moment nicht mehr als es hilft, wenn er sich auf bestimmte Wünsche festlegen soll? – Wenn ich etwas falsch sehe, so müssen Sie es mir sagen. – Ich hatte vor nicht sehr langer nach sehr langer Zeit einmal wieder einen ausführlichen u. unmittelbaren Brief von ihm. Es ist alles, alles recht schwierig gelagert. Sein inneres Dransein war wohl besser als es äußerlich so schlecht ging u. etwas von der Getrostheit, in der er damals – wider alles Erwarten – leben durfte, möchte man ihm heute wünschen. Sie ist sehr gering im Augenblick. – –

Lieber Fräulein Freiling, dies alles in Eile u. darum auch flüchtig. Viel besser wäre es, darüber reden zu können.

Es grüßt Sie herzlich

Ihre

Charlotte von Kirschbaum

Elisabeth Freiling
an Charlotte von Kirschbaum, Brief vom 16. I. 1937

Liebes Fräulein von Kirschbaum.

Haben Sie herzlichen Dank, daß Sie so schnell geantwortet haben. Ich wartete sehr darauf. Es liefen in diesen Tagen immerfort Gespräche, gerade deshalb natürlich, weil P. Graeber sehr schwer, bzw. überhaupt nicht etwas allein tragen kann. Gestern sprach er nun mit Immer (die andren Gespräche liefen nur mit Frau Pastor, Schlingensiepen u. mir u. Humburg, Beckmann). Das Gespräch mit Immer schien mir so unzureichend, daß ich heute morgen (obwohl ich Ihren Brief hatte!) doch noch einmal mit ihm sprach u. auch den beiliegenden Brief noch schrieb, aus dem Sie sehen, wie es lief.[151]

Ich bin nicht böse, wenn auch sehr traurig, daß Sie so geschrieben haben. Ich kenne die Akten nicht, ich möchte es wohl, aber ich glaube nicht, daß sie irgendetwas in meinem Urteil über diese Lage ändern würden. Es kommt hier nicht auf die Grade – des Vergebens – an. Es ist ein sehr trauriges Urteil über die BK, das Sie damit fällen. Sie hat es wohl verdient, aber – das ist nun der einzige Punkt, an dem ich nicht recht mit Ihnen einig bin – ich möchte sie nicht darauf hin ansehen. Ich möchte ihr sagen, wo sie nicht in Kraft und Auftrag des Wortes Gottes handelt, auch wenn es noch nicht um das Hauptgefecht, sondern um einen Vorkampf geht. Es bricht mir in Wupperfeld eben aus all den Urteilen der Leitung diese Psychose der Angst auf, die so verderblich ihr Handeln bestimmt und da kann ich nicht, sozusagen auf einen günstigeren Augenblick warten, ihr das zu zeigen.

Ich habe natürlich nicht auf der Berufung nach Wupperfeld bestanden. Ich möchte selbst H. T[raub] unter den Schutz stärkerer Menschen stehen sehen als eines P. Graeber. Aber das Grundsätzliche, meine ich, müßte schon jetzt gesagt werden, auch zur Vorbereitung der Wege nach Osten.

Ich hoffe nicht, daß ich schon damit etwas Ungeschicktes getan habe, praktisch wird es so sein, daß am Montag für einen andern, Eichner,[152] entschieden wird, der dann sofort antreten und auch im Sommer bleiben soll. Aber daß die KL nicht gut gehandelt hat, das war mir so klar, daß ich es so sagen

151 Dieser Brief ist nicht bei den Akten.

152 Dr. Wolfgang Eichner (1911–2001), Studium der Mathematik, Naturwissenschaften, Philosophie und Theologie, 1933 Promotion zum Dr. phil., Frühjahr 1934 1. theol. Examen Konsistorium, Herbst 1936 2. theol. Examen BK Rheinland, 1937 Verzicht auf das Pfarramt, Habilitation (Orientalistik), Staatsexamen, Januar 1947 Ordination, Schuldienst, 1954 – Ruhestand 1976 Oberstudienrirektor, Leiter des Studienseminars Bonn.

mußte. Ist es Unrecht? Hätte ich auch hier besser schweigen sollen? Ach, es wird schon seinen Grund haben, daß mir 1. Kor. 14 u. 1. Tim. 2 so gewichtig sind! –

Es ist schwer, jetzt H.T. zu schreiben. Die Wupperfelder Sache hat ihm ja P. Graeber zu schreiben. Ich habe geraten, ihm nichts von der ganzen Diskussion zu sagen, sondern nur das Endresultat, daß nach einem gesucht worden sei, der zugleich den Sommer übernehmen soll.

Dies in Eile nur. Ich muß noch meinen Bericht über die Vik[arinnen]Sache machen für eine große Theologinnenzusammenkunft morgen in Düsseldorf.[153] Das fällt mir sehr schwer.

Mit herzl. Gruß u. Dank!

Ihre Elli Freiling

33

Charlotte von Kirschbaum
an Elisabeth Freiling, Briefkarte aus Basel vom 18. I. 1937

Liebes Fräulein Freiling,

nun bin ich ein wenig erschrocken über Ihren Brief. Ich wußte nicht, daß Sie mit H[ellmut Traub] nicht korrespondiert hatten über die Sache u. habe ihm gestern meine Ansicht zum Ganzen dargelegt u. ihn um die seine befragt. Nun hat er also auf diesem Wege davon erfahren. Vielleicht ist das nicht schlimm, aber es tut mir nur leid, daß ich Ihnen nun mit meinem Brief einen Querschläger bereitet habe. Daß er die Schwierigkeit in Ba. sieht – geahnt hat er sie nach s. letzten Äußerungen – das muß ja wohl früher oder später doch sein. Hoffentlich hat es ihn so nicht zu sehr überrumpelt. Es ist Alles in Allem nun wohl gut, daß eine Stimme sich dort warnend und protestierend erhob. Sie müssen deshalb gewiß nicht betrübt sein. Und ich wollte ja die rhein. Kirche gewiß nicht bei ihrem Versagen behaften. Der Einsatzpunkt [?] scheint mir nur sehr schwierig. Wenn Sie nun sagen: er ist aber der uns jetzt gegebene, so sehe ich das nach wie vor nicht so ganz, von ver-

153 In diesem Bericht nennt sie alle Probleme, die von den biblischen Aussagen her zu klären sind, z.B. die Frage nach dem „Amt der Verkündigung", die Frage der „Ordnung der Kirche", die Frage nach „der Unterordnung der Frau unter den Mann"; s. Herbrecht/Härter/Erhart (Hg.), Der Streit um die Frauenordination, S. 50–52 (Dok. 7).

schiedenen Seiten her nicht: einmal leuchtet mir der Augenblick nicht ein (ich hatte mit ihm vereinbart bis zum Examen Assistent bei Wolf!) 2. müßte ein solcher Protest vielleicht von der gesamten Vik. Bruderschaft kommen u. 3. ist die innere Schwierigkeit in m. Augen noch größer, sodaß ich den Vorstoß nur wenn alle Wege abgelaufen sind, wagen könnte. Aber darüber möchte ich lieber einmal mit Ihnen sprechen als schreiben. – Geschadet hat es sicher nichts, daß Sie sich einsetzten. Und Unrecht war es auf keinen Fall. Natürlich haben die Grade der Vergebung kein Gewicht. Aber unter dem jahrelangen Eindruck der fast ausweglosen Schwierigkeit seines Lebens könnte ich nur sehr leise von „Einsatz an gefährlicher Stelle" reden, trotzdem s. theol. Fähigkeit mir außer Zweifel steht u. trotzdem er mein volles Vertrauen hat. Sie mögen sich erinnern, daß ich schon im Sommer 1935 abriet, ihn zu exponieren. Für mich war damals die Lage so klar wie 6 Monate später. Und der „Zwischenfall" u. die „Akten" haben nichts zu bedeuten. –

Liebes Fräulein Freiling, verlieren Sie den Mut nicht, nicht für die Kirche u. nicht für sich selbst*. Das hängt ja zusammen. – Sind Sie denn noch so viel müde u. ist Ihre Lunge [unleserlich]?- Schrieb ich Ihnen, daß Gollwitzers Lic. Arbeit mich im Augenblick in Atem hält? – Lord Chichester[154] u. Adolf Keller[155] fahren demnächst nach Berlin. Adolf Keller weiß um unsren Freund W[erner Koch]. Wir sind im Gespräch mit ihm über dies u. anderes. – –

Mit sehr herzlichen Grüßen

Ihre Charlotte von Kirschbaum

* u.. auch nicht für ihn.

154 George Kennedy Allen Bell (1883–1958), anglikanischer Theologe, 1907 Weihe zum Priester, Tätigkeit in Leeds, 1910 Studentenpfarrer in Oxford, 1914 Privatsekretär des Erzbischofs von Canterbury, Initiator der Ökumenischen Bewegung, 1925 auf der Weltkirchenkonferenz einer der Gründer des Ökumenischen Rates für praktisches Christentum (Life and Work), 1925–1929 Dompropst von Canterbury, 1929 Bischof von Chichester, Verbündeter der BK, 1934 Weltkonferenz und Weltjugendkonferenz (Bonhoeffer) in Fanö, Solidaritätserklärung für die BK, setzt sich für verfolgte Juden und Judenchristen ein, 1937 Mitglied des Oberhauses, schützt verfolgte Christen in Deutschland (Martin Niemöller, Hans Ehrenberg, Sabine und Gerhard Leibholz u.a.)

155 Adolf Keller (1872–1963), Schweizer reformierter Theologe, 1899 Pfarrer in Burg bei Stein am Rhein, 1904 in Genf, 1909–1923 in Zürich. Aktiv in der Ökumenischen Bewegung, 2. Generalsekretär von Life and Work, erster Sekretär des Schweizerischen Ev. Kirchenbundes, Generalsekretär der Europäischen Zentralstelle für kirchliche Hilfsaktionen. Half verfolgten Christen in Deutschland. Zahlreiche Ehrendoktorate.

Elisabeth Freiling
an Charlotte von Kirschbaum, Brief vom 23. I. 1937

Liebes Fräulein von Kirschbaum.

Zum Sonntag schnell noch einen herzlichen Dankesgruß für alle Ihre Mithilfe in den letzten Briefen. Ich habe es nun einfach laufen lassen, es wird ein andrer Ersatz für W. Koch kommen, und es wird dann wohl so gut sein müssen. Ich möchte wohl mit Ihnen darüber sprechen können, vor April wird es für mich nicht gehen, aber dann will ich es ernstlich versuchen. Unter einer „ausweglosen Schwierigkeit" kann ich mir so schlecht etwas vorstellen. So etwa begegnete mir ja auch Frau Pastor hier und gerade das meinte ich immer wieder angreifen zu müssen. Ich bin da wohl „zu jung" – und zu ungeduldig vielleicht, und werde noch viel lernen müssen. Aber was da zu lernen ist, werden Sie mir eher beibringen können als Pastor Schl[ingensiepen]. Da scheinen mir die Ausweglosigkeiten einfach ein wenig auf der Linie ganz primitiven Kleinglaubens zu liegen. Frau Pastor wagt es auch nicht mehr recht, damit zu rechnen. Es überfällt sie wohl gelegentlich, aber sie kann auch manchmal jetzt so fröhlich sein, und das macht mich auch froh. –

Eben kommt mein Chef dazwischen und berichtet, daß der in Aussicht stehende „Ersatz" (Eichner) doch nicht kommt. „Ihr müßt Euch allein durchkrosen", ist die kirchenregimentliche Entscheidung (!), „4 Stellen unbesetzt"; nun, ich schweige, veranlaßt durch Sie! Hans Martin[156] sagt in solchen Fällen ein niederdeutsches Verschen, dessen Ende lautet: „ick segge nix, Gott hört mein Brummen." – Unsere arme Gemeinde nur. Nun wird sie die 2 ½ Monate weiter unversorgt bleiben, denn ich kann es unmöglich zu meiner Arbeit übernehmen. Es ist wirklich schwer, da den Weg der Gedduld einzusehen. Ich habe Ihnen ja das andre alles wohl erzählt, daß H. T[raub] die Gemeinde kennt, sie „begründet" hat, die starken Beziehungen zum Presbyterium hat u.s.w. Aber ich will jetzt schweigen. Und es ist so manches in der Gemeinde in Bewegung, was durch eine ganz fremde neue Kraft sicher aufgehalten werden wird. Man ist sehr in Versuchung, H.T. einfach „privatim" herbei zu holen zur Hilfe. Aber das ist auch für ihn, jetzt nach allem Voraufgegangenem, schwer. Daß er es durch Sie erfahren hat, – ja, ich glaube auch, daß er sich alle diese Gedanken ja doch selbst macht und es deshalb nicht so schlimm ist. Er hat eine so gute Stellung zu seiner Kirchenleitung, da kann ich nur von ihm lernen! – Ich lege Ihnen das nun alles so als Fragment vor, ach ja, könnte man doch einmal darüber sprechen!

156 Hans Martin Graeber, Sohn von Pfarrer Lic. Martin Graeber.

Nun etwas Schönes: am kommenden Dienstag habe ich durch Pastor Graeber (!) die Bibelstunde in Werner [Koch]s Gemeinde übertragen bekommen! Als Examensbibelstunde. Ist das nicht schön? Ich bin so froh über diesen Auftrag. Als Text habe ich mir, durch eine Frage, die gerade an dem Tag von Frl. Stokmann einlief, Luk. 22, 35–38, gewählt. Wie das hilft, wenn plötzlich in alle Probleme um das Amt hinein solch ein konkreter Auftrag fällt. Gleichzeitig bekam ich von einem stockreformierten Pfarrer aus Rheidt [sic] den Auftrag einer Bibelfreizeit für junge Mädchen in Dalheim an der holländischen Grenze. „In der Not frißt der Teufel Fliegen" ... kann man da wohl auch sagen. Ich erinnere mich noch einer Pfarrerfreizeit im Auguste Viktoria Heim, wo ein reformierter Pfarrer jedesmal grün wurde, wenn nur das Wort Vikarin fiel und wo derselbe sagte: „ich brauche dringend eine Kraft für meine Jugend – u. Frauenarbeit, aber schicken Sie mir nur keine Vikarin, die schicke ich sofort zurück." Diese Dinge entbehren auch nicht eines guten Teils Humor!

Ist Helmut Gollwitzers Lic. Arbeit fertig? Ich warte auch sehr darauf und hoffe immer, sie bringt mir eine „Rechtfertigung" für meine sehr angreifbare „lutherische" Abendmahllehre im Unterricht unserer lutherischen Gemeinde hier. Mir ist immer schon im voraus Angst, wenn die Zeit dieses Kapitels im Unterricht heran naht. Mein Chef nimmt dann meist in den letzten Stunden vor der Konfirmation die Korrektur meiner „Lehre" vor.

H. T[raub] besteht z.Z. ziemlich ausschließlich aus Examensangst. Er hat mir postwendend auf Ihren Brief hin geschrieben, aber eben, wie ich oben schon schrieb, in guter Haltung der Leitung gegenüber, er sieht es sicher so wie Sie.

Aber nun Schluß. Verzeihen Sie alles Durcheinander. Ich wollte ja eigentlich nur einen kurzen Gruß schicken. Sie brauchen nicht zu antworten, wenn Sie es nicht für nötig halten, doch noch etwas zu tun in unserer Lage.

Haben Sie also nochmals herzlichen Dank. Ihnen und Herrn Prof. Barth herzliche Grüße

von Ihrer Elli Freiling

KBA 98765. 29

Elisabeth Freiling
an Charlotte von Kirschbaum, Brief aus dem Zug von Wuppertal nach Dalheim vom 6. II. 1937

Liebes Fräulein von Kirschbaum.

Auf der Fahrt zu einer Mädchenbibelfreizeit, Text heute nachmittag Luk. 10, 17–20, schnell einen Gruß. Meine Gedanken sind in Berlin. Noch ist nichts endgültig entschieden scheinbar, trotz mancherlei Meldungen u. Anzeichen verschiebt es sich immer wieder um einige Tage. Sind die beiden Verwandten wohl dort oder gewesen oder wird es zu spät sein? Werner [Koch] soll für „nicht länger als ein Jahr" nach Sachsenhausen bei Berlin. Er sollte schon Anfang dieser Woche dorthin abreisen, aber es ist noch nicht geschehen. Von seinen Freunden wissen wir nichts. Frl. Stokmann hat von den Verwandten nichts erfahren können, soviel sie mir mitteilte. W. Rott ist in diesen Tagen bei ihr.

In Barmen wird, wie anderswo, auf mancherlei Linien der Schulkampf geführt. Die Voten, besonders von Seiten der Schulleute, sind nicht immer ganz erfreulich. Es zeugt von erschreckender theologischer Unklarheit auf diesem Gebiet. Es fehlt eine „theologische Ethik"! Kann man mit so hehren Worten einerseits und andrerseits mit so wackeligen Stützen für die Bekenntnisschule kämpfen? Was heißt kirchlich die fortwährende Berufung auf Worte des Führers? Ja, und meine alte Frage, fordert die Taufe wirklich die Bekenntnisschule? Aber vielleicht geschieht auf solchem Wege das Wichtigere: daß bekennende Lehrer und Eltern „geboren" werden.

Das Examen ist am 10. u. 11. März. Ich habe ein sehr schlechtes Gewissen und darüber wird es noch einige Katastrophen vorher (welche sehr heilsam sind!) und vielleicht ja auch am 10. u. 11. März geben (was auch gut für mich sein wird, weniger für meine Eltern!). Wupperfeld ist und bleibt einstweilen verlassen, aber ich habe keine Versuche mehr gemacht, es zu ändern. Nur meinen Vikariatsbericht an Schlingensiepen habe ich ein wenig gepfeffert. H. T[raub] scheint fleißig zu arbeiten in Halle, das gelingt mir nicht. Es ist sicher gut für ihn, daß Sie meinen Eifer gebremst haben!

Gesundheitlich geht es mir gut, darum brauchen Sie keine Sorge zu haben. Nur um meine Faulheit.

Es wird zum Schreiben im Zug zu voll, außerdem sind wir bald in M. Gladbach, da will ich den Brief schnell abschließen, damit Sie morgen Bescheid haben.

Es grüßt Sie herzlich
Ihre Elli Freiling

KBA 98765. 30

Elisabeth Freiling, Postkarte aus Dornap b/Düsseldorf vom 4.3.1937, an Charlotte von Kirschbaum, Basel, St. Albanring 186

Liebes Frl. v. Kirschbaum! Haben Sie herzlichen Dank für Ihr liebes Zeichen des Gedenkens. Es ist mir in die Einsamkeit eines stillen Erholungshauses nachgefolgt, in das ich mich für 8 Tage zurückgezogen habe. Ob H. Gollw[itzer] seinen Lic. schon mit Glanz hinter sich hat? Mein Ex[amen] steht mir allmählich sehr schwarz bevor, weil ich mich bis vor 3 Tagen völlig über die Prüfungsfächer getäuscht habe. Jetzt versuche ich mich in soz[ial] Wiss., Ges[ang]buchkunde, Sektenlehre u.s.w. einzuarbeiten, ein bißchen zu spät! Nun, Schwänze sind heilsam! und ganz werden sie mich nicht durchfallen lassen. Eine „große" Bitte noch! Haben Sie noch solch ein Bild von H. T[raub] wie meines zu Weihn[achten]? Hans Martin Graeber hat am 17. III. Abitur u. H.T. ist „sozusagen" sein 1. innerer Schritt aus der Familie heraus, er würde sich sehr darüber freuen. Oder vielleicht auch ein anderes, kleineres? Ich möchte ihm so gern diese Freude machen. H.T. kommt Montagabend nach Barmen.[157] Nun bis – hinterher! Herzl. Grüße von Ihrer dankbaren E.F.

34

Charlotte von Kirschbaum, Ansichtspostkarte, Basel vom 5.3.1937, an Elisabeth Freiling, Freiligrathstr. 66, W.-Barmen,

Liebes Frl. Freiling! Leider habe ich kein Bild von H.T., ich besitze selbst das Ihnen Gesandte nicht noch einmal, sondern begnüge mich nun mit einer kl. sehr betrübten (aber vielleicht darum sehr guten!) Momentaufnahme!! – Helmut Gollwitzer hat s. Lic. mit summa cum bestanden u. wir hatten 8 außerordentlich schöne u. bewegte Tage mit ihm. – Den anderen Hellmut hoffe ich am 14. in Mü[nchen] zu treffen. Alle Gute zum Examen!! Ich denke daran. – Ihre L. v. K.

Meine Adresse: München, Steinsdorfstr. 3/I

157 Hellmut Traub kommt aus Halle, wo er bei Prof. Wolf Assistent ist, zum 2. theol. Examen nach Wuppertal.

KBA 98765. 31

Elisabeth Freiling
an Käthe Seiffert, Brief vom 25. III. 1937

Liebes Fräulein Seiffert.

Hoffentlich erreicht Sie der Brief noch. Zu einem ordentlichen an Frl. v. K. reicht es nicht mehr, ich will Ihnen dann nur ein paar Mitteilungen mit auf den Weg geben. Dann gibt's auch keine Schwierigkeiten an der Grenze, Gedanken gehen ja glücklicherweise noch zollfrei über die Grenze.

Also 1. Was könnte noch in der Sache von W. Koch getan werden? Gestern war in Angelegenheiten einer Taufe (!) (er hat verwandtschaftliche Beziehungen zu P. Graebers Bezirk!) – Assessor Chantré aus Berlin da.[158] Leider hat nur P. Graeber mit ihm gesprochen und, das muß man schon sagen, er ist nicht raffiniert genug, um das mit Erfolg zu tun. Ich sah Chantré nur flüchtig von der Seite, jedenfalls trägt er eine recht undurchdringliche Maske und auf menschliches Wohlwollen ist nicht zu rechnen. Er sieht geeignet aus, um in einem Lügennetz eine haltbare Masche zu sein. – Das einzig Beachtliche dessen, was er gesagt hat, ist: a) daß er mit 2 Jahren KZ für Werner [Koch] rechne; b) daß Kerrl keine beachtliche Persönlichkeit sei. Mir wird immer deutlicher, inwiefern Herr Traub damals doch recht hatte, als er so sehr auf einen besten Anwalt für Werner drängte. Wer weiß, vielleicht wäre H[ellmut] T[raub] auch noch nicht wieder unter uns, wenn damals nicht soviele Wege versucht worden wären. Wer Assessor Chantré ist, wissen Sie doch? Er hatte die Sache von W. Koch in Berlin zu bearbeiten und die Verhöre, soweit dort noch welche waren, worüber ich nicht genau Bescheid weiß.

[Neben 1. ist am Rand vermerkt:] Zur Ergänzung meiner mündlich gegebenen Mitteilungen.

2. Die Sache mit H.T. Noch kann ich den Zorn darüber nicht ganz herunterschlucken, daß man diese 3 Möglichkeiten (Blöstau, Naumburg, halt auch wohl Elberfeld, eine Regela[?]tenarbeit) nicht für ihn ausgenutzt hat. Es wäre ja mindestens ebenso sehr im Interesse der Kirche gewesen, wie in H. T's Interesse. Es muß nun von unsren ein Versuch gemacht werden. Er kann sich nicht für sich selbst einsetzen, es muß andrerseits von Leuten geschehen, deren Urteil Gewicht hat, also Wolf u. Basel. Wolf muß, soweit

158 Assessor Chantré, der traditionelle kirchliche Beziehungen hatte, war ein berühmt-berüchtigter hoher Gestapobeamter, der die Untersuchungen in Sachen „Denkschrift" leitete und vor allem daran interessiert war, auf welchen Wegen der Text der Denkschrift ins Ausland gelangt war.

ich ihn durch H. T. kenne, ein wenig gestoßen werden, um recht zu laufen. P. Graeber hat heute morgen mit Schl[ingensiepen] gesprochen, man will ihn im Rheinland anstellen an einer Gemeinde, wenn sich keine Lehrmöglichkeit findet. Ist an der Berliner Hochschule über Asmussen nichts zu erreichen? Wenn ich an Edo Osterloh[159] denke u. ihn mit H. T[raub] vergleiche, muß ich ein wenig lachen ob der Dozentenschaft der BK. Aber dort ahne ich natürlich nicht, wie etwas zu machen wäre. Es darf jedenfalls nicht gewartet werden.

[Neben 2. ist am Rand vermerkt:] Ist wohl durch den Brief von KB an Joschliba[160] als erledigt zu betrachten

3. Ich komme vielleicht Ende April nach Basel und ganz vielleicht, aber das erzählen Sie Frl. v.K. nur mit großen Vorbehalten, mit Frau P. Graeber zusammen! Erkundigen Sie sich doch bitte einmal, ob das noch mit Grenzschein für 3 Tage geht, oder ob man einen Auslandspaß haben muß. Den haben wir beide nämlich noch nicht.

[Neben 3. Ist am Rand vermerkt:] Dazu bitte kurze Nachricht an E. Fr.

Meine Anstellung als Synodalvikarin bei P. Graeber mit 130.– M Gehalt (brutto) ist so gut wie fest.[161] Ich freue mich „schrecklich" darüber. – Frl. Stokmann arbeitet in der Buchführung der Molkerei ihres Vaters. Von den 2 Jahren weiß sie nichts, ich schreibe ihr davon auch nichts. Die Sache von Weissler liegt noch schwer genug auf ihr.

Gestern abend hat Dibelius[162] in Elberfeld vor etwa 2500 Zuhörern gesprochen, heute abend in Gemarke u. Wupperfeld zusammen mit Niemöller. Die Abiturientenfreizeit von [der] BK aus [sic] (Specht,[163] Redner: Niemöller,

159 Edo Osterloh (1909–1964), Studium der Theologie, erst DC, dann Mitglied der BK, 1934 Assistent Theol. Schule Bethel, 1935 Dozent KiHo Berlin, zugleich Studentenpfarrer der BK, 1937 Mitarbeit am Theol. Lehramt der BK Berlin-Brandenburg, 1940–1945 Kriegsdienst und Gefangenschaft, 1941 Pfarrer in Holle, 1947 Oberkirchenrat in Oldenburg, 1952 CDU, 1953 Ministerialrat, 1956 Kultusminister in Schleswig-Holstein.

160 Joschliba = Johannes Schlingensiepen/Barmen.

161 Elisabeth Freiling hat ebenso wie Hellmut Traub Anfang März das 2. theol. Examen bestanden.

162 Otto Dibelius (1880–1967), 1899–1904 Studium der Theologie in Berlin, 1902 Dr.phil. Gießen, 1906 Lic. theol. Berlin, 1925 Generalsuperintendent der Kurmark, 1933 vorzeitige Ruhestandsversetzung, Mitarbeit in der BK, 1937 Verhaftung, Prozess, Freispruch, aber Redeverbot, Mitarbeit beim Einigungswerk Wurm, 1945–1966 Bischof von Berlin-Brandenburg, 1949 -1961 Ratsvorsitzender der EKD.

163 Hans Specht (1908–1994), Studium der Theologie, Herbst 1932 1. theol. Examen Konsistoirum, Frühjahr 1935 2. theol. Examen BK Rheinland, Hilfsprediger in Barmen-Gemarke, Landeswart der rhein. Schülerbibelkreise, Kriegsdienst, 1945 – em. 1974 Pfarrer in Gemarke.

Busch – Essen[164], Thielicke – Heidelberg[165], Brandt – Dortmund[166], H.W. Wolff – Münster[167], Dipl.ing. Gerstein – Hagen[168]) ist auf dem Missionshaus verboten worden, wird aber an anderem Ort durchgehalten! – Dies nur als Zeichen der Zeit.

So, nun schnell Schluß. Heutemorgen kam ein Gruß von Frl. v. K. aus London, heute fahren sie nach Paris. Ich wünsche Ihnen von Herzen ein paar erholsame Tage, und ein recht tröstliches und helfendes Zusammensein mit Frl. v. K., damit sie die schwere Arbeit nachher wieder frischer aufnehmen können. Ich denke richtig mit Freude an Ihren Arbeitsraum in der Feldstr. zurück, den ich mir so konkret jetzt vorstellen kann. So gewinnt selbst ein Kirchenbüro Anziehungskraft!

Es grüßt Sie herzlich

Ihre Elli Freiling.

Und grüßen Sie Frl. v. K. und den Meister in herzlicher Dankbarkeit von mir, und erzählen Sie, was Sie für nötig halten. H. T[raub] ist z.Z. für 3 Tage mit Hans Martin Graeber nach Wahlrod, wird über Ostern hier bleiben u. hier die Osterpredigt am 1. Feiertag halten.

164 Wilhelm Busch (1897–1966), 1924 – em. 1962 Jugendpfarrer in Essen, BK, mehrfach verhaftet, Reichsredeverbot.

165 Helmut Thielicke (1908–1986), Studium der Theologie und Philosophie, 1932 Dr. phil., 1934 Lic. theol., 1936 Habilitation in Erlangen, bis 1940 Lehrstuhlvertretung in Heidelberg, wegen BK-Engagement Amtsenthebung, Redeverbot, 1941 Pfarrverweser in Ravensburg, 1945 oProf. Tübingen, 1954 – em. 1975 Hamburg, Ehrenpromotionen.

166 Theodor Brandt (1890–1981), Lic. theol., Pfarrer in Dortmund.

167 Hans-Walter Wolff (1911–1993), Herbst 1935 1. theol. Examen BK Rheinland, Vikar in Münster, Studentenseelsorger KiHo Wuppertal, Frühjahr 1938 2. theol. Examen BK Rheinland. Kriegsdienst, 1946–1949 Pfarrer in Solingen, 1952–1959 Professor für Altes Testament KiHo Wuppertal, 1959–1967 in Mainz, 1967 – em. 1978 in Heidelberg.

168 Kurt Gerstein (1905–1945), 1931 Dipl.-Ingenieur, engagierte sich im CVJM, 1933 Mitglied der NSDAP, protestierte gegen die Auflösung der ev. Jugendverbände, BK. 1935 Bergassessor, 1936 Entlassung aus dem Staatsdienst und aus der NSDAP, mehrfach verhaftet, 1941 Waffen-SS, SS-Hygiene-Institut, Chef der Abteilung Gesundheitstechnik, Obersturmbannführer, 1942 Beteiligung an der Beschaffung des Giftgases Zyklon B für die Massenmorde in den Vernichtungslagern, Augenzeuge der Morde (Gerstein-Bericht), Unterrichtung führender Geistlicher der BK und der Kath. Kirche. 1945 in französischer Gefangenschaft, Anklage wegen Kriegsverbrechen und Mord. Wahrscheinlich Suizid.

35

Charlotte von Kirschbaum, Ansichtskarte aus Paris vom 28.3.1937, an Elisabeth Freiling, W.-Barmen, Freiligrathstr. 66

Liebes Frl. Freiling! Einen Gruß von dieser schönen Reise sollen Sie doch haben. Und ein herzliches Gedenken zum bestandenen Examen!- Wir haben eine [unleserlich] Welt gesehen in diesen Tagen u. auch einen Ausschnitt aus der Kirche, der in s[einer] anglikanischen Färbung K.B. als den gefährlichsten Gegner (!) anschaute. Morgen geht es heim. Herzlichst Ihre L. v. K. auch: Karl Barth mit allen guten Wünschen und Grüßen![169]

KBA 98765. 32

Elisabeth Freiling
an Charlotte von Kirschbaum, Brief aus W.-Barmen vom 8. IV. 1937.

Liebes Fräulein von Kirschbaum.

Die Frühlingsreise soll nun wirklich wahr werden, meine Eltern und Schwester rüsten sich schon auf den Schwarzwald, wo wir etwa 10 Tage zusammen auf dem Kniebis sein werden, und meine Gedanken beschäftigt am stärksten der Abstecher nach Basel. Um meine Pläne etwas zu klären, möchte ich Sie noch schnell einiges fragen.

1. Wann ist es am geschicktesten, um möglichst viel vom „Meister“ (Vorlesungen? Vorträge? Predigt?) mitzubekommen: um den 18. April herum oder um den 2. Mai? Je nachdem würde ich vor oder nach dem Aufenthalt im Schwarzwald kommen.

2. Wo ist es gut, daß ich wohne? Haben Sie es, wenn Sie mir manchmal schrieben, ich solle Basel mal besuchen, so gemeint, daß ich bei Barths wohnen könnte? Ich brauche Ihnen nicht zu schreiben, daß ich das gern täte!

169 Karl Barth und Charlotte von Kirschbaum machten in Paris Zwischenstation auf ihrer Rückreise von Schottland, wo Barth an der Universität Aberdeen zehn Vorlesungen über das Schottische Bekenntnis von 1560 gehalten hatte. In Paris traf er seinen Freund Maury wieder, mit dem er neben seinen theologischen Gesprächen über eine evt. Gründung einer internationalen Zeitschrift „Doctrina“ die französische Küche genoss. Wie er in einem Brief an Ernst Wolf schrieb, bezeichnete er diese Küche als eine „vernichtende Widerlegung des Materialismus“, weil da „Kalb, Krebse, Pilze usw. in einer geistigen Durchdringung auf den Plan treten, von der man in allen anderen Ländern keine Ahnung hat“ (zit. Busch, Karl Barths Lebenslauf, S. 294).

Aber – darf ich das? Ich bin ein so langweiliger und armer Gast, ich bringe keinen Geist, kein Wissen, keine Theologie, noch nicht einmal ein bißchen angenehme Menschlichkeit mit, und das bedrückt mich schon in dem Kreise, in dem ich täglich stehe, oft so sehr (zumal jetzt, wo H. T[raub] da ist!) und wird mich in Ihrem Hause noch mehr bedrücken und stumm machen. Davor habe ich Angst. Und denke deshalb, ich sähe Sie und Herrn Professor und das Haus nur etwas mehr von weitem, mit einer gelegentlichen kurzen Begegnung. Verstehen Sie das? – Nur eines müßten Sie mir dabei helfen; man darf ja nur 10.– M mit herüber nehmen, und ich brauchte natürlich dann mehr, aber das ließe sich sicher irgendwie regeln.

3. Durch den ja leider zu spät gekommenen Brief an Frl. Seiffert haben Sie vielleicht gehört, daß ich leise einmal glaubte, Frau Pastor Graeber „mitzunehmen", um ihr eine Freude zu verschaffen. Es ist noch nicht entschieden. Aber wenn sie es täte, dürfte und könnte sie dann vielleicht in Ihrem Hause Gast ein? Sie ist sicher ein angenehmer Gast und würde soviel davon haben. Es geht ihr gut, recht gut, kann man nur sagen. Gestern abend hat sie es zum 1. Mal gewagt, selbst zu sprechen, zu „verkündigen", wenn wir das große Wort für unser schwaches Stottern immer wieder gebrauchen dürfen, in unserm neu gegründeten Jungmütterkreis hat sie gesprochen über: Wie lehre ich mein Kind beten? Und sie hat es sicher gut gemacht, viel besser als ich jedenfalls. Und war sehr froh. Ich bin auch so froh darüber.

Haben Sie auch herzlichen Dank für Ihre Karte aus Paris und den Gruß des „Meisters" darauf. Wie ist er so freundlich. Ich danke Ihnen und Herrn Professor herzlich dafür. Grüßen Sie auch bitte Frau Professor herzlich.

Und ich freue mich so sehr auf das Wiedersehen!

Ihre dankbare

Elli Freiling

H.T[raub] läßt Sie herzlich grüßen.

36

Charlotte von Kirschbaum
an Elisabeth Freiling, Brief aus Basel vom 10.4.1937

Liebes Fräulein Freiling!

Heute morgen kam Ihr Brief. Und er eröffnete die schöne Aussicht, Sie bald hier zu haben! Das ist gut. Und selbstverständlich wohnen Sie – trotzdem! –

bei uns, nicht wahr? Wie können Sie das so ansehen, so als ob Sie „mittellos“, wir aber die „Besitzenden“ seien?! So ist es nicht u. ich bin gewiß, wenn Sie dann einmal zurückblicken auf diese Tage des Hierseins, dann werden Sie lachen, wie unnötig Ihre Sorge war. – Ich rate Ihnen den 2. Mai mehr als den 18. April, weil das Semester erst am 21. beginnt. Und von uns aus gesehen, d.h. vom Hause aus, geht es dann ebenso gut.

Und nun das Andre. Und das macht nun mir etwas Sorge (!): Frau Pfr. Graeber. Dieser Gast würde – das liegt in der Natur der Dinge – in besonderer Weise auf Frau B. angewiesen sein. Und umgekehrt würde Frau B. diesen Gast gewiß mit einigem inneren u. äußeren Aufwand umsorgen. Und das läßt mich zögern. – Sie ist im Moment verreist, ich kann es darum nicht mit ihr besprechen. Ich bin aber der Meinung, daß es hier um einen Plan geht, für dessen Gelingen ich nicht zustehen kann. – Nun muß ich Sie fragen: Nicht wahr, Sie verstehen das? Und Sie verstehen auch, daß ich nicht einfach abraten möchte, sondern daß ich Ihnen nur das Problem aufzeigen kann u. auch das nur in seinem äußersten Umriß. Sie werden in dieser Hinsicht gar keine Belastung sein u. so selbstverständlich zu unserem Arbeitsbereich (seinem u. meinem) zählen, daß alle Fragen, die sich in dem anderen Falle stellen, bei Ihnen gegenstandslos sind. – Es tut mir so leid, daß ich nicht auch für Frau Pfarrer einfach freudig zuraten kann. Aber ich kann es nicht. –

Heute hat uns Frau Dr. Schlomka wieder verlassen.[170] Ihr Besuch hat Bonn nahe gebracht und damit vieles Andre. –

Grüßen Sie Hellmut [Traub]. Der Brief soll fort, darum wird er so kurz. Und das Reden wird besser sein.

Herzlichst

Ihre

Ch. v. Kirschbaum

K.B. läßt Sie grüßen und Ihnen sagen, daß er sich freut, wenn Sie kommen!

170 Dr. med. Eleonore Schlomka war eine engagierte Hörerin von Barths Vorlesungen in Bonn und hatte sich 1934 im Absetzungsverfahren gegen Karl Barth zusammen mit ca. 200 Studenten mit ihm solidarisiert. Seitdem war ein enger Kontakt zum Hause Barth entstanden.

KBA 98765. 33

Elisabeth Freiling
an Charlotte von Kirschbaum, Brief vom 15. IV. 1937

Liebes Fräulein von Kirschbaum.

Ich danke Ihnen herzlich für Ihren lieben Brief mit all Ihrer Fürsorge für mich und Frau Pastor. Ich hatte mir diese Probleme nicht überlegt, konnte das ja vielleicht auch nicht so übersehen. Wir haben es nun hier gemeinsam (mit H. T[raub]) bedacht und uns entschlossen, daß ich doch lieber allein komme. Frau Pastor geht es auch eben so gut, und zumal H. T. wohl noch einige Zeit (– es ist noch nichts geschehen, heute morgen werde ich mit Frau Pastor noch einen Sturm auf die Sanderstr.[171] unternehmen, ohne H.T's Wissen natürlich, ich habe allmählich keine Möglichkeit mehr, dies Verhalten zu verstehen, aber darüber dann mündlich, einstweilen muß man vielleicht noch etwas warten, gesagt u. geschrieben ist genug, zuletzt durch H. Gollwitzer. Der am 5. hier war) hier im Hause bleiben wird, mit allerlei Einzelaufträgen von Tag zu Tag beschäftigt, wollen wir nichts erzwingen jetzt; sie bleibt froh und gern hier und wartet auf eine bessere Gelegenheit.

Ich komme dann um den 2. Mai herum, und, auf Ihre Verantwortung (!), zu Ihnen ins Haus. Aber wenn ich da bin, werden Sie meine Bedenken erst verstehen, ich bin auf einem so hoffnungslosen Nullpunkt, ich hoffe nur, die Tage im Schwarzwald, die nun ja vorher liegen, mich noch ein bißchen aufbessern, wenigstens psychologisch, geistig ist für einige Zeit wohl Ebbe. Aber ich will da jetzt nicht jammern und danke Ihnen nur herzlich, daß Sie so freundlich sind. Und freue mich „schrecklich" auf's Kommen.

Am Samstag (17. IV.) fahre ich hier ab, zum Kniebis bei Freudenstadt, vegetarisches Landheim. Bis dahin gibt es noch viel zu tun. Darum schnell Schluß und herzliche Grüße, besonders auch an Frau Professor Barth; ich schreibe ihr dann vom Schwarzwald aus. Und daß Herr Professor Barth sich freut, wenn so ein armer Schlucker kommt, das ist etwas von dem, was seine Theologie am glaubwürdigsten macht (o – weh! Was ist das für eine Theologie – ?!)

Sie sehen, daß ich einige Kollegs nötig habe. Wann liegen Seminare und wann Vorlesungen, damit ich die 3 Tage, die ich kommen kann, günstig lege?

Es grüßt Sie in herzlicher Dankbarkeit

Ihre Elli Freiling

171 Wohnung Schlingensiepen.

37

Charlotte von Kirschbaum
an Elisabeth Freiling, Briefkarte aus Basel vom 22.4.1937

Liebes Fräulein Freiling!

Herzlichen Dank für Ihren Brief. Wir erwarten Sie also in der Woche ab 2. Mai, ev. auch schon zu diesem Sonntag. Damit Sie die Tage selbst gut wählen können, schreibe ich Ihnen den Arbeitsplan dieser Woche:

Mo Dogmatik-Vorlesung

Di " " u. Offener Abend u. 1. Vischer-Vorlesung

Mi 2. Vischer-Vorlesung u. sein (B's) Kolloquium für Nicht-Theologen

Do (Himmelfahrt) Predigt vom B. im Münster

Fr Dogmatik-Vorlesung u. Sozietät.

Also leider – wegen Himmelfahrt – kein Seminar über d. Abendmahlslehre, dafür die Predigt. – Von uns aus sind alle Tage recht u. auch die Zahl gar nicht auf 3 beschränkt. – Hoffentlich ruhen Sie ein wenig aus im Schwarzwald. Der Regen ist ja wohl auch dort am Werk, wenn auch vielleicht nicht so unermüdlich wie hier. – Schreiben Se mir noch Ihre Ankunft, dann kann ich Sie abholen. Wir freuen uns, daß Sie kommen. Ihre L. v. K.

Am So. 2. 5. predigt wohl Vischer, auch das lohnt.

38

Nelly Barth, Postkarte aus Basel vom 30. IV. 1937,
an Elisabeth Freiling, Kniebis bei Freudenstadt (Schwarzwald)

Liebes Fräulein Freiling –

Wir freuen uns richtig! Das Abholen am S. B. B. 20.58 ist viel gemütlicher u. praktischer, weil näher zur Haltestelle Albanring. Aber „Tapferkeit" brauchen Sie hier nicht!! Herzlich Ihre

N. B.

Elisabeth Freiling
An Charlotte von Kirschbaum, Brief vom 25. V. 1937

Liebes Fräulein von Kirschbaum.

Heute bin ich mal „früh“ aufgestanden, damit endlich dieser Brief gelingt. Es sind schon 3 Wochen her, seitdem ich so glücklich bei Ihnen lebte. Vorige Woche war ich zu einer Freizeit auf dem Westerwald (bei Altenkirchen), da blühten die Kastanien so gegen den blauen Himmel wie bei Ihnen und weckten sehnsüchtige Träume (ich hatte die „mütterliche“ Leitung auf einer Jungmädchenfreizeit, deren „geistliche“ Leitung P. Frick – Bonn hatte, ... einmal und nie wieder – !) Soll ich noch einmal zu danken versuchen? Ich möchte es wohl alle Tage, aber ich kann es so schlecht, es ist so leer und klein gegen das, was ich zu danken habe; ich will deshalb lieber andern Leuten davon erzählen als Ihnen, da hat es vielleicht mehr Sinn.

Die 3 Drucksachen sind gut angekommen, haben Sie herzlichen Dank. Die erste, vom 10. Mai, tritt in Onkel Karls Händen ihren großen Weg an.[172] Er (und wer nicht von uns) bittet, so etwas möchte doch öfter kommen, es wäre so wichtig zur Stärkung und ja auch leicht zu machen. Ja, bitte, wir wären alle so froh darüber.

Ich habe auch über die Exegese von Jak. 4, 15 (S. XII) mit ihm gesprochen. Er hält Ihre Auslegung für ungeschickt, es wird von dem „leben“ dann zu viel gesprochen. Er möchte wohl gern, daß nicht viele nun auch noch sich in der Exegese versuchen, sondern er es verantwortlich mit dem ja sehr maßgeblichen Exegeten in M. (ist seine Exegese wohl durch den Brief vom 12. Mai irgendwie verändert worden?) durchführen könnte.[173] Er will es gern tun. Und wo er sich an solche theol. Arbeit begibt, da kann man ihm schon getrost einiges überlassen.

Über die Sache von Pf. V. ist er sehr dankbar und froh.[174] Er denkt auch an seine eigenen Kinder dabei, vielleicht ermutigen Sie ihn noch dazu. Die Möglichkeit ist ja übrigens vielleicht gerade dann nicht mehr gegeben, wenn dem

172 Mit „Onkel Karl“ ist Karl Immer gemeint.

173 Mit dem Exegeten in München könnte Hellmut Traub gemeint sein.

174 Paul Vogt (1900–1984), schweizerischer Pfarrer, übernahm 1936 eine Pfarrstelle in Zürich und zugleich die Leitung des Schweizerischen Evangelischen Hilfswerks für die Bekennende Kirche in Deutschland. Das Hilfswerk führte eine sog. Freiplatzaktion durch, mit der verfolgten Pfarrern und ihren Familien geholfen wurde. Im Pfarrerkalender von Karl Immer findet sich am 8. Mai 1937 der Eintrag: „Schweizerische Kinderhilfe“ (Archiv van Norden). Der jüngste der sieben Kinder von Karl Immer, Udo, war im Sommer 1937 in der Schweiz; 18jährig noch im Jahr 1945 „gefallen“.

Vater etwas passiert. Es wäre deshalb in seinem Sinn richtig, sie vorher auszunützen. Und das war ja wohl von Pfarrer V. so mitgemeint. Erhalten Sie die Nachrichten aus Thüringen jetzt? Ich habe es jedenfalls weitergeleitet.

Am 20. V. habe ich Schwenzels von Altenkirchen aus besucht. Sie sind so freundliche Leute, ich habe mich sehr gefreut, sie nun einmal etwas näher kennenzulernen. Mit dem Urlaubsp[a?]sto[?]r hat es seine großen Schwierigkeiten, die Besetzung der Stelle ist gefährdet, da das Urlaubsgesuch der gewissenhaften Meinung Pf. Schw's entsprechend über das Konsistorium in Wiesbaden laufen muß. Aber sie versuchen, Wege zu finden.

Von Frl. Stokmann soll ich Sie herzlich grüßen, sie ist so dankbar, daß Sie, beide (!), an all dem Geschehen so Anteil nehmen. In nächster Zeit fährt sie nach B[erlin] u. hofft, durch P. Scharf einiges auszurichten, der dort wohl „Bezirkspfarrer" ist.[175] Ich hatte übrigens (nur aus meiner völligen Ausgedörrtheit zu verstehen -) vergessen, daß ich einen direkten Gruß von Werner [Koch] auszurichten hatte, er hatte durch Dita Stokmann von meiner Reise erfahren und ihr das aufgetragen. Auch von P. Lutze (früher Cleinich, jetzt Wuppertal) hatte ich die sehr eifrig aufgetragenen Grüße auszurichten vergessen und ich glaube wohl auch die von Udo Röhrig[176]? und Frl. Hesse[177]? Aus dem betrüblichen und sehr lastenden Stadium der „ausgepreßten Zitrone" bin ich übrigens noch nicht heraus, meine Freundin schrieb mir heute, sie wünsche mir ein halbes Jahr Landarbeit oder dergl. aber – was soll das nützen? Einstweilen scheint mir die Arbeit das bessere Mittel.

H. T[raub] schreibt flüchtige Grüße an Herrn u. Frau Pastor Graeber! aus einem Gedränge von Arbeit. Morgenabend bzw. Donnerstag früh kommt er

175 Kurt Scharf (1902–1990), 1933 Pfarrer in Sachsenhausen, BK, 1935 Vors. des Provinzialbruderrates Brandenburg, Maßregelungen, Haft, 1938 Präses der Bekenntnissynode Brandenburg, 1946–1966 geistl. Leiter der Propstei Brandenburg im Konsistorium Berlin-Brandenburg, 1961–1967 Ratsvorsitzender der EKD, 1966–1976 Bischof von Berlin-Brandenburg (ab 1972 nur noch Westregion), Vors. der Aktion Sühnezeichen. Ehrenpromotionen.

176 Udo Röhrig (1911–1979), Herbst 1934 1. theol. Examen Konsistorium Koblenz, Vikar, Frühjahr 1937 2. theol. Examen BK, Hilfsprediger in Köln, Kriegsdienst, schwere Verwundung, 1943 Hilfsprediger, 1946–1952 Pfarrer in Thalfang, wegen Ehescheidung in den Wartestand versetzt, 1953–1960 Berufsschulpfarrer in Essen, 1960–1967 Ausbildungsleiter für Gewerbe- und Handelsschullehrer am Studienseminar Frankfurt, 1969 – em. 1977 Pfarrer in Kirchberg (van Norden/Schmidt (Hg.), Sie schwammen gegen den Strom, S. 105–107).

177 Margarethe (Grit) Hesse (1911–1979), Älteste der fünf Kinder Hermann Albert Hesses. Sie heiratete den BK-Theologen Harry Weisberg (1911–1971), Herbst 1936 1. theol. Prüfung BK, Frühjahr 1939 2. theol. Prüfung BK, häufig in Haft, 1946–1951 Pfarrer in Gruiten, 1951–1955 in Essen, 1955 – + 1971 in Gelsenkirchen. Das Ehepaar Weisberg war in der außerparlamentarischen Opposition in der BRD aktiv; Margarethe wendete sich 1977 der DKP zu und lehnte alle kirchlichen Kontakte ab (Schreiben Jochanan Hesses an G.v. N. vom 1. 10. 2012).

zur Freizeit, Bibelarbeit über Joh. 5. Irgendwie sind wir z.Z. sehr weit voneinander entfernt, was mir weh tut. Es mag meine Abgespanntheit in den Wochen nach dem Examen, als er hier war, daran schuld sein. Ich verstehe es gut. Aber – es ist schmerzlich, solch ein Stück konkrete Bruderschaft zu entbehren. Sie müßte ja gerade dann tragen, wenn der andere nicht weiter kann und müde ist.

Frau Pfarrer geht es weiter gut, und sie hilft mir auch freundlich. Sie spricht immer von H.T. und all dem Reichtum, den er ihr mitgeteilt hat in den Wochen, als er hier war. Das macht auch müde, ich kann es nun eben nicht so wie er machen. Ich bin nicht „reich", ich bin eben arm. Aber, verzeihen Sie, ich sollte sachlicher sein.

Es ist noch viel zu tun, darum Schluß für heute. Ich schreibe dann von der Freizeit noch manches. Die Legalisierung vom 4. Mai ist schon wieder zurückgenommen. Wie lange wollen die Ausschüsse noch mit sich spielen lassen? Es ist schon menschlich nicht mehr verständlich, wie man das kann.[178] Niesel[179] ist verhaftet, aber das werden Sie wissen. Warum, „wissen" wir nicht.

Es grüßt Sie alle herzlich

Ihre Elli Freiling

178 Nach dem Erlaß „des Führers" vom 15. Februar 1937, eine Kirchenwahl zu einer verfassungsgebenden Generalsynode der DEK durchzuführen, sahen die verschiedenen widerstreitenden Kräfte der BK im Rheinland die Notwendigkeit zusammenzurücken. Der Bruderrat suchte das Gespräch mit Generalsuperintendent D. Stoltenhoff, dem Provinzialkirchenausschuss und auch mit dem Konsistorium. Stoltenhoff selbst trat am 8. März mit einem Aufruf zur Einigkeit an die kirchliche Öffentlichkeit. Als am 20. März eine Verordnung des Kirchenministers praktisch weitgehend die Arbeit der Leitungsorgane bis zur Kirchenwahl lahmlegte, waren alle Gruppen, auch die Kirchenausschüsse, in der Ablehnung einig. Es kam zu Gesprächen zwischen dem Rheinischen Rat (Held, Beckmann), dem Generalsuperintendenten, dem Provinzialkirchenausschuss (Superintendent Dr. Ewald Schmidt/BK) und dem Konsistorium (Konsistorialrat Karl Schomburg/BK). Aber sie scheiterten an dem gegenseitigen unüberwindlichen Misstrauen. Demgegenüber verliefen die Verhandlungen auf der höheren kirchlichen Ebene scheinbar erfolgreicher. Am 4. Mai erzielte die VKL mit dem preußischen Landeskirchenausschuss eine Vereinbarung, in der sich der LKA bereit erklärte, den Maßnahmen der BK hinsichtlich der theologischen Prüfungen, der Verwendung der Kandidaten, der Predigerseminare, der Ordinationen etc. öffentlich-rechtliche Anerkennung zu geben. Diese Vereinbarung allerdings lehnte die Versammlung der preußischen Provinzialkirchenausschüsse am 14. Mai 1937 ab.

179 Wilhelm Niesel (1903–1988), reformierter Theologe, 1930 Lic. theol., 1930–1934 Pfarrer in ref. Elberfeld u. Studieninspektor im ref. Predigerseminar. 1935 – Verhaftung 1940 Dozent KiHo Berlin, 1940 Hilfsprediger Hofkirche Breslau, Verhaftungen, Reichsredeverbot, 1943–1946 Pfarrverweser in Reelkirchen (Lippe), 1946–1968 Pfarrer ref. Schöller u. Doz. KiHo Wuppertal, 1946–1973 Moderator des Ref. Bundes, 1964–1970 Präsident des Ref. Weltbundes.

Den Gruß an Georg Preckel in Bonn habe ich befördert u. hoffe, daß er ihn erhalten hat.

„Teresina“ Tobler hat überall Freude gemacht als konkreter Gruß, wo ich von „Ihnen“ erzählte! Herzl. Dank noch dafür.

Referate der Freizeit sind „Ges[etz] u. Ev[angelium] in der F C“ von Schlink und de Quervain. Die Abgesandten für Oxford sollen ihre Pässe entzogen bekommen haben.[180] Bekommen Sie eigentlich die Bruderschaftsbriefe? – An die Arbeit!

39

Charlotte von Kirschbaum
an Elisabeth Freiling, Briefkarte von 26. V. 1937

Liebes Fräulein Freiling!

Lassen Sie mich Ihnen – die Gelegenheit eines Boten benutzend – nur rasch die nötigsten Antworten geben. Vor allem bezügl. der Exegese von Jak. 4, 15. Es scheint, daß man hier nun auf richtiger Spur ist u. der Arbeitsplan aufs beste angelegt. Es ist wohl ratsam, daß Ihr Karl (!) noch eine Rücksprache hat mit dem maßgeblichen Exegeten in M. um der neuen Erkenntnisse willen, die dieser vertritt. Seine Mitarbeit freilich wird nach wie vor unentbehrlich sein. –

Sodann: s[eine] Kinder sind herzlich willkommen, die Bereitschaft unsrer Freunde hier überwältigend, eine große Zahl von Häusern u. Leuten schließt sich auf. Pfr. Vogt kommt in kurzer Zeit persönlich, erst zu Käthe (die ich als Bezugsperson nenne) u. durch sie zu Karl. Er ist eine menschlich auf jeden Fall ausgezeichnete Gestalt, auch wenn theol. vielleicht Oxfordeinschläge vorhanden. Aber wie er das Ganze macht: sachlich bereit, ohne jede Wichtigtuerei, das ist vertrauensweckend. Und wir sind ihm dankbar, daß er diese Verantwortung so lebendig spürt u. dadurch auch s. Kollegen weckt.[181] – Leider – in Eile – aber

herzlichst Ihrer und aller Sorgen und Plagen gedenkend

Ihre LvK.

Bitte grüßen Sie alle Freunde wieder!

180 Pfarrer Niemöller und Superintendent Albertz (s. Anm. 189).

181 Vogt erinnerte Barth, so schrieb ihm Barth später, „in mehr als einer Hinsicht an … Johann Kaspar Lavater“. Er wurde ihm – obwohl beide „doch vom Schöpfer gewiß etwas verschieden gedachte und veranlagte Geschöpfe“ waren – ein eng verbundener Gefährte (Busch, Karl Barths Lebenslauf, S. 304).

KBA 98765. 35

Elisabeth Freiling
an Charlotte von Kirschbaum, Brief aus W.-Barmen vom 24.VI. 1937

Liebes Fräulein von Kirschbaum.

Der Tag war so vollgepackt, daß es jetzt 22 Uhr geworden ist und ich nicht weiß, ob mein Gang zum Bahnhof noch den gewünschten Erfolg haben wird. Aber wenn der Gruß auch einen Tag später ankommen sollte, Sie wissen es dann noch nachträglich, daß in dem Kreis der Dankbaren, die morgen Ihrer gedenken, auch ich mit drin war und Sie so grüßen möchte. Ihr Bild steht seit einiger Zeit in einem schönen schlichten Wechselrahmen auf meinem Tisch, und ich bin immer so froh und dankbar, wenn ich an Sie denke, daß Sie so freundlich und hilfreich sind, und ich Ihnen schreiben darf.

Von Herrn Eichholz soll ich Sie auch herzlich grüßen, er hat eben unsre Bekenntnisbibelstunde gehalten in Vertretung für P. Graeber, der mit seiner Frau in Ferien gereist ist. Joh. 3, 28–36 war sein Text, zum Johannistag! Um das „ich bin nicht Christus" und die Freude des „Abnehmens" ging es ihm vor allem. Die große Anfechtung der Kirche, daß von den Gut- und Schlechtmeinenden immer wieder die Hilfe von ihr erwartet wird. Ja, wie tröstlich ist dieses Abnehmen-Dürfen im täglichen Versagen. Wenn man doch nur noch ganz anders von sich selbst weg auf Christus hinweisen könnte, wir klammern uns alle immer wieder so sehr aneinander und stehen uns gegenseitig im Wege. Frau Pastor ist so ungetröstet wieder in die Ferien gefahren, daß ich in solchen Zeiten immer wieder Sorge habe, ob sie wirklich auf dem Wege hindurch zu [muss heißen: ge]kommen ist, ob nicht die frühere mehr starre Not in eine nur viel bewegtere Not übergegangen ist. Es ist jetzt meist das Verzagen dem Amt ihres Mannes gegenüber, was sie zur Flucht treiben will. Und es kommt dann oft ein nicht recht in Schranken gehaltenes Messen an H. T[raub] hinzu. Es wäre so bitter, wenn sie nun doch statt nach Christus nach seinem Boten gegriffen hätte und immer wieder dort ihr Vertrauen einsetzte. Und das bedeutet natürlich auch ein leises Verschließen gegen das, was etwa auch ich oder auch andre ihr zu sagen versuchen von dem Trost des Evangeliums. Aber es gilt da nun einfach mit Durchhalten und mit hineingehen in all die Anfechtungen und rufen und bitten, daß das Wort über und unter uns mächtig werde. Aber Sie werden es verstehen, wenn ich mich da immer wieder sehne, auch einmal einen Menschen in „Lebensnähe" neben mir zu haben, der mich stützt und tröstet und mir das Wort auslegt. Ich benutze so viel wie möglich die Gelegenheiten in der großen Stadt, andre predigen zu hören, und begreife es nicht, wie Pfarrer Monat für Monat ohne das auskommen können. Unser jetziger

Hilfsprediger (Hanusch, ich weiß nicht, ob Sie ihn in Bonn kennengelernt haben) ist noch keine sehr klare Hilfe, zudem trägt er selbst schwer an Not in der Familie.[182] So werde ich immer wieder nach Trost gefragt und kann doch nur selbst danach fragen. Und ich denke dann: ja, wenn ein andrer nun an meiner Stelle stünde, der es besser machte, das Wegdeuten auf Christus. – Und weiß doch selbst, daß ich damit wieder „Johannes" nach der Hilfe frage statt Christus.

Karl ist in M[ünchen] gewesen und Sie werden wohl von dort Näheres erfahren.[183] Von Käthe S[eiffert] werden die ersten Schritte organisiert, und ich habe so den ersten Dank und die Freude hier, bei Obendieks[184], erlebt, die diese Hilfe hervorruft. Es ist wirklich tröstlich, daß das Wort so bereite Menschen schafft.

Von der Bruderschaftsfreizeit schicke ich Ihnen mit gleicher Post die Texte der Referate. Die Bibelarbeit von H. T[raub] war sehr gut und ist diesmal gut aufgenommen worden; nicht ohne Widerspruch natürlich, aber doch gehört. Immer noch ist ja auch bei der Exegese seine systematische Stärke und seine – Fülle ein gewisses Hindernis. Aber es war doch nicht zu vergleichen mit jenem „apokalyptischen" Referat. – Der persönliche Austausch war doch viel stärker, als ich erwartet hatte, wenn auch etwas fremder bleibt als früher [sic]. Aber es ist gewiß einfach dies, daß er gemerkt hat, daß ich viel primitiver und leerer bin, als er vielleicht früher merkte und daß das ihn natürlich ferner rückt. Und das muß ja auch so sein. Und doch darf man den andern auch nicht in ein Bild von ihm pressen, was man sich aus der Ferne gemacht hat, sondern einfach gegeneinander offen sein auf der Grundlage der vor und ohne unser Verdienst unter uns geschaffenen und geschenkten Gemeinschaft. Und schließlich ist es ja keinem von uns gleichgültig, ob es einen Menschen mehr oder weniger gibt, und sei er noch so unbedeutend, der Vertrauen zu uns hat und uns um Hilfe bittet. Und so bleibe ich ganz bescheiden und zuversichtlich einstweilen doch irgendwie in H. T[raub]'s Nähe. – Vor einigen Tagen war sein Vater hier in Elberfeld, leider rief er nur an, ich hätte ihn so gern einmal persönlich kennengelernt; die wenigen Sätze, die er so telephonisch sagte, waren so freundlich

182 Wigand Hanusch (1910–1983), Frühjahr 1935 1. theol. Examen BK, Herbst 1937 2. theol. Examen BK, Hilfsprediger in Barmen, 1950 -1953 Schulpfarrer in Barmen, 1953 Pfarrer in luth. Elberfeld, em. 1976.

183 Im Pfarrerkalender von Karl Immer gibt es für den 7. Juni den Eintrag: „Stadtvikar Fürst, München, Petterkoferstr. 8, Lempp, München, Isabellastr. 20". Immer hatte am 8. Mai im Zusammenhang mit seinem Eintrag „Schweizerische Kinderhilfe" geschrieben: „Ich zu Lempp fahren" (Archiv van Norden).

184 Harmannus Obendiek (1894–1954), ref. Theologe, 1931 Lic. theol., 1931–1951 Pfarrer in Barmen-Gemarke, 1935–1941 Dozent KiHo Wuppertal, 1952 Professor ebd., 1944–1951 Vors. Coetus ref. Prediger.

und ermutigend.[185] Er war auf der Durchreise, um Hugenbergs[186] Enkel zu taufen.

Was kirchlich die nächste Zeit bringen wird, – wir erwarten es. Es ist gut, daß unsre einzige Sorge die rechte Verkündigung ist, damit es von daher vorwärtsgeht, das ist der einzige Weg, ohne zu ermüden den fortwährenden Wechsel all der Spannungen auszuhalten. Inzwischen ein wenig Haus- und Gemeindemutter spielen, ist schön, nur daß man's nicht vergessen kann, daß es doch ein schönes Spiel nur ist. Und doch ist man ja auch das, leider, nur von Tag zu Tag, wenn es geschenkt wird.

Ist gleich der Weg recht enge,
so einsam, krumm und schlecht
der Dornen in die Menge
und manches Kreuze trägt:
es ist doch nur ein Weg –
laß sein! Wir gehen weiter
und folgen unserm Leiter
und brechen durchs Geheg.

Ich hab den Vers lieb gewonnen in letzter Zeit, den Schluß hätte ich anders gesagt: wir werden irgendwie, gut, durchgetragen. Das ist so tröstlich, lassen Sie mich damit schließen und Sie grüßen

Ihre Elli Freiling

Ihren Brief aus Fr. habe ich erhalten. Herzlichen Dank! Herzlich Grüße bitte auch an Herrn und Frau Professor.

185 Gottfried Traub (1869–1956), 1897 Lic. theol., 1901–1913 Pfarrer in Dortmund, 1904/05 Engagement für die streikenden Arbeiter im Ruhrgebiet und für den liberalen Pfarrer Carl Jatho in Köln. Disziplinarverfahren und 1912 Entlassung aus dem Dienst. 1914–1934 Herausgeber der Zeitschrift „Eiserne Blätter", Sympathisant der Deutschen Vaterlandspartei, 1918 Mitgl. der DNVP. 1920 Teilnahme am Kapp-Putsch als Informationschef. Westfälischer Vertrauensmann des „Vereins für Christliche Freiheit".

186 Alfred Hugenberg (1865–1951), Dr. phil., 1918–1933 Mitglied und seit 1928 Vors. der nationalistischen und antisemitischen DNVP, deren Ziele – die Beseitigung der Weimarer Demokratie und Wiedereinführung der Monarchie – er mit seinem Medienkonzern engagiert unterstützte. Mit der Propaganda seines Konzerns, der die Hälfte der deutschen Presse kontrollierte, förderte er als einer der bedeutendsten Wegbereiter den Aufstieg der NSDAP. 1933 ging seine Partei eine Koalition mit der NSDAP ein, die die Machtergreifung des Nationalsozialismus ermöglichte. Hindenburg ernannte ihn am 30. Januar 1933 zum Minister für Wirtschaft, Landwirtschaft und Ernährung im Kabinett Hitlers. Bereits am 26. Juni 1933 trat er zurück, als ihm klar wurde, dass die Nationalsozialisten seine DNVP nicht mehr brauchten, und die DNVP sich auflöste. Er blieb jedoch bis 1945 MdR. 1946–1951 in britischer Haft. Die Entnazifizierung stufte ihn 1948 in die Kategorie III (Minderbelasteter), 1949 in die Kategorie IV (Mitläufer) und 1950 in die Kategorie V (Entlasteter) ein.

40

Charlotte von Kirschbaum
an Elisabeth Freiling, Brief aus Bergli-Oberrieden/Kr. Zürich vom 14.8.1937

Liebes Fräulein Freiling!

Es ist unwahrscheinlich lange her, daß ich Ihnen das letzte Mal schrieb. Und nun habe ich Ihren Brief, den letzten, der noch keine Antwort hat, in der Schublade in Ba[sel] liegen lassen und nicht, wie ich wollte, in die Ferien hierher mitgenommen. – Ja, wir sind wieder hier auf dem Bergli, seit Anfang August u. ruhen aus von dem unruhigen Semester u. dem Basler Leben. Der Wald, der weite Himmel, die grünen Matten u. der blaue Zürichsee, das Alles umgibt uns nun wieder, wie jeden Sommer seit 12 Jahren. Alles ist sehr gleich geblieben, nur die Kinder, die damals noch ganz klein waren, sind nun selber in langen Röcken u. schwesterlich nachgewachsen. Viele Freunde von Daheim waren schon an diesem Ort – einmal sollten Sie es auch sein! – u. Einige von ihnen gehören so unlöslich zu dieser Landschaft, daß sie ständig gegenwärtig sind. Am meisten Hellmut [Traub]. Hier war vor 2 Jahren die böse Botschaft gekommen u. hier hat sie uns vor 8 Tg. wieder erreicht, der Form nach so ähnlich u. der Sache nach so ganz anders. Er schrieb einige Zeilen „5 Min. vor 12^{00}“, wie er darin sagt u. die waren so ruhig u. gut u. freudig, daß ich nicht anders als getrost an ihn denken kann. Von der Verzweiflung des August 1935 ist nichts darin u. das hat ja auch seinen guten Grund. Ernst [Wolf] schreibt, er habe s. Bücher u. es gehe ihm nicht schlecht. Er ist noch in Fü[rstenwalde].[187] – Aber vielleicht wissen Sie das Alles sogar in größerer Nähe. Ich hoffe sehr, es gehe nicht zu lange. Und denke mit Besorgnis an die Anderen, die nun schon wochenlang warten.[188] –

Wie geht es Ihnen? Und Ihren Hauseltern? Daß ich so lange nicht schrieb, das war darum, weil ich meine Kraft sehr zusammenhalten mußte in diesen letzten Monaten. Sie wollte immer wieder ausgehen unter dem häuslichen Druck u. den vielen erregenden Nachrichten von zu Hause. Sie hörten wohl, daß Emmy, die Sie ja bei uns noch trafen, vorübergehend auch in Mitleidenschaft gezogen war u. noch nicht abzusehen ist, wie das enden wird. Ich bin darum in Sorge, weil ihre Lunge immer noch der Schonung bedarf. Sie selbst ist sehr getrost. –

Der Druck unsres Buches hält uns jetzt sehr in Atem u, geht rüstig voran. – Zudem will ich die Laienabende, von denen Sie ja einen miterlebten, in die-

187 Vgl. Anm. 104.
188 Mit den „Andern“ meint sie vermutlich Dr. Weißler, Tillich und Koch.

sen Ferien ausarbeiten. – Nächste Woche hoffen wir auf den Besuch von Ernst [Wolf]. – Lili Si[mon] aus Bukarest war da, fährt jetzt über Bremen nach Berlin u. will versuchen, Hellmut [Traub] zu sehen, um ihm Grüße zu bringen. Sie hat eine schwere aber schöne Arbeit dort in der Missionsschule. In diesen östlichen Gegenden ist die Verwirrung der Kirchen so groß, daß die Mission völlig in der Luft hängt u. Lili sich bis heute nicht entschließen konnte, sich der deutschen oder engl. Gemeinde einzugliedern. Wie sollte es aber schon anders sein, wenn das Ergebnis einer verantwortlichen Kirchenzusammenkunft, wie es Oxf[ord] doch sein wollte, so kläglich ausfallen mußte? Erst der deutsche Widerspruch hat etwas Salz in diese Geschichte gebracht. Im übrigen waren es lauter belanglose Allgemeinheiten, die da „verarbeitet“ wurden. Wir waren sehr betrübt darüber, bes[onders] weil alle Freunde aus allen Ländern dort waren u. es anscheinend nicht vermochten, wirkungsvoll zu widersprechen.[189] – Was hört man von Werner [Koch]? Haben sich seine Hoffnungen nicht erfüllt hinsichtlich der Sommerkleidung[190]? – Käthe Seif[fert] war in den letzten Julitagen noch bei uns. Da haben wir Manches gehört. – Wenn Sie Georg Eichholz sehen, so grüßen Sie ihn bitte von uns. Daß Günther [Schwenzel] aus dem Westerwald an einer Entzündung des Zentralnervensystems erkrankt ist u. in der Klinik in Marburg liegt, haben Sie wohl gehört. Seine Frau schreibt nicht selten u. hofft, daß er nun, nach ziemlich gewalttätigen Fieberkurven, bald entlassen wird.

Es tut mir so leid, daß in Ihrem letzten Brief Ihre Mitteilungen über den Gesundheitszustand von Frau Gr[aeber] etwas betrübt klingen. Ob sich das inzwischen geändert hat? – Sie sehen, es ist nötig, daß Sie einmal wieder schreiben.

Es grüßt Sie, herzlich,

Ihre L. v. K.

Wir sind wohl sicher noch 4 Wo[c]h[en] hier. Anfang Sept. muß er nach Frankreich u. Ende nach Schottland.[191] Er läßt Sie grüßen.

189 An der Oekumenischen Kirchenkonferenz in Oxford nahm Barth nicht teil, weil er von ihr neben freundlichen Gesprächen nur Kompromisse erwartete (Busch, Karl Barths Lebenslauf, S. 295). Den von der BK benannten Delegierten Niemöller und Albertz nahm die Gestapo Ende Mai die Pässe ab. Aus Deutschland nahmen nur Repräsentanten deutscher Freikirchen teil, der methodistische Bischof Melle, der baptistische Prediger P. Schmidt und der Altkatholik R. Keussen. Barth sprach in seinem Brief an Visser't Hooft vom 27. 7. 1937 von der „Limonade der Oxforder Erklärung“: Die Versammlung hatte lediglich die Abwesenheit der DEK beklagt, ohne die Gründe dafür klar zu benennen (Brief Barths an Visser't Hooft vom 27. 7. 1937 und vom 18. 8. 1937, in: Briefwechsel Barth – Visser't Hooft, S. 60 und S. 65 ff.).

190 Werner Koch kam erst am 2. Dezember 1938 frei.

191 In Frankreich, in der Ardéche, behandelt Barth mit französischen Pfarrern die Confessio Gallicana. In Schottland nimmt er in St. Andrews die Ehrendoktorwürde der Jurisprudenz entgegen (Busch, Karl Barths Lebenslauf, S. 294).

41

Charlotte von Kirschbaum, Postkarte aus Oberried,
an Elisabeth Freiling bei Hellmann, Malchow auf Poel, Post Kirchdorf/Meckl., vom 17.8.1937

Liebes Fräulein Freiling! Ob unsre Briefe sich gekreuzt hatten? Dies ist nicht ersichtlich u. ich würde fast meinen, nein. Inzwischen haben Sie aus dem meinen ersehen können, daß es Hellmut [Traub] gut geht. Und ein langer Brief von ihm, der inzwischen über Halle hierher kam, bestätigt das neuerdings. Es ist ein so guter u. froher Brief, daß ich mich wirklich freue mit ihm, daß er nun das Gleiche noch einmal <u>so</u> erleben darf, so in der Verbundenheit mit den Brüdern. Es wird ihn vielleicht – dies unter uns beiden – auch befreien von all den noch aus dem Sommer 1935 mitgeschleppten Angstkomplexen. So wollen auch wir nicht Angst haben. Ich glaube nicht, daß die alten Dinge aufgerührt werden. Wir lasen aber heute eine Nachricht, die auf eine allgemeine Änderung des Kurses schließen läßt. Und das betrifft ja dann sicher sehr bald auch ihn. Morgen kommt Ernst [Wolf]. Wenn er Wichtiges u. Neues über H.'s Befinden bringt, so schreibe ich Ihnen. –

Inzwischen herzliche Grüße! Haben Sie ein wenig Ferien vor sich? Das wäre gut. Dank für Ihre Zeilen u. Frl. Stockmanns Gruß! Ihr LvK

KBA 98765. 36

Elisabeth Freiling
an Charlotte von Kirschbaum, Brief von W.-Barmen, Freiligrathstr. 66, vom 8. IX. 1937

Liebes Fräulein von Kirschbaum.

Endlich kommt der Brief an Sie dran, ich freue mich schon lange darauf, aber die 4 Wochen Ferien von Ort zu Ort haben es nicht „zugelassen", und jetzt die ersten Tage hier auch nicht. Ich danke Ihnen herzlich für Ihren Brief und die Karte, die mir beide auf mancherlei Umwegen nacheilten, vor allem für die Nachrichten über H. T[raub], für die Sie allein sorgten. Es ist ja schade, daß solches Wissen immer erst den Umweg über die Schweiz nehmen muß jetzt, ich gewöhne mich noch schlecht daran, daß der direkte Weg zwischen ihm und mir so verschlossen scheint, aber es ist auch sehr schön, daß ich dann alles in der helfenden Weise von Ihnen erfahre und damit zugleich die Verbindung zu Ihnen bleibt, die ja doch in diesem Mittelsobjekt auch ihren Ursprung sehr stark hat!

Ich war ja so froh, daß es nun so hat sein dürfen, manche Bekannten haben gefragt und man hat so fröhlich antworten können, es ist ja solch ein Geschehen dann immer richtige Stärkung der Gemeinde.

Sehr leid taten mir Ihre betrüblichen Nachrichten von Wahlrod[192] u. Emmi L, ich wußte von beiden nichts, habe auch über Emmi L. bis jetzt noch nichts, und über Wahlrod nur flüchtig Näheres erfahren können. Daß es überall so dunkel durchgehen muß, man hat so Sehnsucht manchmal [nach] ein paar fröhlichen Winkeln auf der Welt.

Meine Reise war so wunderschön. Ganze 4 Wochen durfte ich weg sein, habe auch in der ganzen Zeit nichts gearbeitet, meist war ich mit dem Rad unterwegs, nur wenig habe ich die Eisenbahn benutzt und bin so von Barmen nach Emlichheim, Hamburg, Lübeck!, Wismar, Insel Poel (wo meine Schwester jetzt frisch, mit dem Gesundheitszeugnis! eine sehr fröhliche Hauslehrerinnenstelle auf einem Gut bei freundlichen Menschen hat, ein Kind, Mädchen 12 Jahre, ganz zu unterrichten und 2 jüngere zu „erziehen"), dann zurück über Hamburg, Cuxhaven, Bremen, Minden, Oeynhausen, Bielefeld, Bethel, Lippstadt (in den Tagen der Synode, ohne es zu wissen!), Soest, Barmen. Gelt, ein ganz anständiger Bogen durch Deutschland! Und zwischendurch dann noch ein paar Tage in Holland. Es hat mich sehr ausgeruht und frisch gemacht, trotz oder auch gerade durch die kräftigen körperlichen Anstrengungen; einen Teil der Fahrt habe ich mit Margret Graeber zusammen gemacht, den übrigen allein. Ich hatte so richtig Sehnsucht nach einer ordentlichen körperlichen Leistung (einmal 160 km an einem Tag –!) und habe dabei noch 4 Pfd. zugenommen! Der weite norddeutsche Himmel und das Meer, die waren so wohltuend. Und all die vielen schönen Einzelerlebnisse. Das schiebt einmal den engen Horizont der Barmer Nöte so zurück. In Emlichheim habe ich mit Frl. Stokmann, die tapfer und gut arbeitet, in der Heide gelegen und H. T[raub]'s Jona Vorlesung gelesen, das war schön. Frl. Stokmann ist innerlich sehr einsam dort, die Eltern gehen ziemlich ausschließlich in der Sorge um sie auf und können ihr kaum helfen, es von einer letzten Getröstetheit her zu tragen. So wird ihre rührende Liebe manchmal zu einer recht aufreibenden Belastung. P. Tuente, der ihr bisher treu zur Seite gestanden hat, beabsichtigt, einen Ruf nach Hannover, der ihm sehr dringend gemacht wird, anzunehmen. Das wird für Dita ein großer Verlust sein. In Werner [Koch]s Sache hat sich, trotz einer Revision Mitte Juli, nichts geändert. Seine Briefe sind erschreckend leer, aber die Schrift ruhig und klar. Aber es ist ja auch eine besondere Gabe, wenn man in dieser Lage andere als leere Briefe schreiben kann. –

In Bethel habe ich Maria Teichler, geb. Trittelvitz! besucht, sie ist mit ihren 2 Kindern, das 3. in diesen Tagen erwartend, bis Januar in Urlaub hier,

192 E. Freiling meint die Nachricht über Pfarrer Schwenzels Erkrankung (S. 136).

wird dann, nicht mehr im Auftrag der Mission, sondern angestellt von einer Reihe von Pflanzern, wieder in das Tanganyika Territory zurückkehren. Sie hat schwere Jahre hinter sich, abgesehen von den körperlichen Strapazen der Auseinandersetzung mit den mancherlei „Menschlichkeiten" des Missionslebens da draußen. So schwer es ihr als echtem Bethelkind fällt, nicht mehr in der direkten Bindung an die Mission hinauszugehen, so froh ist sie doch andrerseits um die größere Selbständigkeit, in der sie nun mit ihrem Mann wird arbeiten können. Sie ist ja eine tapfere, tüchtige kleine Frau

Ja, und nun darf ich Ihnen noch ein wenig von hier erzählen, ich danke Ihnen dafür, daß ich es darf. Ich wünschte nur immer, Sie könnten mal eine Zeit lang hier sein, um mir und dem Hause an Ort und Stelle zurecht zu helfen. Die Rückkehr ist mir wieder so schwer geworden. Ich fand Frau Pastor in rechter Dunkelheit vor. Es gibt dann Tage, wo ich in der Gefahr bin, mich ganz zu verschließen, weil es so aussichtslos scheint, oder menschlich gesprochen wohl ist. Es ist mir einmal früher mit einer Freundin so gegangen, für die ich, ja, nach Künkel müßte man wohl so etwas wie ein Leitbild sagen, war; da war es mir oft körperlich unerträglich, mit ihr zusammen zu sein. So geht es mir jetzt manchmal, daß ich mich mit allen Worten der Schrift wappnen muß, um wieder freundlich sein zu können. Und sie bietet mir ja fortwährend ihre ganze Liebe an. Es ist so undankbar und unfreundlich von mir, und ich kann es doch oft nicht. In solche Lage hinein kam neulich H. T[raub]'s Monatsgruß, der war wie für mich geschrieben, der zum 1. Sept. Sie haben ihn wohl in Erinnerung. Und dann bittet sie um gemeinsames Lesen der Schrift. Das ist ja so gut, und doch ist es so zu zweien so furchtbar von all dem Persönlichen belastet, daß ich mich immer wieder davor fürchte und oft drücke. Unsere (sehr tüchtige und verstehende) Gemeindeschwester sagte mir vorgestern: Es geht unaufhaltsam einem dunklen Punkte zu, wir können nichts daran ändern. Das sagt und sieht Frau Pastor auch, aber mein ganzer Kampf ging ja von Anfang an dagegen, ich sagte, nein, das muß es nicht. Es ist eine Frage des Glaubens. Es ist kein Grund zu dieser uferlosen Angst. Und doch steht auch vor mir immer wieder das Gespenst dieses „unaufhaltsamen" Weges der Schlafmittel. Und eine erschreckende Willenlosigkeit hemmt jeden Versuch der Hilfe. Und ihre Liebe wechselt mit grenzenlosem Mißtrauen, in dem sie mir dann Vorwürfe macht, die auf gewohnlichem Wege jedes Vertrauensverhältnis miteinander endgültig aufheben würden: ich beeinflusse die Kinder gegen sie u. dergl. Ach, ich schreibe Ihnen das alles, weil Sie so gut verstehen, und so zu helfen wissen. Die Gemeindeschwester sagt mir, und das merke ich ja auch selbst so, daß ich meine Arbeitskraft nicht darin verzehren lassen darf. Ich habe sehr viel an Spannkraft u. Leistungsfähigkeit verloren. Es ist ja kein Wunder, mein erster Gedanke des Morgens und der letzte des Abends ist Frau Pastor, und das ist nicht fördernd. – Es hat mir schon geholfen, daß ich langsam einsah, daß meine Arbeit hier nicht „für immer" sein muß, d.h. also einfach, daß ich die Augen wieder offen halte, wenn sich irgendwo ein neuer Weg zeigt. Mehr nicht. Ich will nicht eigenwillig „fliegen", aber vielleicht darf ich ja doch noch einmal wieder an andrer Stelle anfangen. Es ist so treulos, wenn man eigenmächtig daran denkt. Aber – es kann ja auch einmal eine solche „Führung" kommen. – H.T. wird Frau Pastors Lage vielleicht anders beurteilen. Ich habe es ja auch getan, und möchte auch das Urteil unserer Gemeindeschwester nicht so annehmen. Sie war in der Zeit, als H.T. hier war, ja so ganz anders. Aber eben daß das so an seine Person gebunden ist, das ist ja das Bedenkliche. Ohne ihn ist ihr die Bibel verschlossen, und von da aus wieder alles in der alten Dunkelheit. – Nun genug davon. Ich muß an die Arbeit. Ich bin Ihnen dankbar, daß ich es Ihnen so anvertrauen darf. Meiner Schwester lade ich solche Sorgen so ungern auf, weil sie für sie so viel schwerer sind, als ich es bei Ihnen annehmen darf. Es landen bei Ihnen so viele Packen, da werden die einzelnen gegeneinander ausgewogen und leichter. –

Sie werden vielleicht schon auf Reisen sein. Das ist so fröhlich zu denken. Es wandert unsere ganze Hoffnung ja immer mit Ihnen! Anders als nach Oxford hin! Ich möchte einmal zu einer „Oxfordtagung" nach dem Bergli!

Aber einstweilen bleibe ich hier und tue, was mir vor die Hand kommt. Und freue mich, daß ich Ihnen schreiben darf.

Es grüßt Sie und Herrn Professor herzlich

Ihre Elli Freiling

KBA 98765. 37

Elisabeth Freiling
an Charlotte von Kirschbaum, Brief vom 1. X. 1937 !

Liebes Fräulein von Kirschbaum.

Der Tag der „Freiheit" ist angebrochen, und wir warten, was er bedeutet. Die Losung des Tages sagt uns, wo wir die Freiheit zu suchen haben. Ich bin so froh geworden über diesem „Nun", das man nicht in den Kalender einzeichnen kann und das doch unseren Tag meint, auch den heutigen.

Eine Sorge wieder treibt mich, Ihnen kurz zu schreiben. Daß Hellmut [Traub] noch im Krankenhaus ist, weiß ich durch einen Bekannten aus seiner Gegend. Aber von anderer Seite hörte ich, daß seine Nerven nicht durchhalten. Wissen Sie etwas davon? Oder ist es vielleicht nur ein Gerücht, das ja aus seiner „normalen" Konstitution heraus sehr begreiflich wäre. Meine Sorge geht ja immer in diese Richtung, so stark sein Wille auch ist. Ich bin besonders unruhig, seit ich weiß, daß auch Onkel Otto aus Frankfurt[193], der ja dieselbe Krankheit hatte, nun aus dem Krankenhaus in die Nervenanstalt überführt ist – Und ich kenne ihn ja mit seinen eisernen Nerven. Die Ärzte haben ihn auf grausame Weise, auch brieflich, ganz von seiner Frau getrennt, und das mag bei ihm wohl entscheidend wirken, sodaß er für die Nervenanstalt reif wird. Ach. –

Frau Gr[aeber] ist seit Montag in der Schweiz, bei Herrn Pf. Ernst in Reiden, Kanton Luzern. Ich bin sehr froh darum. Und sie ist auch in verhältnismäßig guter Lage abgefahren. Wir konnten am Tag vorher noch einmal miteinander lesen und hören, das war so sehr gut. Wenn es Ihnen möglich wäre, sie einmal zu besuchen (sie ist selbst ja durch die Geldverhältnisse sehr gehemmt), so wäre es wunderschön, und auch ich wäre Ihnen sehr dankbar. Aber es wird wohl kaum möglich sein bei all Ihrer Arbeit. Wenn Sie hinkommen sollten, so gehen Sie nur entschieden auf die entscheidenden Dinge zu; ich meine wohl, daß es ihr nicht leid sein wird, zu merken, daß ich Ihnen vieles erzählt habe. Pf. Ernst soll ein jüngerer Pfarrer sein, dessen Frau schon gestorben ist, und so lebt er wohl unter Druck. Aber eine resolute Hausdame scheint für den Ton des Hauses erfrischend gut zu sein. Vielleicht ist beides miteinander gerade der rechte Ton, in dem Frau Gr. sich wohl fühlen kann. Reden Sie ihr auch nach Möglichkeit zu, die Zeit dort gut auszunutzen, also ich meine, nicht so schnell wieder abzubrechen. Wenn 6–8 Wochen möglich sind, so wäre es sicher gut. Aber das werden Sie selbst besser beurteilen können. Hier geht es gut so lange.

Am Sonntag/Montag waren die Vertrauensleute der Bruderschaft in Hilden zusammen. Es war ein gutes Zusammensein, noch ist der consensus da, gerade unter den Vertr.leuten. Es wird mit der nachrückenden Generation ja immer schwieriger. Mir ist streng aufs „Gewissen" gelegt worden, bis zur nächsten Freizeit eine Vikarinnenvorlage fertig zu haben. Ich halte es jetzt, obwohl ich es ja selbst so wollte, fast für eine Überforderung. Heute abend geh ich zu Eichholz, um mir Rat zu holen. Ihren Gruß an ihn habe ich ausgerichtet. Auch Udos Grüße haben mich erreicht: herzlichen Dank. Und er hat, ein wenig aufgeregt, vom Inhalt seiner „glücklichen" Stunden auf dem Bergli erzählt. Er ist ein lieber Junge.[194]

Und nun möchte ich Ihnen noch herzlich danken für Ihre schnelle freundliche Antwort neulich. Ich habe von Hellmut [Traub] vom 13. einen sehr gu-

193 Otto Fricke (1902–1954), Studium der Theologie in Göttingen und Halle, Lic. theol., 1929–1954 Pfarrer in Frankfurt a.M., 1934 Sprecher d. Pfarrernotbundes Frankfurt, Landesbruderrat, Reichsbruderrat, Haft, ständige Maßregelungen, 1936 Mitgl. der 2. VKL. 1947–1950 Oberkirchenrat.

194 Elisabeth Freiling dankt Charlotte von Kirschbaum für deren Grüße, die sie über Udo Röhrig an sie gerichtet hat.

ten Brief bekommen, in aller Ruhe und Getrostheit. Wenn es so geblieben sein dürfte.

In herzlicher Dankbarkeit grüßt Sie und Herrn Professor und Frau Professor

Ihre Elli Freiling

KBA 98765. 38

Elisabeth Freiling
an Charlotte von Kirschbaum, St. Albanring 186, Basel, Postkarte vom 4. 10. 1937

Liebes Frl. von Kirschbaum. Nur schnell wollte ich Ihnen schreiben, daß die Nachricht über Hellm. wohl keinen konkreten Grund hat. Ich bin der Sache nachgegangen, sie beruht auf einem Urteil aus der Zeit nach dem 17. VIII. Wie es ihm jetzt geht, weiß ich nichts Neues. In der „Frauenfrage" hat mich Georg E[ichholz] zum Wartenkönnen ermahnt, wohl mit Recht! Er sieht es immer parallel zu der konfe[?] Frage. Es war gerade ein Jugendkurs da oben, er sieht sehr dunkel, wir haben keine Zeit mehr zu theol. Gesprächen, alles eilt zu vorschnellen Lösungen. Ja, und über all dem Eilen wird die Kirche müde u. leer. Wohin geht dieser Weg? Es grüßt Sie

herzlich Ihre E. F.

Kennen Sie Frl. Preiswerk [?], die Hausdame bei P. Ernst (Reiden)?

42

Charlotte von Kirschbaum
an Elisabeth Freiling, Bildpostkarte vom 7. X. 1937

Liebes Frl. Freiling! Hellmut [Traub] ist seit Freitag ent[unleserlich]u. soll Ferien haben, wie Ernst [Wolf] es schreibt. Ich hatte von ihm selbst ein müdes Kärtlein. Es wird gesorgt für ihn u. ich rede ihm eben zu, die Andern auch sorgen zu lassen. Er darf ja wirklich müde sein. – Frl. Preiswerk kenne ich nicht. Geht es wohl gut dort? Ich wußte nichts von dieser Abmachung u. hätte vielleicht nicht d. Mut dazu gefunden, Frau Gr. in ein fremdes Pfarrh. zu schicken. Aber vielleicht ist es doch recht.

In Eile herzlichst

Ihre LvK

Dank für Brief u. Karte!

KBA 98765. 39

Elisabeth Freiling
an Charlotte von Kirschbaum, Brief vom 30. X. 1937

Liebes Fräulein von Kirschbaum.

Ich bin Ihnen so dankbar, daß Sie Frau Pastor eingeladen haben. Das muß ich Ihnen nur schnell sagen. Und zu einer Predigt! Wir haben in den letzten Wochen in einem heißen Kampf miteinander gelebt, um die Frage des Mißtrauens um der Kinder willen, und es hat geholfen. Es lag das alles ja auch so als Hindernis auf Frau Pastors Erholung. Ich habe immer wieder so fest die Hoffnung, daß nichts unveränderlich sein muß. Solange wir doch immer wieder miteinander uns unter das Wort Gottes stellen lassen dürfen, unter sein wirkliches Gericht u. seine wirkliche Freisprechung, solange werden doch alle solche Berge einfach immer wieder „versetzt". Ich bin so dankbar dafür, daß wir trotz aller Kämpfe doch immer wieder in einem solch lockeren Warten aufeinander u. Liebhaben leben dürfen. – Sie werden außer dem Persönlichen auch manches Sachliche besprechen, ich bin froh, daß das nun so möglich ist. Der Brief hat mir einiges Kopfzerbrechen bereitet. Vielleicht sind die Fragen, wie ich sie an Frau Pastor schrieb, nicht in der rechten Richtung, ich habe mit Käthe [Seiffert] darüber gesprochen, sie sah den „anstößigen" Satz viel harmloser, trotzdem bin ich froh, wenn Sie darüber sprechen.

Ich muß schnell sorgen, daß der Brief noch fortgeht. Drum nur diesen kurzen Gruß in herzlicher Dankbarkeit und mit vielen Grüßen an das ganze Haus u. Sie besonders

Von Ihrer Elli Freiling.

Geben Sie bitte die beiden Briefchen an Frau Pastor weiter.

KBA 98765. 40

Leere Kunstpostkarte

43

Charlotte von Kirschbaum
an Elisabeth Freiling, Briefkarte vom 3. XI. 1937

Liebes Fräulein Freiling! Ich möchte Ihnen einen Brief schreiben. Aber ich muß einsehen, daß das noch ca. 14 Tg. gehen kann, bis das möglich wird u. so soll doch ein kl[einer] Gruß voran gehen, denn Sie warten gewiß auf ein Echo auf den Besuch von Frau Pfr. Gr. – Es war gut u. ein Brief von ihr heute Morgen bestätigt das. Auch das Gespräch über Sie. Ich denke mir, sie kehrt etwas mutiger heim u. vielleicht auch etwas aufgeschlossener für die besondere Schwierigkeit Ihrer Lage. Als ich von dieser sprach – es schien mir notwendig – da habe ich in diesem Zusammenhang auch Hellmut [Traub] erwähnt u. war überrascht, daß Frau Pfr. anscheinend „davon" nichts gemerkt hatte. Durfte ich davon sprechen? Ich hoffe, ich bin Ihnen nicht zu nahe getreten u. habe nichts verzeichnet. Diese Seite des Gesprächs hatte kein Eigengewicht, u. sollte nur der Auflockerung dienen. – Sie werden viel Geduld haben müssen. Aber es will mir scheinen, es lohnt sehr. Und darum sind Sie auch wieder gut dran mit Frau Pfr. Es fällt nicht in einen Topf ohne Boden. – Am So. sehen wir uns noch einmal in Olten, nach einem Vortrag von B[arth]. – Ein Brief von Hellmut [Traub] sagte mir, daß er sich explizit distanziert von der Auffassung des andren Helmut bezüglich des Rundbriefs, ohne den Wortlaut zu kennen. Alles, was er dazu sagt, ist von Anfang bis Ende genau das, was wir meinten. Das tröstet mich sehr. – Nun grüße ich Sie herzlich – ich stecke bis zum Hals in Arbeit – das Herzklopfen wird immer stärker, sie möchte schief gehen! – u. danke Ihnen für Ihre Zeilen

Ihre Charlotte von Kirschbaum

KBA 98765. 41

Elisabeth Freiling
an Charlotte von Kirschbaum, Brief vom 13. XI. 1937

Liebes Fräulein von Kirschbaum.

Eine tolle, aber sehr schöne Woche liegt hinter uns: Rhein. Prov.syn. vom 9.–11. mit guter Arbeit, über [das] Kirchenregiment mit Begründung der Ablehnung von Kons[istorium] u. Gen[eral]Sup[erintendent] als Kirchenleitung, über theol. Nachwuchs mit Schuldbekenntnis u. ganzer Übernahme der Verantwortung in die Hand der Kirche, ein guter Brief an die neutralen

Pfarrer u. Ältesten, und manche gute Einzelheit. Ich habe einfach den Eindruck, daß die wachsenden Schwierigkeiten unsre Leitung stärker und klarer finden.[195] Außer zu Heinrich, der mir immer noch eine unsympathische Erscheinung ist,[196] habe ich zu allen ein gutes Vertrauen. Dazu leisten Brunner und Schlier u. Obendiek theol. einfach gute Vor- und Mitarbeit, wenn auch Brunners große Gefahr an einigen Stellen bedrohlich aufblitzte. Wenn doch einer ihn rechtzeitig da zurückholen könnte, es wäre so schade um seine gute Kraft. Ich sehe es ja noch nicht ganz, wo die Wurzeln liegen, das müßten Sie von Eichholz oder Hellmut [Traub] erfahren. Es wäre ein so bedenklicher Verlust u. Schade für das Rheinland. – Der Guß [?] Temperament u. Schärfe, der in gewisser Richtung nötig wäre, ist einstweilen nur bei Hesse da. Aber es schadet vielleicht nichts, wenn es in dieser Richtung langsam geht, es geht doch unaufhaltsam vorwärts, die Ereignisse zwingen ja. – Die Sache spielte sich übrigens 2½ Tage zu einem Teil (mit 35 Mann!) in unserm Hause ab, aus begreiflichen Gründen. Mit voller Verpflegung! Dazu Waschwoche! Und nur die Gemeindeschwester (aus begreifl. Gr.) zu Hilfe. Die Nächte wurden da ein wenig kurz und eine fiel ganz aus. Aber es war ein so frohes Arbeiten. Das hat mir auch ein wenig Widerstandskraft gegeben für alles Trübe, das ich Ihnen jetzt noch schreiben muß.

195 Es handelt sich um die 6. Ev. Bekenntnissynode im Rheinland, die sich mit den verschärften Maßnahmen des Staates gegen die BK auseinandersetzen musste (s. Beckmann, Rheinische Bekenntnissynoden, S. 349–412). Im Februar 1937 war der Reichskirchenausschuss zurückgetreten, der einen gemäßigten Leitungskurs versucht hatte, aber durch staatliches Eingreifen behindert wurde. Das Kirchenministerium übernahm jetzt direkt durch Verordnungen das Kirchenregiment. Es ging mit einem Kollektenverbot gegen die eigenständige Finanzierung der BK vor, und der Reichsführer SS, Heinrich Himmler, verbot die Arbeit der BK mit ihrem kirchlichen Nachwuchs, indem er die Kirchlichen Hochschulen und deren Prüfungsämter auflöste. Daraus ergaben sich für die Bekenntnissynode zwei Schwerpunkte: *erstens* die Feststellung der Leitung der Kirche (Anlage 14: Das Konsistorium ist nicht Kirchenleitung, weil es nicht an Schrift und Bekenntnis gebunden ist, sondern an die Weisungen des Oberkirchenrates in Berlin und seines Präsidenten Dr. Werner und dieser wiederum dem Kirchenminister unterstellt ist. Auch Generalsuperintendent D. Stoltenhoff ist, obwohl persönlich an Schrift und Bekenntnis gebunden, nicht bekenntnisgemäße Kirchenleitung, weil er sein Amt nur in Verbindung mit Konsistorium und Oberkirchenrat ausüben kann; Beckmann, S. 372–378 und 380–412) und *zweitens* die Verteidigung der Ausbildungspflicht der Kirche (Anlage 13: Die Kirche bekennt ihre Schuld, in der Vergangenheit die theologischen Lehrer an den Universitäten weithin ohne geistliche Bindung und Verantwortung gelassen und die Theologiestudenten ohne bekenntnisgemäße Unterweisung an eigenen Ausbildungsstätten sich selbst überlassen zu haben. Der Staat überschreitet gegenwärtig seine Befugnisse und greift in das Amt der Kirche ein. Er verfügt damit über die Verkündigung der Kirche. Die BK wird also diesem Erlass nicht Gehorsam leisten. Beckmann, S. 366–369).

196 Wer mag das sein? Heinrich Held?

Zunächst danke ich Ihnen sehr herzlich für Ihr Brieflein, das so schnell, trotz all der Arbeit, als Echo kam. Sie werden gleich verstehen, wenn ich, obwohl ich weiß, wieviel Sie zu tun haben, Sie trotzdem um den weiteren Brief möglichst noch vor der Rückkehr von Frau Pastor bitte (sie kommt wohl am 22. hier an). Ich war sehr froh, daß Sie so gut schreiben konnten. Fr. P[astor]'s Briefe hierher waren auch in den Baseler Tagen sehr trübe. Und jetzt die letzten sind am Rande der Verzweiflung. Einer nach dem andern voller Einsamkeit, Verlassenheit, Vorwürfe in jeder Richtung, bes. gegen ihren Mann, der doch Tag u. Nacht an nichts anderes (leider!) denkt als an sie. Eine Karte heute morgen „wenn ich versinke, bin ich von Euch allen verlassen ... Ihr verwendet einfach keine Gedanken auf mich. Aber es ist ja auch weiter nicht der Mühe wert, wer so weit versunken ist, kann dann ja auch untergehen ... im übrigen könnte ich weinen ohne aufzuhören ..." Das ist der Stil. Vorgestern ein langer Brief an mich: „ ...es gibt keine Glaubensgemeinschaft u. andre habe ich nicht, ganz allein, und dann Fragen, Fragen: Warum läßt Hellmut [Traub], Dita [Stokmann] u.s.w. mich im Stich?" Gestern ein wenig heller, aber leidenschaftliche Bitte: „Laß mich Dir wieder ein bißchen ‚Mutter' sein." – Das mag Ihnen genügen.

Nun geht sie auf der Rückreise in Frankfurt zu Dr. Lechler, zu dem ich ja kein Zutrauen habe, wegen seiner „Christlichkeit" und seiner medizin. ungenügenden Radikalität – (na, das ist mißverständlich ausgedrückt, ich meine: er ist mir medizinisch nicht radikal genug). Herr Pastor war heute morgen so verzweifelt und irrt selbst halb krank in der Gegend herum. Ich habe nun mit ihm darüber gesprochen, daß ich einen längeren Aufenthalt in einer Nervenanstalt bald für unvermeidlich halte. Er selbst hatte sich auch schon mit dem Gedanken vertraut gemacht. Was halten Sie davon? Nur, hoffentlich, kann ich Dr. Lechler vermeiden. Ich weiß allerdings keinen guten Arzt, aber das müßte ja zu erfahren sein. Die kommenden Jahre, fürchte ich, werden die Sache ja noch sehr verschlimmern. Sie ist jetzt 45. Eine neue Sorge kommt hinzu: Hans Martin hat sich am 1. Übungstag beim Sprung von der Eskaladierwand eine Verletzung am Fuß zugezogen, von der der Arzt jetzt meint, daß er die Schmerzen vielleicht nie ganz verlieren wird. Das weiß sie noch nicht. Wir wollen versuchen, ihn jetzt ganz vom Militär frei zu bekommen, oder wenigstens zurückstellen zu lassen, ich weiß aber nicht, ob es möglich ist. Das wäre ja für sie sehr gut. (Es geht aber wohl nicht.) Soeben kommt mit der 2. Post schon wieder ein Brief von ihr, ich schreibe Ihnen gleich noch davon. – Es ist eine Flut von Empörung über mich, daß ich gewagt habe, in ihrem Hause (wie sie meint, auf meine Veranlassung, aber ich bin darum gar nicht gefragt worden! Ich hätte allerdings auch nie „nein" gesagt!) 35 Menschen zu versorgen* (* es ist natürlich ganz selbstverständlich, daß alle Auslagen reichlich zurückerstattet sind; anders hätte ich es ablehnen müssen.) u.s.w. ein ganz wüster Brief, den man sachlich eben keinen Augenblick ernst nehmen kann, der nur ein böses Zeichen ihrer Verfassung ist. Natürlich spielt das Irrenhaus auch seine Rolle darin und Hohn und Spott über die Briefe ihres Mannes wegen der „Bibelsprüche und Liedverse". Also, Sie haben Fr. Pf. vermutlich auch am Dienstag noch in einem ganz bösen Zustand zu erwarten. Vielleicht fährt sie ja nun auch durch, aber wenn Sie sie sehen, dann bitte ich herzlich um Ihr Urteil. Der psychologische Anlaß dieses Sturzes scheint mir der zu sein: sie ist in der Woche, als Hans Martin hier war, sehr verwöhnt worden mit Briefen, fast täglich. Sie erwartete damals außerdem noch halb, daß ihr Mann sie von dort abholen würde. Das ging aber wegen der Synode u. der Geldmittel nicht (wenigstens hielten wir es für unerlaubten Luxus). Nun kamen in der Woche darauf sehr wenig Briefe, ich glaube, nur 2 Sachen und dazu die Nachricht, daß sie nicht abgeholt wird. Das gab all diese Anlässe, die sich dann zus. ballen u. größer u. größer werden. Ich habe nun natürlich große Sorge vor der Rückkehr, zumal wenn irgendwelche Entscheidungen über die Nervenanstalt gefällt werden müssen. Hoffentlich leidet meine Arbeit nicht zu sehr darunter. Sie leidet schon immer sehr.

Ich bin so dankbar, daß ich Ihnen das alles mitteilen darf u. auf Ihre Hilfe warten. Was Sie neulich mit ihr besprochen haben, das weiß ich sicher, daß Sie es recht gemacht haben. Daß ich mit ihr darüber nicht sprechen konnte, werden Sie ein wenig verstehen; in solche Trostlosigkeit hinein kannn man seine eigenen Sorgen nicht geben. Ich gedenke Ihrer u. Ihrer Arbeit u. daß Ihre Kraft ausreichen möchte. Grüßen Sie herzlich den Meister, dem ich es, menschlich geredet, danke, daß ich durchhalten kann.

Heute vor einem Jahr passierte [die Fotokopie bricht hier ab] Ihnen dankbare Grüße von Ihrer

E. Freiling

44

Charlotte von Kirschbaum
an Elisabeth Freiling, Briefkarte vom 15. XI.1937,

Liebes Fräulein Freiling! Haben Sie herzlichen Dank für Ihren Brief. Bis jetzt weiß ich nichts Anderes, als daß Frau Gr[aeber] morgen Vormittag um 10.09 hier eintrifft u. daß wir dann bis Mittag Zeit zusammen haben. – Es ist seltsam, wie sehr sie anscheinend in einer Doppelexistenz lebt. Ein Brief vom 8. Nov. – nach dem Treffen in Olten – an mich klingt so ruhig u. darüber hinaus offen – sie spricht zum 1. Mal von der Schlaflosigkeit u. ihren katastrophalen Folgen, von den andern war schon vorher die Rede – u. meldet mir an, daß sie morgen darüber mit mir reden möchte – daß ich natürlich etwas bestürzt davor stehe, daß sie anscheinend so unmittelbar nachher so losbrechen konnte. Aber es ist auch in dem Brief an mich sehr viel Angst, ein solcher Zustand möchte wiederkehren. Ich wage wirklich noch gar keine Ansicht über die ganze Sache zu äußern. Auf jeden Fall schreibe ich Ihnen nach dem Gespräch, von dem ich freilich nicht viel erwarte, so sehr ich wünschte, es möchte anders sein. – Nervenheilanstalt?? Wenn da nur nicht so viel gepfuscht würde. Aber es kann ja sein, daß es schon um der Umgebung willen nötig wird. – Auf Ihnen liegt eine schwere Last u. ich wünsche Ihnen sehr, daß Sie sich nicht erbittern lassen. Ich kenne das Alles auch u. ich weiß, wie schlimm es dann oft wird, werden kann. Es gibt Situationen, da kann man nichts mehr direkt aufarbeiten, da kann man „nur" noch – beten. Vielleicht gilt das auch in diesem Fall. – Es grüßt Sie herzlich

Ihre L. v. K.

Und mein lieber „Nachbar" auch!

45

Charlotte von Kirschbaum
an Elisabeth Freiling, Brief vom 17. XI. 1937

Liebes Fräulein Freiling!

Ich wollte gestern sogleich schreiben, aber dann blieb bis in die späte Nacht kein freier Augenblick. Nun ist es heute morgen das Erste. Vielleicht ist ja Fr. Pfr. [Graeber] vor diesem Brief zu Hause, dann hoffe ich sehr, sein Erscheinen bedeutet ihr keine Unruhe. – Wir hatten wieder ein gutes Gespräch, das an Offenheit u. Intensität die vorangehenden übertraf. Das will aber nicht besagen, daß die Situation, wie sie ist, in irgendetwas harmloser erschienen wäre. Das schlechthin Hoffnungsvolle im Ganzen dünkt mich das, daß sie sehr klar sieht, vor welchem Abgrund sie steht. Ich hatte nicht die Absicht, aber in Rede u. Gegenrede spitzte es sich dann dahin zu, daß ich sie inständig bat, etwas zu ihrer Heilung zu tun u. das heißt eben, sich in die Obhut eines vernünftigen Arztes zu begeben, der ihr das Schlafen ohne Mittel wieder verschafft, bzw. sie doch auf den Weg dazu führt u. eben anders als Dr. Lechler. Diesen „vernünftigen Arzt" zu finden, darum bat sie mich bzw. erbot ich mich u. hoffe, das auch erfüllen zu können. Sie verließ mich mit dem Entschluß, den Schritt vorwärts u. d.h. eben in den gehorsamen Willen zur Gesundung (wir sprachen über den Zusammenhang von Glaube u. Gehorsam, bzw. Hören des Wortes u. Gehorsam!) zu tun. – Ich habe sehr den Eindruck – dies Alles immer unter dem Vorbehalt meines beschränkten Einblickes – daß jetzt noch der Augenblick wäre, wo sie dies in freiem Entschluß wagen könnte u. d. h. eben doch dem Kranksein entfliehen. Ich habe ihr das auch sehr offen gesagt, wohin der andre Weg führt. – Es war mir sehr bewegend, wie sie dem Wort trauen möchte u. dann doch nicht traut, sondern zu flattern beginnt u. nach diesem u. nach jenem Menschen greift. Ich konnte ihr nur sagen, daß das immer, bei Jedem, eine Enttäuschung werden müßte, daß jeder von uns ihr Alles schuldig bliebe, solange sie nicht selbst geht. Sie sieht auch das, sie sieht überhaupt Alles, aber im Sehen kommt die Angst: ich kann es doch nicht, ich werde es nicht können. – Sie muß gehen lernen, allein. Ich habe ein so großes Zutrauen, daß sie es lernen kann, weil sie ja im Grunde mehr Einsicht u. Durchsicht hat als viele Andre, weil eine Substanz da ist, die nur wie gebunden erscheint durch das Nicht vertrauen können. – Ich habe ihr auch sehr zugeredet, in diesem Zusammenhang, sich von Ihnen zu befreien. Sie sind viel zu stark Bezugsperson geworden u. so wie es jetzt liegt, können Sie sie fast nur ärgern. – Sie müssen sehr behutsam sein. Sie ist zu krank im Augenblick, als daß man grundsätzlich die Dinge mit ihr aufarbeiten wollen dürfte. Ich glaube nicht, daß das ein Endgültiges ist. Als ich ihr sagte, sie solle doch loslassen, auch bei Ihnen, denn so würde sie ja morgen einen neuen Ärger u. eine neue Aufregung haben, da lächelte sie schluchzend: „Ach ja, so ist es“. Je mehr Geduld u. je mehr Liebe Sie schenken können, je schonender werden Sie sie befreien können. Ich meine damit nichts Weiches u. kein Nachgeben an dem Punkt, wo Nachgeben Ungehorsam wäre. Ich hoffe, sie bleibt fest in dem Entschluß zu einer Heilung, die ihr gewiß weh tut, aber heilt. –

Nun habe ich einfach Alles so hingeschrieben, wie es sich bei einem ersten Überdenken aneinanderreiht. Es wäre natürlich noch viel zu sagen. –

Nur dies noch:

Vielleicht ist die Katastrophe der letzten Woche ganz günstig, weil sie nun klar sieht, daß auch 7 Woch[en] Schweiz nicht helfen, wenn sie nicht den entscheidenden Schritt tut, so bitter das natürlich im Moment für sie ist u. so resigniert sie nun auch vielleicht heimkommt.

Über die Nachrichten über die Rh. Syn. sind wir sehr froh. Ach, möchten doch Einige stehen! Auch das muß ja Fr. Gr[aeber] sehen, daß sie kein [?] Schicksal mehr ist, nicht als Frau ihres Mannes u. nicht als sie selbst. – Und darüber hinaus: daß es kein „Schicksal“ ist sondern Entscheidung.

Es grüßt Sie – leider in Eile! – herzlich

Ihre L. v. K.

Elisabeth Freiling
an Charlotte von Kirschbaum, Brief vom 18. XI. 1937

Liebes Fräulein von Kirschbaum.

haben Sie herzlichen Dank für Ihre beiden Briefe und den ganzen Einsatz in der Sache. Ich bin so dankbar für alles, was Sie geschrieben haben. Und sehe es ja auch so wie Sie. Ich danke Ihnen auch herzlich für alles, was Sie mir und ihr in Richtung der „Bezugsperson" gesagt haben. Das ist ja das, was mir auch immer wieder alle natürliche Liebe zu ihr verdirbt, ich kann es eben einfach nicht aushalten, wenn sie auf jede Bewegung von mir reagiert und mich nie aus ihrem „Kreis" heraus läßt, wenn ich nicht auch ohne sie sein darf. Ich bin so froh, daß Sie diese ganze Not mit mir sehen und da auch energisch eingegriffen haben. Ich bin nun nicht zu Hause, wenn Frau Pastor [Graeber] zurückkommt (Montag). Wir haben unsre Bruderschaftstagung von Sonntagabend bis Dienstag in Hilden. Es wird schon gut so sein. Ich habe mit Herrn Pastor die finanz. Seite der Entziehungskur gründlich besprochen, ihm auch heute morgen Ihren Brief z.T. vorgelesen. Er macht mir ja deshalb Sorge, weil er am entscheidenden Punkt immer wieder nachgibt, d.h. sich selbst als Halt (– – –) anbietet, wo alles drauf ankäme, sie von Menschen wegzuweisen. Ich hoffe übrigens sehr, daß Sie nun nicht die „Bezugsperson" werden, aber die Entfernung wird ja das ihre dazu tun. Auch Hellmut [Traub] ist es ja im Handumdrehen geworden. Und den Versuch wird sie sicher machen.

Ich bin gespannt auf Ihren Arztvorschlag. Es wird ja darauf ankommen, daß ihr gleichzeitig eine starke theologische Hilfe geboten ist. Ich dachte deshalb, wenn es einen tüchtigen Arzt dort gibt, an Bethel. Oder wie denken Sie sich das? Soll Sie theologisch nur auf Briefe angewiesen sein in der Zeit? Die Behandlung bedeutet ja doch Entfernung von hier. Aber ich warte da auf Ihre Ratschläge. Wenn es doch nun endlich zu dieser Entscheidung käme, ich arbeite ja schon so lange dran. Aber es ist mir erst in diesen Wochen gelungen, Herrn Pastor darüber zu einer Entscheidung zu bringen, und ohne das ging es ja nicht.

Es geht in Eile! Nur schnell noch: unsre Vikarinnenarbeit geht vorwärts, ich arbeite schriftlich eine Vorlage aus, die sehr gut mit de Quervain besprochen worden ist. Benny Locher[197] arbeitet eine 2. von einem andren Ansatz

197 Benjamin Locher (1909–1987), Frühjahr 1933 1. theol. Examen Konsistorium, Herbst 1936 2. theol. Examen BK, 1937–1940 Inspektor des (illegalen) ref. Predigerseminars in Elberfeld, Kriegsdienst, 1946–1958 Pfarrer in ref. Elberfeld, 1958 Direktor des Ev. Seminars für Kirchendienst, 1970 – em. 1974 Landeskirchenrat. (van Norden/Schmidt (Hg.), Sie schwammen gegen den Strom, S. 95–97.)

aus (ich von der „Frau unter dem Wort" her, B. Locher von der „Verkündigung" her), die Bruderschaft im ganzen wird nicht mehr damit behelligt, nur an den Bruderrat gehen dann bald diese beiden u. vielleicht eine dritte von Th[eodor] Hesse. Das Gespräch mit de Quervain war sehr erfreulich, ich hoffe, er wird vom Bruderrat mit herangezogen.

Bald mehr von solchen Dingen. Jetzt erst die Freude der Freizeit.

Herzlich dankbar grüßt

Sie und Ihren „lieben Nachbarn" –

Ihre Elli Freiling

KBA 98765. 43

Elisabeth Freiling
an Charlotte von Kirschbaum, Brief vom 26. XI. 1937

Liebes Fräulein von Kirschbaum.

Wie froh war ich heute morgen über Ihren Brief.[198] Der Besuch bei Dr. Luther hatte manches, was in Basel vielleicht klar war, wieder verschoben, z.B. Entziehungskur nicht nötig! Der Anfang war schwer, sie war verschlossen, „weg von Menschen" sei die Parole für sie jetzt, sie könne keinen Anspruch auf Briefe machen u. s. w. es lief immer wieder auf dieses persönliche Geleise hin. Ich versuchte immer wieder zur „Sache" zu kommen, merkte aber deutlich den Widerstand, der sich dann durch die Stellungnahme von Dr. Luther erklärte. Herr Pastor hatte diesem „hinter meinem Rücken", wie sie sagte, geschrieben, eben in dem Entsetzen der Erkenntnis der Katastrophe und sie hatte nun im Gespräch mit Dr. Luther die Stimme ihres Mannes wieder erkannt, so war das alles gefüllt mit Mißtrauen. Wir haben nun trotzdem gestern einige gute Schritte auch zum gegenseitigen Offensein hin getan, und mein Versuch zur Sache hin wurde durch Ihren Brief nun sehr gestärkt. Ich hoffe, Basel verschwindet nicht „im Nebel", wie Sie so gut die Situation ausdrückten. Sie müssen also weiter helfen, daß sie dabei bleibt. Ich bin Ihnen so dankbar dafür. – Die Freizeit war theol. müde, alle sind persönlich u. sachlich so überlastet, viel persönliche Not, (W[alter] Lauffs [sic] wegen § 175 verurteilt[199]) aber auch viel gute Bruderschaft und

198 Ein Brief an Frau Graeber.

199 Walter Laufs (geb. 1909), Herbst 1933 1. theol. Examen Konsistorium, Frühjahr 1936 2. theol. Examen BK, Hilfsprediger in Duisburg, 1937 Verhaftung, 1939 Verzicht auf die Rechte des geistlichen Standes, Verurteilung durch die Jugendschutzkammer Wuppertal, Streichung aus der Kandidatenliste der BK.

gutes Stehen im Kampf. Jung beurlaubt, an seiner Stelle als Präs[ident] d. Kons[sistoriums] Koch aus Berlin, das ganze alte Gefüge wankt.[200] Ich habe bei Frl. Seifert in ihrem neuen Heim geschlafen, das war sehr schön. Dies in Eile! Mit herzlichem Gruß! Ihre Elli Freiling

KBA 98765. 44

Elisabeth Freiling
an Charlotte von Kirschbaum, Brief aus dem D-Zug Wuppertal-Frankfurt vom 24. XII. 1937

Liebes Fräulein von Kirschbaum.

Es ist zwar nicht der geeignete Ort für einen schönen Brief, aber auf diese Weise wird's vielleicht wenigstens noch ein Zeichen für Weihnachten. Die Nacht war, obwohl sie mich nicht schlafend gesehen hat, doch zu kurz für alles, was noch vor der Abreise erledigt sein sollte!

Zunächst habe ich das dunkle Gefühl, als hätte ich noch nicht für die feinen Bilder und die Predigt gedankt, die Sie mir mit Frau Pastor [Graeber] schickten. Ich habe mich so sehr darüber gefreut und eines davon Frl. Stokmann geschenkt (das mit der Pfeife!), von dem andern konnte ich mich nicht trennen, das ist so besonders nett. Wenn Sie noch mal eins davon übrig haben, für Frl. Stokmann, dann würde sie sich sicher sehr darüber freuen, vielleicht schicken Sie es ihr selbst hin? Ich bin mit meinen Gedanken in dieser Weihnachtszeit immer bei ihr; wie sehr hatte sie gehofft, endlich wieder mit ihrem Werner [Koch] zusammen zu sein und nun hat sich noch gar nichts gezeigt. Ein 10 Pfd. Lebensmittelpaket war erlaubt, so viel Gewicht hat Weihnachten doch noch! Aber das macht ja schließlich das Vor- und

200 Am 8. Oktober 1937 besprach der frühere rheinische „Bischof" Heinrich Oberheid zusammen mit anderen rheinischen „Thüringer DC" im Kirchenministerium mit Minister Kerrl die Ablösung des BK-nahen Oberkonsistorialrats Dr. Jung als kommissarischer Präsident des Düsseldorfer Konsistoriums. Zunächst wurde Dr. Otto Jung als Vorsitzender der Finanzabteilung abberufen und der aus der Kirche ausgetretene Reichsamtsleiter und SS-Sturmbannführer Friedrich Sohns zum Vorsitzenden ernannt. Danach wurde Dr. Jung auch als kommisarischer Präsident des Konsistoriums abgesetzt. Am 23. November erschien EOK-Präsident Dr. Werner persönlich im Konsistorium, um den Berliner Oberkonsistorialrat Dr. Koch als Präsidenten einzuführen, was aber insofern scheiterte, als fast alle Konsistorialräte und Generalsuperintendent D. Stoltenhoff die Zusammenarbeit mit Koch verweigerten. Ein Sturm des Protestes ging durch das Rheinland, aber Minister Kerrl und Präsident Dr. Werner blieben bei ihrer Linie und bildeten durch Versetzungen und Berufungen von Konsistorialräten eine neue DC-freundliche rheinische Verwaltungsspitze (van Norden, Politischer Kirchenkampf, S. 158 f.).

Nachher nur noch härter. Ich danke Ihnen auch noch für die Drucksache, die wohlbehalten ankam und die ich als leise Mahnung in der Richtung des Familienbriefes an die Leitung weiter gab; aber das wird ja, obwohl das Verständnis für den Brief jetzt besser ist, praktisch doch noch kein Schritt zu tun sein [sic]. Daß das P[rediger]S[eminar] in Elberfeld auch noch geschlossen ist, werden Sie erfahren haben. Die Arbeit von Kurs 3 B läuft besser als im Sommer, ob der Weg der Gestaltung so der rechte ist, bleibt ja zu fragen. Es soll und muß ja ein Übergang sein. Wozu? Das wird sich ja noch sehr zeigen. Frl. Seifert hält ja offenbar tapfer durch; daß sie immer wieder die rein körperlich – seelische Kraft dazu bekommt, wundert mich immer wieder.[201]

Frau Pastor [Graeber] gab mir Ihren Brief zu lesen. Wie schade, daß es mit Bethel nicht geht. Ich fürchte sehr, die Schweizer Möglichkeit wird an den finanziellen Fragen scheitern. Ich meine nicht, daß sie das müßte, aber dazu gehörte ein ganz anders starker Wille von Herrn Pastor [Graeber] vor allem, um das anzugreifen. Auch ich kann da ja auch nichts erzwingen oder auch die Verantwortung u. eigene Entscheidung abnehmen. Die vergangenen Wochen waren „reich" an kleineren und größeren Spannungen, es liegt sehr oft an mir, daß ich das rechte Nachgeben in den kleinen Dingen oft nicht fertig bringe, weil es mir in dem Augenblick der konkreten Entscheidung immer wieder so schwer ist, sie wirklich als krank zu verstehen und zu nehmen, ohne dabei den Blick auf das Gesundwerden aufzugeben. Nach den Ferien wird nun die Frage ernsthaft angefaßt werden müssen. Es steht auch Margrets Konfirmation Anfang März im Wege, sodaß vielleicht sogar ein Verschieben bis Frühjahr hinein nötig wird. Ich bin so froh, daß Sie an dem allen nun so direkt beteiligt sind, ich war schon so müde geworden, es immer wieder anzugreifen, ohne zu sehen, ob es nun eine Bewegung vorwärts oder zurück ist; und ob es deshalb überhaupt recht ist, es in Bewegung zu halten, wider den Willen und das Handeln von Herrn Pastor [Graeber], der eben längst sich zum „liegen lassen" entschieden hat. Und so unwichtig man seine Entscheidung vielleicht nehmen möchte, so wichtig ist sie eben doch im Zusammenwirken der Faktoren. Ich merke es ja auch so sehr in der Arbeit. Was könnte es in Wupperfeld längst anders vorwärts gegangen sein, wenn er nicht immer wieder, so unmaßgeblich er durch die Grenze seiner Fähigkeiten auch ist, doch maßgebend wäre durch die Stelle, an der er steht. Herr Hanusch, der ja auch deswegen jetzt schon so müde ist, daß er am liebsten die ganze Arbeit und damit die Bek. Gem. für 4 Bezirke aufgäbe, will jetzt im Januar mit mir zusammen den Versuch wagen, P. Graeber aus den leitenden Ämtern (Präses des BK.Presb. in Wupperfeld u. Vertrauensmann

201 Käthe Seiffert ist von ihrem neuen Chef, dem Reichsamtsleiter Sohns, als unentbehrliche Mitarbeiterin in der Finanzabteilung nicht entlassen worden. Sie verfügt damit über Gelder, mit denen sie bedrängte BK-Pfarrer, z. B. Pfarrer Langensiepen, unterstützt.

der Pfarrerbruderschaft) herauszubringen und so noch mal einiges in Bewegung zu bringen, ob zum Besseren, muß sich dann erst noch zeigen. Es kommt mir dieser Kleinkampf in der Nähe immer so unverständlich vor gegenüber der großen Not, die ganz andere Schritte erforderte. Und doch gehört das Durchhalten und nicht müde werden an solcher Stelle ja dazu, damit die großen Entscheidungen eine Gemeinde finden.

Es geht nun Frankfurt zu, ich bin auch sehr müde und merke, daß ich doch nichts Sinnvolles mehr schreiben kann. Auf die Weihnachtstage zu Hause freue ich mich sehr, zum 1. Mal seit 7 Jahren ist meine Schwester nun gesund und fröhlich dabei, ihre Arbeit als Hauslehrerin auf einem Gut auf Poel (Ostsee) ist ein guter Schritt ins „Leben" zurück geworden, das freut uns alle so. Und die Eltern dürfen nun endlich einmal von den großen Sorgen der letzten Jahre ausruhen. Ich freue mich sehr aufs Schlafen und auf den mündlichen Austausch mit meiner Schwester, der ja immer das Schönste an den Ferien ist. Sie werden hoffentlich nun auch ein bißchen ausruhen können, nachdem die Unruhe der Weihnachtspakete wohl vorüber ist! Ich habe noch keines erhalten, aber es bleibt ja auch oft auf den Umladestationen noch etwas liegen. Ich freue mich dann auf die Verarbeitung im neuen Jahr.

Grüßen Sie bitte Herrn u. Frau Professor herzlich von mir. Ich hoffe, am 1. Feiertag eine gute Predigt von Kreck zu hören. Außerdem habe ich mir noch einmal das „Weihnacht"-büchlein vorgenommen.

Herzlich und dankbar grüßt Sie

Ihre Elli Freiling

KBA 98765. 45

Elisabeth Freiling
an Charlotte von Kirschbaum, Brief vom 23. I. 1938

Liebes Fräulein von Kirschbaum.

Seit etwa 3 Jahren der 1. dienstfreie Sonntag in Barmen! Ich habe mich schon eine Woche lang darauf gefreut. Er ist natürlich viel schneller, als ich dachte, herumgegangen, aber er war schön, und jetzt zum Schluß hat er auch noch Raum für den Brief an Sie. Zuerst möchte ich Ihnen jetzt, endlich, herzlich danken für das Büchlein, das Sie mir zu Weihnachten schickten. Es reiste mir nach Frankfurt nach, wo ich so frohe Feiertage mit meiner Schwester zusammen bei den Eltern verlebte, und ich las beim Aufschlagen als erstes den letzten Satz: „O mein Gott! Eine ganze Stunde der Seligkeit! Ist das etwa wenig, selbst für ein ganzes Menschenleben?" Und dafür war ich Ihnen gleich so dankbar. Das grüßte mich so recht aus Ihrem Hause. Warum Sie im übrigen dies Büchlein gewählt haben, ist mir ein Geheimnis geblieben!! Aber vielleicht war es auch gar nicht so gewählt; an der Psychologie Dostojewskis habe ich mich wieder gefreut und gewünscht, ein wenig von diesem „Verstehen" zu lernen.

Hier ist inzwischen mancherlei klarer geworden. Zunächst, ich weiß nicht, ob Frau Pastor [Graeber] Ihnen geschrieben hat, ist eine Kur auf alle Fälle bis nach Margrets Konfirmation hinaus geschoben worden, ich konnte und wollte an diesem Entschluß nichts ändern. Ob es hinterher geschieht, wenn ich vielleicht nicht mehr da bin, weiß ich nicht. Die Widerstandsfähigkeit und Tragkraft von Frau Pastor ist natürlich jetzt nicht größer als vor der Schweizer Reise und alles, was inzwischen geschehen ist, nicht spurlos an beiden Seiten vorübergegangen und dazu meine Kraft zum Tragen immer geringer, das bedeutet im ganzen: mühsamer Versuch auf beiden Seiten, den Riß nicht zu sichtbar groß werden zu lassen, aber der Versuch mißlingt oft. Nun ist inzwischen Herr Hanusch, Werner [Koch]s Nachfolger, am vorigen Sonntag ordiniert worden, und unsre gemeinsame Besinnung vorher darüber hat einige Folgen gehabt. Herr Hanusch kann und will nicht länger mit P. Graeber zusammenarbeiten. Er hat so primitiv wenig Achtung vor ihm, persönlich und theologisch, daß es wirklich aussichtslos war, da eine Zusammenarbeit herstellen zu wollen. Dazu hat der Hilfsprediger [unleserlich] auch sachlich, bei der Haltung unserer Wupperfelder BK-Pfarrer, zu wenig Arbeitsmöglichkeit für einen ordinierten H.P. So haben wir mit Schlingensiepen gesprochen und Herr Hanusch wird Schl.'s Bezirk bekommen (es ist dort gerade ein Wechsel) und spätestens ab 1. April soll ein Vikar unsre beiden Posten in Wupperfeld vereinigen. So bin ich also „frei", und suche nun offen. Die so beschleunigte (und dazu durch meine Veranlassung) Trennung hilft natürlich, bis jetzt wenigstens, auch nicht zur Milderung der Spannungen. Vor allem die dabei, wenn auch nicht ausgesprochene, so doch empfundene Kritik an Pastor Graeber ist ja für seine – arme – Frau kaum erträglich. Sie leidet ja sehr an so mancher tiefen Enttäuschung durch ihren Mann. Sie ist eben, trotz aller Hilflosigkeit, die bedeutendere.

Ich bin dankbar, wenn ich nun bald gehen darf und muß. Vor einigen Tagen sagte mir P. Hübner[202], der sonst nie über diese persönlichen Dinge mit mir sprach, ich sei stark in die Verkrampfung des Hauses Graeber mit hineingeraten, ich solle versuchen, mich zu lösen (er wußte noch nichts davon, daß ich gehen will). Auch von unsrer Gemeindeschwester ist mir ähnliches gesagt worden. Ich höre diese besorgten Ratschläge dankbar, es zeigt mir immer wieder, daß es wohl Zeit ist zu gehen. Ich weiß ja, daß diese 3 Jahre

202 Johannes Theodor Nathanael Hübner (1881–1966), 1916 – em. 1953 Pfarrer in Wupperfeld.

mich stark verändert, müde und ein großes Stück weit unfähig gemacht haben. Ich weiß nicht, ob ein neuer Anfang auch neue Frische bedeutet, neues Arbeiten, neuen Mut. Noch wage ich mich nirgends selbst zu melden, obwohl ich 3 freie Stellen sehe (eine Frauenhilfe, eine Jugendarbeit, eine innere Missions-Anstalt). Ich erschrecke oder bin erschrocken vor dem Resultat meiner Arbeit bisher, ich höre sehr mutlos die irgendwie fröhlichen Berichte andrer, obwohl da äußerlich auch viel Schwierigkeiten sind, aber sie haben alle Erfolge gehabt, ich nicht, sondern ich habe nur immer schlechter gearbeitet. Frl. Schindelin hat jetzt auch Gemarke verlassen müssen (man wollte sie nicht auf die Dauer behalten, aus – z. T. ! – finanziellen Gründen). Sie ist auf ein Jahr in den Reisedienst der rhein. Frauenhilfe berufen. Die beiden andern Vikarinnen des Wuppertals gehen (1. Febr. die eine, Frl. Güttges[203], 1. April voraussichtlich Frl. Härter[204]) in ihre Familien, aus Gesundheitsgründen. Nachwuchs ist übrigens fast keiner mehr da, sodaß ich von daher sehr wenig „Initiative" noch zur Vikarinnensache finde: bis wir die „Probleme" herausgestellt haben, und das Amt vielleicht sich klären will, sind keine Amtsträger mehr da! Es war eben vielleicht doch nur eine kurze, seltsame Episode der Kirchengeschichte …

Es geht ein bißchen kunterbunt, wie mir scheint, in dem Brief. Trotz des „dienstfreien" Sonntags sind noch allerlei dienstliche Störungen dazwischen gekommen und der Sonntag ist eigentlich schon eine halbe Stunde herum. Der Montag bringt mancherlei und sollte keinen allzu verschlafenen Anfang haben! Drum nur noch schnell einige Kurzberichte: Von Werner [Koch] weiß ich zuverlässig nichts Neues, nur unverbürgt durch Onkel Otto [Fricke] in Frankfurt, daß er um eines Briefes willen, in dem er von seinem im gleichen Krankenhaus gestorbenen Freund etwas schrieb, noch nicht entlassen wurde. Aber unverbürgt. – Günther Heidtmann hat heiraten müssen und ist z. Z. in Berlin bei Dibelius. Unsre liebe Bruderschaft, sie hat es nicht leicht den älteren Amtsbrüdern gegenüber und muß sich schon ganz entschlossen an die Rechtfertigung halten. Aber ich weiß es wohl: Die Zöllner und Sünder sind

203 Hildegard Güttges (1911–1972), Herbst 1936 1. theol. Examen BK, Vikariat Wetzlar und Barmen (Frauenhilfe), Beurlaubung wegen Krankheit, Frühjahr 1939 2. theol. Examen BK, Erziehungsverein Neukirchen-Vluyn, 1944 Betreuung rhein. Kinder in der Kinderlandverschickung in Württemberg, 1945 Synodalvikarin für Religionsunterricht in den Synoden Wetzlar und Braunfels, 1953–1963 Religionsunterricht Wetzlar, 1964 Ruhestand wegen Dienstunfähigkeit.

204 Ilse Härter (1912–2012), 1934 Mitglied BK, Herbst 1936 1. theol. Examen BK, 1937–1939 Vikariat in ref. Bek.Gem. Elberfeld, Frühjahr 1939 2. theol. Examen BK, weitere Tätigkeit in Elberfeld, 1941 Berlin-Wannsee, Kündigung wegen Verweigerung des Eides auf Hitler und des Ariernachweises, 1941–1942 Vertretung Fehrbellin, 1942–1944 Ebersbach/Fils, 1943 Ordination (Präses Scharf/Sachsenhausen), Erkrankung, 1946–1952 Schulpfarramt Leverkusen, 1952 – em.1972 Synodalpfarramt Elberfeld.

nicht die schlechtesten Prediger. Sie muß trotzdem nicht verstummen, auch nicht im „Ermahnen"! Frl. Stokmann ist nach wie vor gut dran. Sie schrieb mir um Weihnachten ein Wort aus einem Brief Niemöllers: „wir wollen bewußt das Warten aufgeben; die Sache ist es wert, an diesem Ort zu sein." Frl. Seifert habe ich noch nicht wieder gesehen, seit kurz vor Weihnachten. Die Prolegomena, hei, das ist schön! Wenn auch die Arbeit wie eine schwere Last der Verantwortung auf mir liegt. Aber man scheint dem Kindlein gar nicht nach dem Leben zu trachten. Emil Müller hat sie öffentlich verkauft![205] Wie dick soll die eigentliche Dogmatik werden??! Edu[ard] Hesse[206] ist übrigens noch verhaftet, ebenso Bleeck u. Stephan aus Saarbrücken[207], im ganzen noch 17 am 20. I. Daß am 7. II. der Prozeß beginnt, werden Sie wissen.[208] Auf 4 Wochen, wöchentlich 4 Tage angesetzt, öffentlich. Was wird werden? Für heute mag's genug sein. Herzliche Grüße an unsern großen Meister! Und seine siegreiche Arbeit! Und an Frau Professor. –

Ihnen besonders herzliche Grüße

Von Ihrer Elli Freiling

46

Charlotte von Kirschbaum
an Elisabeth Freiling, Brief vom 3. II. 1938

Liebes Fräulein Freiling!

Nun habe ich Ihnen zweimal durch Frau Gr[aeber] Briefe anmelden lassen u. jedesmal warteten Sie umsonst. Aber das ist vielleicht darum nicht so

205 Die Verlagsbuchhandlung Emil Müller in Wuppertal verkaufte Karl Barths Kirchliche Dogmatik, Band I, 1 und I, 2: Die Lehre vom Wort Gottes. Prolegomena zur „Kirchlichen Dogmatik" – der 2. Halbband war gerade erschienen – unbehelligt. Sie sind eine radikale Neubearbeitung der Prolegomena der „Christlichen Dogmatik" von 1927. (Busch, Karl Barths Lebenslauf, S. 222 ff.)

206 Eduard Hesse (1912–2011), Herbst 1936 1. theol. Examen BK, Frühjahr 1939 2. theol. Examen BK, 1947–1952 Pfarrer in Herford, 1952 – em. 1977 in Hoerstgen.

207 Philipp August Bleek (1878–1948), 1908–1938 Pfarrer in Malstatt, Synodalassessor in Saarbrücken, 1938 dienstenthoben wegen seines Engagements für die BK, Ausweisung aus dem Saarland, Beschäftigungsauftrag BK Dortmund, 1939 Ausreise nach Argentinien. – Arthur Stephan (1912–1978), Herbst 1935 1. theol. Examen BK, Vikar in Saarbrücken, Frühjahr 1938 2. theol. Examen BK, Hilfsprediger in Koblenz und Wichlinghausen, 1945–1960 Pfarrer in Wichlinghausen, 1960 Landespfarrer für Evangelisation und Volksmission in Düsseldorf, em. 1977.

208 Der Prozess gegen Werner Koch und Ernst Tillich.

schlimm, weil inzwischen der Ihre kam, der hier doch eigentlich die Voraussetzung ist für ein weiteres schriftliches Gespräch. Ich hätte sonst nicht gewußt, daß Ihre äußere Situation nun so beschlossen ist. – Es ist lieb von Ihnen, daß Sie mich an dem „dienstfreien Sonntag“ Anteil haben lassen u. mir diesen Brief schrieben u. ich danke Ihnen herzlich dafür. Zur Sache selbst kann ich nicht viel sagen. Wenn nicht allzu viel Betrübnis und Resignation hinter dem Entschluß steht, so würde ich fast sagen: ich bin froh für Sie. Es wollte mir doch je länger je mehr scheinen, daß Ihre Kraft sich an einem Problem verzehrt und auf einem Posten verbraucht, auf den Sie nicht mit der Eindeutigkeit gerufen sind, die allein das rechtfertigen könnte. Solche Situationen gibt es ja, wo „Aushalten!“ die einzige Parole sein kann. Daß Ihre Situation nicht diese ist, das schien mir nach Allem, was ich von beiden Seiten weiß, doch mehr u. mehr deutlich.

Und nun „suchen“ Sie? Liebes Fräulein Freiling, nun wollte ich, ich könnte eine kleine Posaune einsetzen: „Suchen Sie nicht u. entscheiden Sie nicht, solange Sie so müde sind! Sondern machen Sie erst einmal Ferien!!“ – Wenn Sie mir ein Wort schreiben, so bekommen Sie eine Einladung in ein Pfarrhaus hier in guter Lage, wo Sie schlafen, lesen u. wandern können u. zu Allem ein wenig Abstand bekommen. – Was meinen Sie? – Sie dürfen das mit gutem Gewissen annehmen u. nehmen niemand das Plätzchen weg. Es hat genug. – (Und nach der Einreise u. Rundreise gibt es einen kl. Aufenthalt in Basel. Im März sind wir wohl beide nicht da. Er in Schottland[209] u. ich in Zürich, wo ein Begegnen aber auch möglich ist. –) Ich habe aus Ihrem Brief doch den Eindruck gewonnen, daß Ihr nächster Schritt der in die Ruhe u. Entspannung sein muß. Sonst kommt es auch mit dem Neuanfang nicht gut. Es kann ja sein, daß Sie auch von zu Hause aus Erholungsmöglichkeiten haben. Ist das aber nicht der Fall, dann schreiben Sie uns ein Wort!! – An Unkosten hätten Sie nur die Reise u. selbst dann könnte, wenn nötig, ein Beitrag entrichtet werden, wie schon in manchen Fällen! – Wir hatten schon mehrfach auch Theologinnen da, auch das ist also kein Hinderungsgrund. –

209 In Oxford erhielt Barth einen weiteren theologischen Ehrendoktortitel, in Aberdeen hielt er wieder Vorlesungen, eine handelte vom „Politischen Gottesdienst“, „der auch die ‚aktive Resistenz gegen gewisse politische Machthaber‘ in sich schließen könne“. Es war die Zeit, in der Hitler-Deutschland sich Österreich unter dem Jubel der Mehrheitsbevölkerung einverleibte und die ersten brutalen Judenverfolgungen in aller Öffentlichkeit stattfanden. In London sprach er mit dem Bischof von Chichester, George Kennedy Bell, und besuchte das Unterhaus, das über die britische Außenpolitik diskutierte. Barth war sehr beeindruckt: „Man kann der hier fallenden Entscheidung ... mit einem gewissen Vertrauen entgegensehen“ (Busch, Karl Barths Lebenslauf, S. 300).

Wir stecken sehr in der Arbeit, ein bißchen zu sehr fast, wenigstens für seine Zeit. Aber es geht Allen nicht so schlecht, daß Besonderes zu melden wäre. Und mir sogar eigentlich gut u. zwar – nun lachen Sie – dank meines gewaltigen Ärgers über Schlinks[210] Heft „Gesetz u. Evangelium", das mich in Bewegung gebracht hat, dieser Frage einmal etwas nachzugehen. So daß ich mit Gewinn auch noch einmal das, was Hellmut [Traub] zu dem Thema in seinem April [?] Vortrag sagt [nachlese] u. meine fast, ich habe ihm damals Unrecht getan, weil ich ihn nicht verstanden habe. Die Sache ist doch sehr gut. – Aber was sagen Sie zu den Lutheranern, die ausgerechnet jetzt sich auf ihre lutherischen Belange in so falscher Weise besinnen müssen!![211] – An den Arbeiten von Eichholz habe ich große Freude, aber es scheint, daß er nach wie vor in der Stille bleibt. – Hermann Diem hat uns am Sonntag viel erzählt. Er war mit s. Bruder Harald hier. Das Bild der theol. Lage, das sie entrollten, war sehr betrüblich. Es scheint so ungefähr jeder mit s[einem] Knöchlein in s[ein] Loch zu springen u. dann von dorther zu bellen. Und Einer, [der] das zusammenhält, ist nicht mehr da. – – Im nächsten Semester will Schlink kommen. Vielleicht klärt sich dann Einiges. –

Ich muß abbrechen, weil Andres wartet. Schreiben Sie bald ein Kärtlein, denken Sie, wie schön, wenn Sie in Ruhe „das dicke Buch" (es heißt offiziell nur noch das „Dickerchen") durcharbeiten können.

Herzlichst grüßen wir Alle Sie. Ihre L. v. K.

Der „Dostojewski" war ohne Absichten, nur weil er schön ist u. weil das Leise in dieser lauten Zeit vielleicht auch Sie erfreuen konnte. –

Grüßen Sie bitte Frau Gr[aeber]. Ich schreibe ihr bald.

210 Edmund Schlink (1903–1984), lutherischer Theologe, 1929 Dr. phil., 1931 Lic. theol., 1932 Hochschulpfarrer in Darmstadt, 1934 Privatdozent in Darmstadt, wegen seiner BK-Zugehörigkeit erhielt er keine akademische Lehrerlaubnis, 1935–1939 Doz. Theol. Schule Bethel, danach bis 1945 Pfarrverweser in Dortmund und Bielefeld, 1946 – em. 1971 oProf. in Heidelberg.

211 Offenbar meint Charlotte von Kirschbaum hier die Distanzierungsbemühungen des Lutherrates von der 2. Vorläufigen Leitung. In einem Schreiben vom 4. Januar 1938 an die VL wies der Lutherrat den Anspruch der VL zurück, Leitung d e r BK zu sein. Die lutherischen Landeskirchen und Bekenntnisgemeinschaften, die sich dem Lutherrat angeschlossen hätten, seien keineswegs der VL unterstellt. OKR Breit erklärte kategorisch, daß es eine gemeinsame Synode mit den der VL angeschlossenen Kirchen nicht mehr gebe.

Elisabeth Freiling
an Charlotte von Kirschbaum, Brief vom 19. II. 1938

Liebes Fräulein von Kirschbaum.

Zum Sonntag soll der Gruß ankommen (kriegen Sie überhaupt sonntags Post?!) und Ihnen ganz herzlich danken für Ihren lieben Brief, der mir so wohl getan hat, und vor allem auch für die Beilage, die zum 13. II., dem Jahrestag der bösen Zeit, an ihre Adresse gekommen ist und dort sehr große Freude ausgelöst hat. Sie bittet mich, es Ihnen doch schon zu schreiben, daß sie sich sehr gefreut hat. Sie möchte es nicht direkt tun.[212] – Und nun „jenes eine Wort"! Wie gerne hätte ich es sofort geschrieben! Wie gut täte es, im ganzen, und dann auch ein mündliches Auspacken mal auf der Hin- oder Rückreise. Aber so schnell geht es ja doch nicht. 1. kann ich, solange ich noch hier in der Gemeinde bin (bezahlt!), nicht mehr um Urlaub bitten, 2. ist es mir noch unsicher, ob ich am 1. April hier wegkomme, wenn noch keine neue Arbeit in Sicht ist. Man würde mein Weggehen hier kaum verstehen, ohne daß ich angeben kann, wo ich weiter arbeiten will. Wenn sich aber eine neue Arbeit zeigt, so ist es fraglich, ob man 4 Wochen oder (na doch, vielleicht 14 Tage!) auf mich wartet. Ich will jedenfalls tun, was ich kann, um Ihr „Geschenk" annehmen zu können. Ich täte es ja sooooo gern! Also aber frühstens im April. Herrn Hanuschs Wechsel ist übrigens auch noch nicht möglich. Sein Vorgänger bei P. Schl[ingensiepen] kann nicht fort, weil er in der neuen Gemeinde zwar gewählt ist, aber nicht eingeführt werden kann. Und da weder die Gemeinde noch die BK Geld hat, die Stelle selbst zu unterhalten, stockt einstweilen die ganze Sache. Es besteht übrigens unter den jungen Hilfspredigern allmählich mancherlei Bitterkeit über Stellenbesetzung und „Brüderlichkeit" im Aufnehmen der Entbehrungen, die der Kampf mit sich bringt. Es ist eben ein arges Mißverhältnis im Tragen der Lasten zwischen der älteren und jüngeren Generation. Neulich sagte einer der „Unversorgten": „Da stürzt eher der Himmel ein, ehe solch ein alter BK-Pfarrer etwa einem jüngeren Bruder, der sich verheiraten möchte, zu sich in sein großes Pfarrhaus nähme!" Das „Wunder" ist ja hier im Wuppertal geschehen: P. Bockemühl[213] hat P. Hermann/Kirschseiffen[214] bei sich aufgenommen, aber es ist wirklich ein Wunder! Und die Stellenbeset-

212 Es handelt sich um Frau Graeber.

213 Robert Peter Bockemühl (1896–1953), 1923–1927 Pfarrer in Puderbach, 1927 – + 1953 in ref. Cronenberg, Mitglied der BK, Redeverbot und Strafverfahren, 1939–1945 Kriegsdienst, 1949–1953 Superintendent von Elberfeld.

214 Julius Wilhelm Hermann (1902–1979), 1932–1937 Pfarrer in Kirschseiffen, Mitglied der BK, 1937 in ref. Cronenberg II, em. 1968.

zung ist ja oft so unvernünftig: feste Stellen auf dem Land werden von den Älteren aufgegeben, die Jüngeren werden dort nicht eingeführt,[215] stattdessen sitzen dann die Älteren in den großen Stadtgemeinden, die gut einen HP aus ihren Mitteln tragen könnten. Es sieht da schon manches bedenklich aus. – Aber das ist ja nicht das Schlimmste. Man darf sich nur von daher nicht über gewisse Ermüdungserscheinungen unter den Jüngeren wundern. – Schlimmer ist ganz gewiß die theologische Lage. Ich teile Ihren Zorn über Schlink und diese gesamte Lutheraner-Gesellschaft. Das Gespräch zwischen Eichholz und Brunner, von dem ich Ihnen wohl ankündigend schrieb, hat mich wieder mit Entsetzen vor dieser Schar erfüllt. Am Morgen, als Eichholz noch nicht da war, ging Brunner mit Hartnäckigkeit bis zu dem mehrmals wiederholten Satz: „Ich sehe in der Gemeinde Gemarke nicht den Ort, an dem ich mich genötigt sähe, die Kirche Jesu Christi zu glauben." Am Nachmittag ging er nicht so weit. Es kam überhaupt zu keinem rechten Gespräch. Eichholz Korreferat war für E[ichholz] recht angriffslustig, scharf und fast ironisch gelegentlich in der Gegenüberstellung. Aber Brunner ließ sich fast <u>nicht</u> darauf ein. Er überließ das Gespräch zunächst den andern, die ihm nicht wie Eichh. gewachsen waren, und später trat dann wieder immer stärker die in solchem Gespräch ungünstige, schöne Charakteranlage von Eichholz hervor (!), in kritischen Situationen nicht zur Entscheidung zu rufen, sondern den Boden in aller Überlegenheit abzutasten, auf dem man noch gemeinsam steht. Ich wünschte mir ja wohl von Herzen ein Stück von dieser Tugend, aber – an dem Nachmittag wünschte ich Eichholz ebenso von Herzen etwas weniger davon! Nun, es <u>ist</u> ja auch noch nicht anders, Brunner <u>ist</u> offenbar einstweilen zu der Besinnung, die wir ihm wünschen, nicht zu bringen. So wird Eichholz ja doch den einzig möglichen Weg gegangen sein. Ja, hätten wir einen, der all diese gewiß guten und ernsthaften Stimmen zusammenhalten und dirigieren könnte – – wir müssen auch da noch – warten.

Hellmut T[raub] schrieb mir zu der ganzen Wupperfelder= und „häuslichen" Frage weniger entschieden als Sie. Er schreibt, sicher nicht mit Unrecht, von Kleinglauben, der zu dem Schritt geführt habe, vor allem in der Gemeindesache, daß wir die <u>2</u> Stellen, d. h. also eine aufgeben wollen, um all der Schwierigkeiten wegen. Auch im Hause hält er mein Gehen offenbar nicht für gut. Er hat grundsätzlich gewiß recht. Aber ich meine, er sieht die konkreten Schwierigkeiten vielleicht doch nicht so deutlich. Er möchte die Lage in beiden Richtungen offen gehalten wissen; das bleibt sie ja auch einstweilen einfach dadurch, daß sich noch kein klarer Weg zeigt! Es wäre mir so sehr lieb, wenn er einmal hierher kommen könnte, auch um vielleicht aus

215 Weil sie „illegal" sind, d.h. ihre Examina bei der BK abgelegt haben, werden sie vom Konsistorium nicht bestätigt, also nicht besoldet, und weder die Landgemeinde noch die BK haben das Geld, sie zu bezahlen.

den persönlichen Spannungen ein wenig heraus zu helfen, ich glaube wohl, daß er es könnte. Ich weiß es ja selbst nicht, warum wir uns immer wieder aneinander reiben müssen, wenn es auch in letzter Zeit äußerlich freundlich zugeht. Aber gerade das bin ich manchmal so leid, und „innerlich" bin ich eben auch allmählich in einem krankhaften Stadium der Empfindlichkeit. Ich wünschte wohl, Frau Pastor [Graeber] u. ich könnten mal wieder miteinander über der Bibel zusammensitzen. Ich freute mich so sehr mit an der Predigt, die Sie ihr schickten, herzlich Dank dafür auch von mir. Sie war so gut. Ich will jedenfalls täglich die Möglichkeit solchen Gespräches offen sein lassen, es kann ja nicht gemacht, sondern nur geschenkt werden.

Aber nun muß ich schnell aufhören, damit der Brief noch weggeht. Es geht gleichzeitig eine Drucksache ab, die Sie überraschen wird! Ein Kosmoskalender, den ich mir zu Ansicht hatte kommen lassen und zurückzugeben verbummelt habe. Nun überlegte ich, wem er wohl Freude machen könnte und kam auf Joggeli,[216] mit dessen kleinem Freund Georg Preckel ich übrigens allmählich einen lebhaften Briefwechsel entwickele!! Meinen Sie, der Kalender würde Joggili erfreuen? Dann geben Sie ihn ihm mit einem freundlichen Gruß! Sonst haben Sie vielleicht eine bessere Verwendung dafür, bei irgendeinem Kind.

Grüßen Sie alle herzlich.

Ihnen besonders dankbare Grüße

von Ihrer Elli Freiling.

47

Charlotte von Kirschbaum
an Elisabeth Freiling, Brief aus Basel vom 24. IV. 1938

Liebes Fräulein Freiling!

Sie haben lange nichts gehört von mir. Es ist merkwürdig, wie sehr einem die Freudigkeit zum Briefeschreiben genommen ist – und auch wieder gar nicht merkwürdig. Die Grenze macht sich sehr konkret u. im wirklichen Sinn fühlbar u. immer fühlbarer. Aber es wäre doch betrüblich, wenn das bedeuten müßte, daß alle Austauschmöglichkeiten langsam aufhören oder ungenutzt bleiben. Daß das innere Anteilnehmen unberührt ist,

216 Hans Jakob Barth, das Jüngste der fünf Kinder Barths.

das merke ich täglich. Und nicht nur im Ganzen, auch in allem Einzelnen. Ich habe auch oft zu Ihnen gedacht u. immer ein wenig gewartet, daß Sie schreiben würden „Jetzt ist es so weit u. ich komme." Aber es scheint noch nicht „so weit" u. ein Brief von Frau Gr[aeber] aus Bonn [sic] bestätigt das. Daß ich auch zu ihr hin stumm geblieben bin, das nehme ich mir am übelsten!! Aber dann kam zur allgemeinen Müdigkeit noch die besondere, daß ich tatsächlich ratlos war, nachdem die Sache mit dem Arzt nicht so recht gelingen wollte. Nicht nur darum, weil ich weder zu Bethel, noch zu Hohemark, noch zu Oberhofen volles Vertrauen fassen u. ihr überzeugend zureden konnte sondern auch weil ja bei dem ganzen Arzt[planen -unleserlich] etwas in mir nicht so ganz mit will, so sehr ich ihr hier zuriet u. dies auch wieder tun würde. Ich habe ihr nun nach Bonn geschrieben u. zwar restlos offen, u. ich hoffe sehr, sie nehme es gut auf. – Hoffentlich erholt sich Hans Martin [Graeber] bald, es klang Alles etwas fraglich. – Ihre Nachrichten über Werner [Koch] haben wir natürlich sehr betrübt entgegen genommen. Nun ist alles noch dunkler u. ungewisser als vorher. Oder darf man annehmen, daß das die Folge ist von einem vielleicht sehr guten Verhalten seinerseits? Das würde über Manches trösten, auch wenn es die persönliche Härte nicht mindert u. wir sehr teilnehmend an ihn u. an s[eine] Braut denken. – Unser Freund Hellmut [Traub] schweigt beharrlich, so beharrlich, daß ich in Sorge bin, es stimme etwas nicht. Für dieses „Nicht-stimmen" hat die Phantasie freilich heute u. bei ihm so uferlosen Raum, daß ich gar nicht erst anfangen will zu raten, sondern lieber warte, bis es wieder anders ist. – –

Vor 3 Tagen hat das Sommersemester begonnen. Ein generelles Devisenverbot hat allerhand Ratlosigkeit geschaffen, aber mit einiger Zähigkeit ist nun doch Alles noch in Ordnung gekommen, gar nicht finanziell sondern auf anderen Wegen. Manchmal meine ich, es sei doch auch darum nicht ganz umsonst hier zu sein. Aber da es immer ein faules [?] Unternehmen ist, nach immanenten Existenzgründen zu suchen, so will ich dies nur sehr unbetont sagen! – Die Osterferien waren z. T[ei]l sehr arbeitsam u. zwar in mannigfachster Weise, während seiner Abwesenheit habe ich die gesamte Bibliothek entstaubt u. das braucht viel Zeit! U. dann doch auch noch in schönster Weise erholend auf dem Bergli für uns beide. Er kam sehr angeregt von der britischen Insel nach Hause u. auch sehr getröstet über das Mächteverhältnis zwischen ihr u. dem Kontinent, wenn man sich denn davon „trösten" lassen will!! – [217]

Von zu Hause hören wir wenig u. doch gerade genug um zu wissen, wie die Dinge stehen. Auch in diese Hinsicht war s. Reise nicht umsonst, auch wenn die Wirkung nicht unmittelbar sichtbar wird. Sehen Sie manchmal Käthe? Dort würden Sie über Manches instruiert werden. Grüßen Sie

217 S. Anm. 209.

bitte Georg Eichholz, seine Arbeiten in der nun leider Verstorbenen waren mir doch bei weitem das liebste, was an theologischen Kundgebungen überhaupt von dort noch zu uns dringt. – [218] Und schreiben Sie wieder, auch von Ihnen.

Mit herzlichen Grüßen sendet Ihnen dieses „Fragment" Ihre Ch.v.K.

KBA 98765. 47

Elisabeth Freiling
an Charlotte von Kirschbaum, Brief vom 26. IV. 1938

Liebes Fräulein von Kirschbaum.

Ihr Brief hat mich fast ein wenig betrübt, obwohl ich mich sehr freute, endlich ein Lebenszeichen zu haben. Das darf nicht sein, daß die Grenze so mächtig wird, und gerade Sie sind doch (u.a.!!) deswegen mit herüber gegangen, damit wir mit drüben sind und Sie bei uns. Also ich will schnell, obwohl mein Füllfederhalter streikt u. ich mit einer schrecklich spitzen Feder aus alten Zeiten, ins Tintenfaß einzutauchen, schreiben muß, das meine tun, um nicht mitschuldig zu werden an der Grenze. Ich hätte längst geschrieben, aber ich war ein wenig besorgt, solange auf meine 3 Sendungen (Karte, Brief und Drucksachenpäckchen an Sie für Joggeli, ein Kosmoskalender; ist alles angekommen?) kein Echo erfolgt war, und habe mich dann erst mal über Käthe [Seiffert] nach Ihrem „Ergehen" erkundigt. Mit Käthe bleibe ich immer in Verbindung; leider sehen wir uns nicht sehr oft, aber wir benutzen jede sich bietende Möglichkeit. Sie kennen ihr kleines schönes Reich in der K[aisers]w[erther] Straße noch nicht, sonst verständen Sie auch von daher, daß man gern bei ihr einkehrt, wenn es ein paar freie Minuten in Düsseldorf erlauben. Am Samstag in 8 Tagen hoffe ich wieder bei ihr zu sein und viel von Ihnen zu hören!

Daß mein Briefchen „Es ist so weit" noch nicht gekommen ist, ja, das tut mir selbst am meisten leid. Aber – es ist eben noch nicht so weit. Ich rechne jetzt bestimmt mit der Möglichkeit im August, wenn hier der Haushalt aufgelöst wird wegen der Ferien. Hoffentlich, hoffentlich sind Sie dann nicht beide über alle Berge, sonst – würde ich mein Kommen verschieben. Es tut mir schon leid genug, daß dann jedenfalls die Möglichkeit eines Kollegs wegfällt. Sie schreiben mir dann mal über Ihre Pläne. Über Ostern habe ich nach Hause fahren dürfen, das war sehr schön u. ich bin fröhlich und mu-

218 „Theologische Existenz heute" ?

tig zurückgekommen, und der „Schwung“ wird hoffentlich ein Weilchen anhalten. Auch meine Schwester war zu Hause und hat dann am Geburtstag des Führers nach Vereidigung durch einen kath. Schulrat ihren Staatsdienst in einer Volksschule auf dem Westerwald (kleines Städtchen im Kannebäckerland bei Neuwied: Höhr-Grenzhausen, hat eine berühmte (bis nach Japan berühmte!) keramische Fachschule, vielleicht kennen Sie es daher?) begonnen, mit manchen erfreulichen Erleichterungen für den Anfang: nur 25 Kinder, der sehr einsichtsvolle kath. Schulrat, mehrere kath. Lehrer u.s.w. Ich habe sie auf der Rückreise schnell besucht und alles an Ort und Stelle besichtigt! Hoffentlich hält sie gesundheitlich den Dienst nun durch. Die Eltern waren so froh, daß es nach 12 Jahren (1926 hat sie ihr Lehrerinnenexamen gemacht!) nun endlich „so weit“ ist. Sie klebt aber auf alle Fälle freiwillig in der Reichsversicherung f. Angestellte, in die sie durch den Privatdienst kam, weiter, falls aus irgendwelchen Gründen ihr Dienst nicht von langer Dauer ist – !

Ihre Sorge und Müdigkeit Frau Pastor Graeber gegenüber versteht wohl niemand besser als ich. Ich sprach mit Käthe darüber und war nach aller Problematik herzlich erquickt über ihren Rat zu vegetarischer Lebensweise u. dergl. Diätveränderung. Etwas ernsthafter fiel mir dieser Vorschlag wieder ein, als ich auf meiner Hinreise in die Osterferien mit Frau Pastor Glaser, ihrer Mutter, über die ganze Sache sprach (ich hatte bis jetzt nie Gelegenheit, einmal mit ihr allein zu sein u. hätte schon längst gern einmal gewußt, wie sie eigentlich den Zustand ihrer Tochter beurteilt, denn sie ist in manchem eine sehr vernünftige und entschlossene Frau). Sie erhofft wenig von einer ärztlichen Behandlung auf die Schlafmittel hin. Sie erzählte mir, was ich so genau noch nicht hatte beobachten können, daß die seelischen Störungen in genauem Zusammenhang mit der seit der Geburt Margrets gestörten Periode auftreten. Sie machte mich dann auf die ihres Wissens unheilbare Erscheinung des Wochenbett-Wahnsinns aufmerksam. Sie hielt für das Wesentliche, ohne es so deutlich zu sagen, offenbar den Kampf gegen den Unglauben, der diese körperlich bedingten und ihrer Meinung nach unabänderlichen Dinge zum Anlaß nimmt. – Ob sie die medizinische Seite, vor allem in Richtung der Unabänderlichkeit, richtig sieht, kann ich gar nicht beurteilen. Ich dachte nur in dem Augenblick tatsächlich an Frl. Seiferts Rat. Aber in dem andern muß ich ja dasselbe sagen: Die Schlaflosigkeit an sich wäre „nicht schlimm“, wenn nicht Angst und Mißtrauen und Undankbarkeit und Selbstsucht in ihr ihren Anlaß nähmen. Aber ich habe es ja mit Frau Pastor Graeber selbst aufgegeben, darüber zu sprechen. Sie tut es nicht mehr von sich aus, und wo das Vertrauen fehlt, kann ich ihr auch nicht helfen. Ich überlasse das nun ihr selbst und – Ihnen, und bin dankbar, wenn Sie weiter für sie da sind in dieser Frage. Es hat mir sehr den Anschein, daß Fr. P. sich auch das Wort Gottes nun nicht mehr von mir sagen lassen will, als ob sie auch da nun eben nur nach Ihrer Seite hin noch das Ohr offen hat, wie das ja wohl manchmal in ihrem Leben schon gewechselt hat. Und da ist dann auch ein Drängen von mir aus, wie mir scheint, sinnlos. Ich habe sie mehrmals darum gebeten, wir möchten wir [sic! Statt: wieder] zusammen in der Bibel lesen, manche Vorbereitung gemeinsam machen, aber sie kommt nicht, obwohl sie es ja immer wieder zusagt. So bin ich auch da an einem toten Punkt. Ich lerne, anders als seither, auch hier das Warten, in dem Herr Pastor Graeber sich ja wohl seit 14 Jahren übt. Ich verstehe ihn jetzt auch besser, wenn auch nicht ganz, in der völligen Passivität seiner Frau gegenüber.

Meine Arbeit ist im Raum beschränkt, wie bisher, aber der Raum ist eben noch nicht genügend beschränkt, um gehen zu können. Der Nachfolger von Herrn Hanusch (er hat seit 20. III. P. Schli[ngensiepen]'s Bezirk übernommen) soll Sup. Berkenkamp zugewiesen werden (ob er schon da ist, weiß ich nicht; er sollte nach Ostern kommen: Stephan v. Saarbrücken), damit bedeutet er keine Hilfe für P. G[raeber] und ich bin also noch „unabkömmlich", wie man so sagt. Zudem eben die Schwierigkeit, von der ich schrieb: Ich kann schlecht gehen, solange sich keine andre Arbeit zeigt, die das Gehen begründete. Also: weiter Durchhalten u. alle Möglichkeiten ausnutzen! Vielleicht gehe ich in den nächsten Wochen mal zu einer Jugendbibelarbeit – nach Wahlrod! Frau Pf. Schwenzel bat mich darum. Das tue ich sehr gern.

Von Hellmut [Traub] persönlich habe ich auch nur ein paar Zeilen aus der neuen Arbeit. Aber meine Schwester war auf der Rückreise von ihrer Ostseeinsel ein paar Tage in Berlin und hat (am Wahlsonntag, 10. IV. [219]) seine Antrittspredigt in seiner neuen Gemeinde[220] über Sach. 9, 12–18, gehört. Sie war offenbar sehr gehemmt, mindestens in der äußeren Form ein wenig mißglückt. Er erzählte ihr nachher, er sei auch mit dem Text nur schwer u. spät in der Nacht zurecht gekommen und so habe es an der nötigen Durcharbeitung gefehlt. Die abgedankten Offiziere und Exzellenzen und die Salonbesucher mit feinen Dämchen wollen ihm absolut nicht schmecken u. er fügt sich nur sehr schwer und mit großem Heimweh nach F[ürstenwalde] in die neue Arbeit. Er hat Dita in den 3 Wochen treulich beigestanden. Meine Schwester stellte ein starkes nervöses Zucken um den Mund fest, obwohl er selbst behauptete, sich gesundheitlich sehr wohl zu fühlen. Mehr kann ich auch nicht berichten.

219 Am 10. April fand die sog. Volksabstimmung über die „Heimkehr" Österreichs statt, in der die Deutschen ihrer Begeisterung über den Anschluss Ausdruck gaben.

220 Die Kaiser-Wilhelm-Gedächtnisgemeinde in Potsdam.

In Frankfurt traf ich Steck kurz, ganz in Anspruch genommen von einer drohenden Erkältung (!!) und den Vorarbeiten zu einem Referat über Schleiermacher, das er wohl, wenn nicht die Erkältung gesiegt hat, am Samstag in Halle gehalten hat.

Eine große Freude werde ich noch im Verlauf der nächsten 14 Tage haben: Der Rh[einische] R[at] will darüber beraten, ob es nicht an der Zeit ist, Werner [Koch] auf die F[ürbitte]liste zu nehmen. Dazu soll Dita herkommen, wohl Anfang Mai. So werden wir uns endlich sehen. Aus einem Brief W's an seine Eltern: „Ihr dürft in der Tat versichert sein, daß ich die Rückkehr nach hier mit der inneren Ruhe auf mich nehme, die mir im wesentlich auch bisher geschenkt war. Es geht mir im übrigen gut und ich bin gesund. – – Es kommt alles zu seiner Zeit und dieselbe steht in einer höheren Verwaltung, der wir nicht ins Wort reden dürfen. Ich habe erkannt und gelernt, daß es gut so ist." Dita ist sehr dankbar für das Zusammensein in den 3 Wochen. „Wohl die glücklichste Zeit hätte uns nicht so zusammengebracht wie das Jahr dieser radikalen Trennung", so ähnlich schrieb sie mir einmal. Ich sehe in dieser Sache immer wieder die wunderbare Macht dessen, der im Leiden und Sterben siegt. An diesem Ort ist das Abendmahl ausgeteilt worden, von dem Präses an N. ![221] Ist das nicht schön? Werner hat auch offenbar Erleichterungen, keinen Außendienst mehr. Der Grund der Rückkehr ist übrigens durchaus unerfindlich, auch für den Krankenhausdirektor,[222] mit dem der Präses sprach.

Ich muß nun schnell aufhören, der Tagesdienst fordert mich; das war eine schöne Morgenstunde, Ihnen zu schreiben. Ich will in Zukunft nicht mehr so schweigsam sein. Ihre Grüße an G. Eichholz will ich bald ausrichten. Hoffentlich helfen auch die, die Grenze wieder etwas zu erniedrigen. Sie müssen es wirklich merken, daß wir trotz allem beieinander sind, und wie Sie uns fehlen, wenn Sie es uns nicht mehr merken lassen.

Es grüßt Sie und das ganze Haus herzlich

Ihre Elli Freiling

Von Hans Martin [Graeber] noch: Es ist nicht so sehr schlimm, wie es wohl in den Gesprächen der Mutter scheint. Ich habe ihn auf Hin= und Rückweg besucht und munter und tapfer gefunden. Es hat sich als Ursache jetzt eine

221 Werner Koch war im Februar 1938 von Sachsenhausen aus ins Gefängnis („Alex") nach Berlin gebracht worden, wo man die Möglichkeit einer Entlassung überprüfte. Hier besuchte ihn seine Braut. Er wird aber nicht entlassen, sondern ins Lager zurückgebracht. Hier reichte Präses Scharf dem Mitgefangenen Niemöller und ihm das Abendmahl.

222 Gefängnisdirektor.

sehr alte Vereiterung im Oberkiefer herausgestellt, die im Laufe dieser Woche durch einen Oberkieferschnitt durch den Mund ausgeräumt wird. Die Temperaturen um Ostern gingen auf eine hinzu gekommene akute Erkältung zurück. Sie sind jetzt weg, auch die Schmerzen in Kopf und Ohr. Also Schmerzen hat er z.Z. gar keine, und freut sich, daß er auf diese Weise vermutlich um eine 4 wöchentliche Truppenübung auf dem Heuberg Ende Mai herumkommt! Er sieht das alles sehr sachlich und vernünftig an, und hat zu der Krankenhausumgebung ein gutes Verhältnis gefunden. – Jetzt aber schnell an die Arbeit. Und ich wünsche auch Ihnen viel Freude und Mut und neue Kraft dazu. Wie haben Sie es doch so gut, an der Stelle arbeiten zu dürfen! – Ich möchte kommen und lernen und helfen!

(Schließen Sie nicht auf veränderten Charakter von der Schrift aus! Der Brief kommt mir selbst ganz fremd vor. Aber es sieht auch in mir z.Z. recht aufgeräumt vor!)

KBA 98765. 48

Elisabeth Freiling
An Charlotte von Kirschbaum, Brief o. D.

Kanon zu 3 Stimmen: Er ist da!

[Text mit Noten:] Er ist da! Er ist da in seiner Gloria, in seiner Gloria! Die Freude will uns ersticken, die Freude will uns ersticken. Wir wissen vor Entzücken uns gar nicht zu fassen, uns gar nicht zu lassen, denn er ist da in seiner Gloria, in seiner Gloria – – – – – in seiner Gloria, denn er ist da in seiner Gloria.

Zur Vermittlung deutschen Liedgutes

Mit herzlichem Gruß

Ihre E. F.

P. S. Seit Anfang dieser Woche gesund und wieder tüchtig an der Arbeit! Und zur Begrüßung erwartete er mich hier! Und tröstete mich über manche Sorgen des neuen Anfangs: 4 neutrale Kreise lehnten die weitere Mitarbeit ab (das wäre mir noch kein Grund zur Trauer), aber darüber geriet der sehr einsichtsvolle rechtsrhein. Kreisverband in die Sorge, ob die Arbeit überhaupt weiter geführt werden könnte. Denn es fehlten nun 30.– M Beitrag zum Gehalt monatlich (der Kreisverband besteht noch aus 15 Kreisen!!) – – – Quo usque tandem? Die Einsichtslosigkeit ist erschütternd. Aber schlimmer ist ja eigentlich, daß man sich immer wieder dadurch erschrecken und verwirren läßt. Ich habe mich und eine Gemeinde gestern dann mal wieder bei Luk. 8, 4–15 festgehalten.

Werner ist seit Weihnachten Gef[angenen]Seelsorger in dem Lager, verbunden mit seinen militär. Pflichten.[223] Und daß K[arl] G[erhard] St[eck] Ruhepasue hat, werden Sie wissen. Gesundheitlich geht es ihm bis Neujahr gut. Er hat da auch seine Bibel bekommen.[224]

Herzliche Grüße an alle!

KBA 98765. 49

Elisabeth Freiling
an Charlotte von Kirschbaum, Brief vom 9. V. 1938

Liebes Fräulein von Kirschbaum.

Zum 10. soll ein Gruß dort sein, wenn er auch dicht neben dem Hauptziel einschlägt! Aber als Streifschuß darf er unter dem Berg Post, der gewiß landet, auch seinen Dienst tun. Grüßen Sie in herzlicher Dankbarkeit, und es fehle[t ?] uns nur, einmal wieder persönlich angeredet zu sein, und es wäre schön, wenn das das Echo der Geburtstagspost sein könnte. Es ist in den letzten Wochen so viel von den Ereignissen 1934 wieder die Rede gewesen und es erschreckt mich, wie blaß und geradezu falsch das Bild durch die Entfernung geworden ist, gerade in der uns z.Z. bewegenden Sache.[225] „Es wäre schön...“, wie gesagt, s. o.

Sie erinnern sich an den Abendmahlsstreit (De sacramento) damals in der Gemeinde meines Onkels; ob das Annehmen der Gabe beeinträchtigt ist durch die Würdigkeit des Spenders, darum geht immer wieder die Frage. Mir scheint zunächst wichtig, daß man sich jedenfalls nicht freiwillig zu einem Götzenpriester begibt, um sein Dankopfer anzubieten. Mir scheint überhaupt die Frage, ob in einer so verbindlichen Sache, heiligen, könnte man doch sagen, es überhaupt möglich ist. Das Richtige schiene mir, wie es ja auch damals in der Gemeinde geschehen ist, daß man das Handeln der Gemeinde so definiert, daß der Priester es selbst vorzieht, sich mit

223 Werner Koch ist im Februar 1937 vom Gefängnis am Berliner Alexanderplatz in das KZ Sachsenhausen überstellt worden. Danach kam er in eine Strafkompanie. Er kam erst am 2. Dezember 1938 wieder in Freiheit.

224 Karl Gerhard Steck ist verhaftet worden.

225 Die Frage der Eidesleistung, die die DC-Kirchenleitung zum Geburtstag des „Führers“ am 20. April von den Pfarrern gefordert hatte und die von den BK-Pfarrern mehrheitlich abgelehnt wurde.

dieser Gemeinde nicht mehr zu befassen. Wieweit er aus Zorn dann der Gemeinde schaden wird, müßte man ja abwarten; er wird so oder so ihr nichts Gutes bringen; wird aber vielleicht seine Gründe haben, mit oder ohne Sakrament langsam vorzugehen. Leider spielt hier im Rheinland wieder Dr. Queller keine gute Rolle in der Sache. Ich bin allmählich zu dumm, um die theologischen Linien dieses Luthertums noch zu begreifen; eins ist mir klar: so kann es nicht das Zeugnis des Glaubens sein. Es [r ?] ist mir zu klug. Der Anstoß verschwindet, jetzt wie damals bei dem Wort an die Brüder, auf dessen kluge Exegese ich ja auch zuerst hereingefallen bin.[226]

Ich hatte eine sehr schöne Woche mit Fräulein St.[227] Leider hat, was ich nicht verstehe, Frau Pastor es nicht für nötig gefunden, sie zu sehen, obwohl Hans Martin seit 8 Tagen fieberfrei ist und schon täglich einige Stunden aufsteht, keine Schmerzen mehr u. s. w. und auch sonst sie nichts in Bonn festhielt. Es tat mir auch deshalb leid, weil ich der freundlichen Art von Frl. St. manche Überwindung von Schwierigkeiten zugetraut hätte, wozu nun wieder die Gelegenheit vorbei ist.

Am vorigen Samstag war Käte [Seiffert] da, Dita [Stokmann] u. ich hatten einen sehr schönen Nachmittag mit ihr; leider sind wir über all dem vielen, was zu erzählen war, nicht zu den Berichten über die Inselreise gekommen, das tat mir nachher leid, ich hatte ganz vergessen, danach zu fragen.[228] Aber ich hoffe, es dauert nicht zu lange, bis wir uns wiedersehen.

Schrieb ich Ihnen neulich schon, daß das verheißungsvolle Amt für Vikarinnen hier im Rhein. Bruderrat geschaffen ist, mit Kunze, Beckmann, Schlingensiepen? Wir rhein. Theologinnen hatten am letzten Samstag unsre 1. Zusammenkunft mit Kunze darüber. Obwohl, wie es seine Art ist, er vielerlei Theologisches fragte, anregte und für wichtig hielt, so fürchte ich doch, daß die Sache in dieser Richtung nicht in allzu gute Hände geraten ist (Beckmann hat dazu ja keine Zeit und – Lust!). Wenn etwas getan wird, so wohl einige Ordnung in praktischen Dingen, was ja aber auch nicht unwichtig ist. Es tut mir nur leid, wenn es wieder ganz auf dieses Geleise abgedrängt wird.

226 Der Onkel ist Pfarrer Otto Fricke/Frankfurt a.M., der sündige Priester ein homosexueller Pfarrer. Mit Dr. Queller ist Pfarrer Dr. Peter Brunner/luth. BK-Gemeinde Elberfeld gemeint.

227 Vermutlich Hilde Stracke (1908–1973), geb. in Elberfeld, 1928–1934 Studium der Geschichte, Mathematik und Theologie in Tübingen, Marburg, Bonn. 1934 Staatsexamen, 1935 Fakultätsexamen für Theologie in Marburg, Kolloquium bei der rhein. BK, 1937 pädagogisches Staatsexamen, Frühjahr 1938 2. theol. Examen bei der BK Rheinland, Einsegnung in Saarbrücken, 1939 Vikarin in Solingen (Katechetik und Jugendarbeit), 1943–1947 Pfarramtsvertretung in Solingen, 1947 Wechsel in die Oldenburgische Kirche.

228 S. Anm. 209.

Ich will tun, was ich kann, um die Frage wach zu halten, aber mehr wird es kaum sein können, weil ja auch alle Mühe um die Exegese mich bis jetzt nicht weiter als bis zu vielen offenen Fragen geführt hat. Ich hatte am Morgen exeg[etische] Arbeit über Gen[esis] 2 zu treiben, ich schreib es vielleicht noch mal ordentlich u. schicke es Ihnen. Es gab viel Widerspruch, ist auch viel Gewagtes u. Unsicheres drin, aber es hat mir Freude gemacht. Eichholz fragt gelegentlich (nachdem wir einmal ein Gespräch über die Fragen hatten), am wievielten Band des Problemkreises ich wäre! Obwohl es mir leid tut, daß er nicht mehr als diese Ironie mir sagt, hat er ja mindestens darin recht, daß es eine Arbeit auf lange Sicht für alle theol. Frauen sein wird, wenn wir da noch zu brauchbaren Resultaten kommen wollen. Ist Ihnen der Band von Lic. Anna Paulsen „Ich habe Dich bei Deinem Namen gerufen", ein Buch von Beruf und Berufung der Frau, in die Hand gekommen?[229] Ich ließ ihn mir heute morgen zur Ansicht mitgeben und bin gespannt, was sie alles entdeckt hat. Was ich bisher von ihr hörte in dieser Richtung, macht mich nicht allzu hoffnungsvoll!

Das Zusammensein mit Dita und dem Rh. BR war menschlich wohltuend. Sachlich ist es höchstens Vorbereitung zu dem geplanten Schritt gewesen.[230] Warum gedenkt man überhaupt persönlich der Kranken? Ich denke, weil wir damit laut sagen wollen, daß wir ja ebenso gut krank sein könnten, und uns also, nicht nur der Kranken wegen, sondern auch zur Ermahnung der Ärzte u. Krankenpfleger bei ihnen aushalten. Frage man aber bei einem Schwerkranken, wenn man zu ihm geht, auch nach, ob er ein wenig vorsichtiger und vernünftiger hätte sein sollen, damals als er sich den ersten Husten holte, in dessen Verfolg die Lungensache kam? Ich verstehe das nicht, wenn auch viele Gründe immer wieder genannt werden.

Nun einen dankbaren Gruß dem ganzen Hause und Ihnen besonders, daß ich noch durch Sie mit dem Hause in Verbindung stehen darf,

von Ihrer Elli Freiling.

229 Anna Paulsen (1893–1981), Studium der Theologie in Münster und Kiel, 1924 Lic. theol., ab 1926 Leiterin des Seminars für Kirchlichen Frauendienst im Burckhardthaus in Berlin-Dahlem. 1952–1959 Frauenreferat der EKD. 1953 theol. Ehrendoktor Kiel.

230 Werner Koch sollte auf die Fürbittenliste der BK gesetzt werden, wobei es Widerstände in dem Sinne gab, er habe politisch unvorsichtig gehandelt. Elisabeth Freiling schreibt im folgenden in verschlüsselter Form von den Gefangenen.

Dem Brief beigefügt ist der

KBA 98765. 50

Maschinenschriftlich(r) Bericht über die Theologinnenzusammenkunft in Düsseldorf am 7. Mai 1938, 10–21 Uhr.

Zu Anfang hielt Vik. Emmi Bach[231] eine Andacht über Joh. 17, 18–19.

Dann gab Vik. Elli Freiling eine Exegese von Gen. 2, 4 ff.:

Die exegetischen Schwierigkeiten der ntl. Stellen über die Frau beginnen und konzentrieren sich bei der Exegese von Gen. 2 und 3. Wir müssen die theologische Bedeutung dieser Grundlagen uns erarbeiten durch „absichtslose" Exegese der Kapitel im Zusammenhang. Arbeit auf lange Sicht!

Gen. 2 (Buch Mose) = prophetisches Zeugnis des Volkes, das Gott kennt aus der Offenbarungsgeschichte von Ägypten und Sinai, in der Sprache des orientalischen Mythus. Die Bilder dieser Sprache sind wahr, sofern Gott sie in seiner Offenbarung gebraucht und gestaltet. Skopus von Gen. 2: Gott ergreift Besitz von der Erde, an einem bestimmten Ort, durch den Menschen. Mittelpunkt der Erde ist der Mensch innerhalb seiner Grenzen, gegenüber Gott. Die Zahl 2 bestimmt das Kapitel: Gott, der den Menschen macht, aus Erde und Geist; der begrenzte Garten, aus dem die Ströme in die Welt fließen; 2 Bäume; Gut und Böse; Leben und Tod; Mensch und Tier; Mann und Weib; Vater und Mutter – Mann und Weib; die Rede Gottes und die (erste!) Rede des Menschen. Wir beobachteten, indem wir alle diese Linien auszogen, die Grundlinien des Lebens der Kirche: Gott und der Mensch, von ihm gemacht zu seinem synergos, im begrenzten Raum auf der Erde, offen nach allen Seiten; in der Mitte die Gabe des Lebens und die andre ihr Schutz (Evangelium und Gesetz); der Mensch unter dem Auftrag Gottes und der andere seine Hilfe; der Ort des abad (ebed!) und am Rande der Tod, dort wo die Grenze des Menschen überschritten wird.

Die aufgerichtete Grenze meint das vertrauende Anerkennen der Überlegenheit (Überordnung) Gottes. Das Überschreiten dieser Grenze bedeutet den Tod. Dieser Gefahr gegenüber ist das „Alleinsein" nicht gut, wird eine „Hilfe" geschenkt, von Gott geschaffen.[232] Eine neue Grenze des Menschen,

231 Emilie Bach (1909–2003), 1928–1933 Studium der Theologie in Berlin, Marburg, Bonn, Frühjahr 1933 1. theol. Examen Konsistorium, Vikariat in Düsseldorf, Herbst 1935 2. theol. Examen BK Rheinland, 1935 Einsegnung, 1936–1939 Vorsitzende des Konvents rhein. BK-Theologinnen, 1939 Frauenhilfe Duisburg, 1940 Heirat mit BK-Pfarrer Karl Mühlen, bis 1974 Gemeindearbeit und Konfirmandenunterricht in Duisburg.

232 Dem Mann wird eine „Hilfe" geschaffen (ezer), die Frau. Sie ist also die Gehilfin des Mannes. Offenbar zweifelt Elli Freiling nicht daran, dass die Gehilfin

aber eine aus ihm selbst herausgesetzte Grenze, die er darum liebt. Die Gefahr des Menschen liegt in seiner Eigen-mächtigkeit (vgl. die Negationen des Kapitels, die ersten Negationen der Bibel!). Was wird er aus der 2 machen? Die Zweiheit als Werk Gottes ist Entfaltung, Erhaltung, Verherrlichung des Einen (doxa! NT).

In der Aussprache wurde gefragt, ob vor Gen. 3 schon von Kirche und Welt geredet werden darf. Weiter wurde eine genaue Untersuchung des atl. Begriffes ezer [ebed?] als nötig erkannt. Also an die Arbeit!

Nachdem beim Mittagessen und anschließenden Spaziergang reichliche Gelegenheit zum Austausch gegeben war, folgte nachmittags eine

Besprechung mit P. Kunze über das Amt der Vikarin und – das Amt für Vikarinnen (vgl. Brief des Präses vom 9. III. 38)

Einleitend erinnerte er an 2 Beispiele altkirchlichen Frauendienstes:

1. die Anstellung von „Diakonissen" in der syrischen Didaskalia: Notwendigkeit der Frau bei der Taufhandlung (Salbung), bei Belehrung der Frauen und Erziehung der Jugend.

2. das Gebet zur „Ordination" einer Frau in den Apostolischen Konstitutionen. (Beide Beispiele enthalten in v. d. Goltz „Der Dienst der Frau in der christlichen Kirche")

Das heutige kirchliche Amt der Frau ist seinem Ursprung nach zu fassen als Ausfluss der Frauenbewegung: Agnes von Zahn-Harnack „Nun muß noch das kirchliche Amt erobert werden"! Die Kirche hat diesen Anstoss aus der Frauenbewegung aufgenommen, aber ihre Selbstbesinnung darüber ist noch nicht abgeschlossen, der Anstoss ist noch nicht kirchlich legitim verarbeitet.

Das Gesetz der Generalsynode von 1927 spricht von dem A m t der Vikarin. Ihr soll die Wortverkündigung im Kindergottesdienst und in Frauenbibelstunden, der kirchliche Unterricht und die Seelsorge in der Gemeinde übertragen werden. Keine pfarramtliche Tätigkeit, Gemeindegottesdienste, Sakramentsverwaltung. Bei der Anstellung ist eine Dienstanweisung vom Presbyterium aufzustellen. Anstellung soll erfolgen als Gemeindebeamtin. Dieser 2. Abschnitt des Gesetzes, über die Anstellung, ist sehr schnell in Vergessenheit geraten.

dem Mann nachgeordnet ist, obwohl sie auch den hebräischen Begriff „naegaed" erwähnt = sein ihm entsprechendes Gegenüber (s. Hermann Gunkel, Genesis, [3]1910, 7. Aufl. Göttingen 1966, S. 11). Aber im Kontext anderer neutestamentlicher Aussagen über die Frau bleibt sie doch eher bei dem Verständnis der nachgeordneten Gehilfin.

Weiterführende Bestrebungen gingen vor allem in der Richtung der Sakramentsverwaltung. Darüber noch nicht endgültige Entscheidung. Im Berliner Ordinationsgelübde wird von der Vikarin, sofern die Kirchenleitung es ihr erlaubt, eine Sakramentsverwaltung gemäss der Einsetzung Christi verlangt.

Frage der Arbeitsmöglichkeit: Berufsschule fällt weg. Es bleiben die kirchlichen Gebiete der Frauen- und Jugendarbeit, die katechetischen Aufgaben der Kirche.

Einige Fragen zur Überlegung wurden von P. Kunze gestellt:

Gilt der Fluch Gen. 3 nur der verheirateten Frau oder auch der unverheirateten? Ist er durch die Erlösung aufgehoben? Hat es für uns heute Bedeutung, dass die Frau im AT nicht kultfähig ist? Ist das göttliches Gebot oder niedrige Kulturstufe? Aber es gibt Prophetinnen. Sie bezeugen, dass Gott auch hier der souveräne Herr ist. Als Apostel sind nur Männer gesetzt. Aber Luk. 1 die Predigt der Frauen, Joh. 20 die Frau als Botin für die Apostel. Gilt die Reihe: Gott – Christus – Mann – Weib aus 1. Kor. 11 ? Sagt Paulus 1. Tim. 2 nicht nur seine Privatmeinung: ich gestatte nicht…? Es gibt doch das Witwenamt, die guten Lehrerinnen, die Bezeichnung diakonos für die Frau. Die entscheidende Frage ist vielleicht die nach dem Amt der Kirche. Der entscheidende Inhalt aller Ämter ist die Wortverkündigung, bzw. die Verkündigung des Evangeliums. In der Gestaltung der Ämter hat die Kirche Freiheit. K. Barth, Dogm. I, 2: Es gibt nicht mehr das vielfache und vielgestaltige Amt der Gottesmänner des alten Bundes. Alle Ämter sind auf die Gemeinde übergegangen. Hier nicht mehr Hierarchie, sondern Dienst. Schlatter: die Neigung, die Spendung der Sakramente als besonderes Vorrecht des Amtes zu betrachten, ist ein Rest der Anpassung der Kirche an den griechisch-römischen Staat.

In der Aussprache wurde wieder einmal deutlich, dass die Vikarinnenfrage immer von beiden Seiten: von der Frage nach dem Amt und von der Frage nach der Frau her angefasst werden muss. Und dass vor allem die Frage: was bedeutet ntl. das Amt in der Gemeinde, uns stark aus den Linien des heute geprägten Amtsbegriffes herausführt. Ausführlicher wurde noch die Frage nach der Ordination besprochen. Das Formular zur Einsegnung und Einführung einer Vikarin aus dem Agendenentwurf und das neue Ordinationsformular des Brandenburger Bruderrates wurden verlesen und verglichen. Im Agendenentwurf wurde vermisst: die Grundlegung durch die Schriftstellen über das Amt der Kirche, die Verpflichtung für das persönliche Leben, die Vermahnung zur rechten Stellung gegen alle irdische Ordnung, die Verpflichtung zur Wahrung des Beichtgeheimnisses. Im Berliner Formular ist eine starke Annäherung an das Ordinationsformular zu erkennen. Ungeklärt bleibt noch immer die Frage, ob es für die Vikarin die generelle Berufung der Kirche in das Amt gibt, abgesehen von der speziellen Berufung einer Gemeinde oder dergl. in einen bestimmten Dienst. Die Berufung geschieht allerdings unter Bestätigung durch die Kirchenleitung und in ihrem Auftrag.

Es wurden sodann noch allerlei Wünsche und Bitten Herrn Pastor Kunze zur Bearbeitung im Amt für Vikarinnen mitgegeben.

Am Abend hielten Vik. Liselotte Freyer [233], Irmgard Schäfer[234] und Fr[ieda] Schindelin je ein Kurzreferat über die Themen: 1. Werbearbeit für den kirchlichen Mütterdienst. 2. Bibelarbeit mit Frauen. 3. Seelsorge an Frauen. An alle drei schloss sich praktischer Austausch an, der manchen Hinweis brachte.

Als Seniorin wurde einstimmig Vik. Fr[ieda] Schindelin, W.-Barmen, Gronaustr. 62, gewählt, die sich Vik. Elli Freiling als „Hilfe" (vgl. Gen. 2!) erbat. Es wurden allerlei Arbeiten zur Unterstützung des Amtes für Vikarinnen verteilt, (theologische, praktische und und Ordinations-Vorlagen) und beschlossen, in einem halben Jahr, etwa im September, wieder zusammenzukommen.

Anwesend waren: Bach, Schindelin, Kogge[235], I. Schäfer, V. Schäfer[236], E. Dümmen[237], H. Ermert[238], E. Freiling, L. Freyer, I. Härter,

233 Lieselotte Freyer (geb. 1906), 1934 1. theol. Examen Konsistorium Breslau, BK, 1934–1935 Vikariat im Fürsorgeheim Freiburg/Riesengebirge, 1935–1936 Diakonissenanstalt Kaiserswerth, 1936–1938 Ev. Frauenbund/Frauenhilfe und Religionsunterricht in Köln, 1939–1942 in den Kirchenkreisen Wittenberg u. Bitterfeld, 1943 in Bunzlau, 2. Theol. Examen Konsistorium Breslau, Heirat, 1945 Flucht und danach Mitarbeit in der Gemeinde ihres Mannes, Pfarrer Hugo Hohmann, bis zu dessen Emeritierung 1963 in Schkölen/Kreis Naumburg.

234 Irmgard Schäfer (1909–1957), 1934 1. theol. Examen in Halle, BK. Vikariat in Halle, 1936 2. theol. Examen BK Kirchenprovinz Sachsen (1943 Legalisierung), 1937–1944 Frauenhilfe inDüsseldorf, 1944–1948 in Lüneburg, 1948–1957 Dozentin in den Neinstedter Anstalten.

235 Paula Kogge (1889–1980), 1913 Anstellung als Volksschullehrerin, 1916–1921 Studium der Theologie und Philologie, 1921 Fakultätsexamen Theologie Münster, 1.und 2. Staatsexamen in Münster, 1923 – Ruhestand 1954 Studienrätin in Neukirchen, Essen, Gummersbach, Düsseldorf, zuletzt Oberstudiendirektorin am Düsseldorfer Goethe-Gymnasium, 1925 Lic. theol. in Münster.

236 Violet Schäfer (1909–1977), 1932 theol. Fakultätsexamen Gießen, 1933 2. theol. Examen Darmstadt, 1934 Einsegnung Alsfeld, 1934–1936 Pfarrassistentin, 1936–1963 Vikarin in der Kreissynode Essen, 1963 – Ruhestand 1970 Pastorin in Essen, zuständig für Frauen- und Kinderarbeit, Mütterschule, im Krieg auch für Gottesdienst.

237 Elfriede Dümmen (1907–1991), Herbst 1934 1. theol. Examen Konsistorium, 1934–1937 Vikariat, Frühjahr 1937 2. theol. Examen BK, 1937 Einsegnung, 1937–1945 Frauenhilfe Gladbach, 1945 – Ruhestand 1968 Religionsunterricht in Mönchengladbach, 1963 Pastorin, 1975 Pfarrerin.

238 Hilde Ermert (1906–1992), Frühjahr 1934 1. theol. Examen Konsistorium, Vikarin, Herbst 1936 2. theol. Examen BK, 1937 Einsegnung, 1937 Mitarbeit in der Christusgemeinde Düsseldorf, 1938 Legalisierung, kreiskirchliche Stelle für Berufsschul-Religionsunterricht, im Krieg Gottesdienst im Fürsorgeheim für Mädchen, 1947 – Ruhestand 1964 Religionslehrerin.

H. Klein[239], M. Schröder[240], M. Spörri[241], H. Stracke, G. Volkenborn[242], M. Zaun[243].

KBA 98765. 51

Elisabeth Freiling
an Charlotte von Kirschbaum, Postkarte aus Bonn vom 26. 5. 1938

Liebes Frl. v. Kirschbaum. In dankbarer Erinnerung an Himmelfahrt 1937 grüße ich Sie und das ganze Haus herzlich. Dies Jahr habe ich den wunderschön sonnigen Tag zu einem Treffen mit meiner Schwester in Honnef benutzt, dort eine Freizeit für meine Jugend im Juli im Hause Dr. [Greiff?? Unleserlich] vorbereitet und – zum Studium – eine Himmelfahrtspredigt von P[astor] J[osten] gehört ... oh – – ich hörte mit einem Ohr ein Jahr zurück! Herzlichen Dank für die Drucksache. Die hat uns am Nachm[ittag] im Wald getröstet.

Ihre Elli Freiling

Wir machten auch Sommerpläne! Ich im August in Ihrer Nähe?

239 Hanna Klein (1906–1976), Herbst 1931 1. theol. Examen Konsistorium, Vikarin, Frühjahr 1934 2. theol. Examen Konsistorium, 1935 Einsegnung, BK, 1937 Mitarbeit in der Düsseldorfer Friedenskirchengemeinde (Frauenhilfe, Kinder- und Jugendarbeit), 1940 Heirat mit BK-Pfarrer Hilmar Schreiber, zwei Kinder, seit 1945 Mitarbeit in den Gemeinden ihres Mannes.

240 Milly Schröder (1909–2004), Frühjahr 1937 1. theol. Examen BK, Vikarin, Herbst 1939 2. theol. Examen, 1940–1942 Ev. Mädchenwerk, 1942–1948 Pfarramtsvertretung, 1944 Einsegnung/Ordination in Anhausen, 1948–1958 kirchliche Arbeit (Frauenhilfe, Mädchenarbeit, Schuldienst) in Koblenz, 1958–1961 in Remscheid-Tannenhof (Seelsorge und Unterricht), 1961 – Ruhestand 1971 Pfarramt in Essen.

241 Marianne Spörri (geb. 1912 in Elberfeld), 1937 Fakultätsexamen Univ. Zürich, 1940 Pfarrvertretungen in Schweizer Gemeinden, 1963 Ordination.

242 Margarethe Volkenborn (1910–1965), Frühjahr 1935 1. theol. Examen BK Rheinland, Vikarin, Herbst 1937 2. theol. Examen BK Rheinland, 1937–1949 Frauen- und Mütterarbeit in der Synode Bonn, 1938 Einsegnung, 1949 Religionsunterricht, ab 1951 Studium der Philologie mit Staatsexamen, 1957–1960 Fachleiterin (Oberstudienrätin) für ev. Religionsunterricht am Studienseminar Bonn.

243 Martha Zaum (1909–2001), Frühjahr 1934 1. theol. Examen Konsistorium, Vikarin, Herbst 1936 2. theol. Examen BK Rheinland, 1937 Einsegnung in Düsseldorf, 1937–1946 Mitarbeit in der Gemeinde, 1938 Legalisierung, 1946 – Ruhestand 1974 Berufsschul-Religionsunterricht, Frauen- und Jugendarbeit.

48

Charlotte von Kirschbaum
an Elisabeth Freiling, Ansichtskarte (Turm mit Schweizer Fahne) aus Basel vom 13.6.1938

L. Frl. Fr.! Ein kl. verheißendes Fähnchen soll Ihnen winken. Der Ort steht noch nicht fest, aber bis zum 25. 7. wird das der Fall sein. Leider sind wir dann im Norden, oder reisen Sie trotzdem. – [unleserlich] Mitte August an bestünde die Möglichkeit an einem Ferienkurs teilzunehmen. Aber das kürzt wohl die Erholung zu stark? Sprechen Sie einmal mit Käthe [Seiffert] darüber. – – Ich schreibe Ihnen, sobald Ihr Ferienort definitiv ist, damit Sie d. Fahrkarte dort günstig lösen können. – Dank für Ihren Himmelfahrtsgruß! Und bitte schicken Sie Ihre Arbeit über Gen. 2 !! – Edmund Schl[ink] war hier u. es war schön mit ihm, trotz der Differenz bzgl. Ev. u. Gesetz! – Wie geht es Frau Pfr. Gr[äber]? Grüßen Sie bitte. In Eile (leider!) u. sehr herzlich

Ihre L. v. K.

KBA 98765. 52

Elisabeth Freiling
an Charlotte von Kirschbaum, Brief vom 18. VI. 1938

Liebes Fräulein von Kirschbaum.

Vielen Dank für das winkende Fähnlein; ich freue mich schon so! Morgen fahre ich zu Käte [Seiffert], um einige Tage mit den Brüdern zusammen zu sein. Dies nur als schnellen Gruß vorher. Dann werden wir alle Pläne miteinander besprechen. Der Ferienkurs ist eine wunderschöne Aussicht; das gehört doch mit zur „Erholung" dort! Inzwischen ist mir eine Antwort auf meinen Geburtstagswunsch am 10. Mai zu Gesicht gekommen. Ich war sehr froh darüber und dankbar, daß sie kam und daß sie so aussieht. Wenn wir doch die Kraft hätten, diesen Weg zu gehen. Die Tagung vom vorigen Sonntag (P. [unleserlich]) soll haarscharf an üblen Klippen vorbeigekommen sein, besonders Hans [?] scheint die Nerven ganz verloren zu haben. Es ist immer wieder so beängstigend, daß man diese (fast rein körperlichen) Wirkungen der langen Zeit so spürt in den entscheidenden Augenblicken. Aber es ist ja eben gerade auch mit dieser „Schwachheit" gerechnet. Und er muß eben wunderbar hindurchgehen.

Frau Pf. Gr. – ich freue mich, daß wir bald mündlich darüber sprechen können – hat in den letzten Monaten wohl am schwersten an dem Verhältnis zu mir zu tragen, daß trotz sicher guten Willens auf beiden Seiten nicht recht wieder in Ordnung kommen will, wie es einmal war. Es tut mir das alles sehr leid, ich sehe sehr wohl meine Schuld in vielen Dingen, aber auch so vieles unabänderliche, wie es mir immer wieder einmal scheint, so sehr ich mich vor diesem Gedanken wehre. Das Schwere ist mir, daß die Last dabei gewiß ungleich verteilt ist: für sie bedeuten diese Spannungen ein Bleigewicht mehr zu dem anderen, das sie nicht zu tragen weiß und sie immer wieder in solche Not bringt. Für mich – ist es gewiß auch ein schweres Gewicht, aber eines, das mich von Tag zu Tag „bei der Stange", bei dem „Stab" hält, das ich vielleicht einfach nötig habe. So sehe ich es immer wieder an und komme – getrost – durch, zumal mancherlei schöne Arbeit der letzten Zeit mein – noch – Hiersein sinnvoll macht. Aber mehr darüber, wenn ich bei Ihnen sein darf! Wir versuchen jedenfalls beide, von Tag zu Tag, uns das Vergeben und Liebhaben, das verloren ging, neu schenken zu lassen.

Für heute dies als flüchtigen Gruß und Zeichen der Vorfreude!

Herzlich Ihre Elli Freiling.

Das beiliegende Protokoll, von Vik. Hilde Stracke gemacht, „soll" nur ein Vorbote sein; ich möchte meine Exegese von Gen. 2 noch mal aufschreiben, aber ich übersehe noch nicht, wann! Wo die große Lücke ist, werden Sie auch in den Stichworten des Protokolls merken. Es ist eben nur ein Anfangen und Hineintasten.

KBA 98765. 53

Elisabeth Freiling
an Charlotte von Kirschbaum, Brief o. D. mit Beilage vom 1. VII. 1938

Liebes Fräulein von Kirschbaum.

Eine kleine Einlage noch zu K's Brief [Kunze?]: Für eine Zusammenkunft der westf. Vikarinnen schrieb ich es auf, sehr gedrängt natürlich, bei einer Besprechung müßten ja die genauen Exegesen dazu kommen. Es wurde angegriffen bei I 1. u. 2: der asketische Hintergrund von 1. Tim. 2 wurde bezweifelt u. die Bedeutung von Gen. 2 über die Ehe hinaus. Ich würde mich freuen, wenn wir in W[alzenhausen] darüber sprechen könnten. Das wird sicher möglich sein. Ich freue mich so sehr darauf. Dann werden wir mündlich über Gen. 2 sprechen können, das ist sicher besser.

Ich möchte das Juli – Ende noch für meine Schwester und meine Eltern freihalten und komme am 1. Aug. nach W[alzenhausen]. Auf dem Rückweg (1.–3. Sept.) möchte ich (Rundreisekarte) über Zürich fahren, dann darf ich vielleicht auch das „sagenumwobene" Bergli sehen? Was inzwischen aus der BK in Deutschland geworden sein mag? Man kann nur warten wie ein Kind, wie Gott seine Gemeinde wieder durch diese Dunkelheit hindurchführen wird. (Wir sind gleich am Ziel, im Zug geschrieben, Verzeihung für Schrift u. Eile).

Herzlich Grüße u. Dank

Von Ihrer Elli Freiling

KBA 98765. 54

Maschinenschriftlicher Text von Elisabeth Freiling „Zur theologischen Besinnung über die Frage des Vikarinnenamtes" vom 1. Juli 1938

1. Vorbemerkung.

Die Frage nach der Vikarin ist nicht durch die Schrift selbst gestellt, sondern eine aus unserer Situation heute an die Schrift herangetragene Frage. Sie wird uns von der Schrift her korrigiert in zwei andere Fragen: in die Frage nach der Frau unter dem Wort Gottes und in die Frage nach dem Amt der Verkündigung. Von diesen beiden biblischen Ansatzstellen her kann am Rande (vielleicht in Anmerkungen zu einzelnen Abschnitten oder am Ende einer langen Linie!) von der Schrift her legitim etwas über die Vikarin gesagt werden.

2. Vorbemerkung.

Die von seinen Anfängen an bis heute gestellte Frage zum Vikarinnenamt und seine bis heute in der Kirche nicht überwundene Infragestellung hat ihren Anlass in der Hauptsache an den beiden Schriftstellen 1. Kor. 14, 34 ff. und 1. Tim. 2, 8 ff. Von daher kann (und sollte von der Kirche aus verantwortlich) eine vorläufige Antwort in enger Begrenzung gegeben werden.

I. Was haben die Worte 1. Kor. 14, 34 ff. und 1. Tim. 2, 8 ff. der Vikarin zu sagen?

1. Der Vikarin als Amtsträgerin haben sie nichts zu sagen. Diese Worte sagen nichts über ein Amt in der Gemeinde, sie meinen auch nicht die unverheiratete Frau; sondern sie richten sich an die in der Ordnung der Ehe stehenden Frauen, die in 1. Kor. 14 in ekstatischer Schwärmerei sich über die Grenzen der Ordnung hinwegsetzen und die in 1. Tim. 2 in asketischer Schwärmerei die Ordnung der Ehe überhaupt verachten. Dieser schwärmerischen Missachtung der Ordnung gegenüber gilt es, sie als von den Propheten verkündigte und von den Aposteln bestätigte Ordnung Gottes wider die Sünde aufzurichten.

2. Der Vikarin als Frau ist dieses Wort konkretes Wort Gottes. Es gibt ihr einer ganz bestimmten Sünde gegenüber den Halt der Schöpfungsordnung und die Verheissung der durch Christus in Segen verwandelten Fluchordnung (1. Tim. 2, 15). Die Anrede an die verheiratete Frau durch das concretissimum der Stelle hat ja ihren Grund in der über ihre Erfüllung in der Ehe hinausgehende Sonderstellung des Mannes und der Frau (1. Tim. 2, 13 und 14), die ihren sinngemässen Ausdruck auch bei der unverheirateten Frau finden wird, die solches Wort Gottes hört.

II. Welches ist der biblische Ort der Vikarin?

1. Als verkündigende Frau ist sie umschlossen von dem an die Gesamtgemeinde gerichteten Verkündigungsauftrag, vom Zuspruch und Anspruch der Gabe des Heiligen Geistes: act. 2, 17 und Zusammenhang. Innerhalb dieser durch den Heiligen Geist gegebenen Gaben und Aufgaben der Gemeinde gilt Gal. 3, 28: es ist kein Unterschied zwischen Mann und Frau. Des zum Zeichen werden durch den Heiligen Geist bald hier, bald da Frauen des alten und neuen Bundes zur Verkündigung des Wortes Gottes berufen und mit den dazu nötigen Gaben des Geistes ausgerüstet.

2. Als Frau in geordnetem Gemeindedienst ist ihr Platz zu suchen (immer noch zu ordnen und zu gestalten!) in der schwach angedeuteten Linie des Witwenamtes und des Dienstes der Frauen in Tit. 2. Massgebend für das im Gehorsam gegen Gottes Wort zu gestaltende Vikarinnenamt wird aus diesen Stellen nicht der Inhalt dieses Amtes herauszulesen sein (denn er ist dort entscheidend bestimmt durch das Alter der Frauen), sondern die Tatsache, dass in dem Augenblick, wo die Frau nicht eigenmächtig, sondern durch ihre tatsächliche Lage nicht mehr durch die Ehe gebunden und ausgefüllt ist, sie in geordneten Dienst der Gemeinde genommen wird. Die Gestalt des Amtes bleibt an dieser Stelle ebenso offen wie die Gestalt der übrigen Ämter in der Gemeinde.

III. Was bedeutet das Vikarinnenamt für das Pfarramt?

Die ganze Ungesichertheit des Vikarinnenamtes, in der die einzelne Vikarin innerlich und äußerlich ihren Dienst nur streng und ausschliesslich in der Gewissheit des Glaubens tun kann, stellt an das Pfarramt des Mannes die Frage nach der Notwendigkeit seiner heutigen Gestalt.

Die Entfernung der Gestalt des heutigen (oder gestrigen?) Pfarramtes von der Gestalt des Verkündigungsdienstes im Alten und Neuen Testament ist deutlich. Für den Kenner der Dinge ist auch deutlich, dass die Widerstände gegen das Vikarinnenamt überwiegend bedingt sind durch die Gestalt des deutschen evangelischen Pfarramtes. Je mehr das Amt der Verkündigung sich nähert dem biblischen Botendienst, umso kleiner werden die Probleme dem weiblichen Amt der Verkündigung gegenüber. (vgl. die Lage in der Mission.)

Das führt zu der Frage, ob durch die Besinnung über den rechten Inhalt und die rechte Gestalt des Vikarinnenamtes die Kirche nicht geführt werden könnte zu einer Überprüfung und Erneuerung von Inhalt und Gestalt ihres Pfarramtes.[244]

W. Barmen, den 1. Juli 1938 Elisabeth Freiling

Vikarin.

49

Charlotte von Kirschbaum
an Elisabeth Freiling, Brief vom 3. Juli 1938

Liebes Fräulein Freiling.

In der letzten Zeit – es war eine sehr heiße Zeit mit vielen, vielen Missionsgästen, dazu dem üblichen Semesterschlußgedränge, habe ich meine Schreibtischschublade überhaupt nicht mehr geöffnet. Und ich weiß wohl, warum!! Denn da liegen die Briefe u. schauen mich an mit ihren vertrauten Schriften u. bei jedem einzelnen fällt die Schuld auf mich. Daß ich in schmählicher Undankbarkeit kein Wort des Dankes gesagt habe für die guten u. lieben Grüße. Aber – es sieht nur so aus: In mir ist sehr viel un-

244 Diese letzten Sätze, so vorsichtig sie klingen mögen, bergen geradezu revolutionären Sprengstoff. Sie sprengen die festgefahrene Struktur des etablierten Pfarramtes auseinander, indem sie es messen am freien biblischen Verkündigungsdienst durch die Boten des Evangeliums. Boten des Evangeliums können selbstverständlich auch Frauen sein. Vgl. Dagmar Herbrecht, Auf dem Weg zur Frauenordination. In: Thomas Martin Schneider (Hg.), Krise und Neuordnung im Zeichen der Weltkriege 1914–1948. Bonn 2013, S. 251–285, hier: S. 266. Dagmar Herbrecht verweist noch auf die Thesen Elisabeth Freilings (Kann eine Vikarin zum Predigtamt ordiniert werden?) zum Gutachten Peter Brunners aus dem Jahr 1940, in dem er eindeutig erklärte, dass nach den Aussagen des Neuen Testamentes eine Frau nicht befähigt sei, das öffentliche Predigtamt zu bekleiden, ebd., S. 269. Demgegenüber betont Elisabeth Freiling, dass die Wortverkündigung nach den neutestamentlichen Aussagen keineswegs verboten sei. Diese Erkenntnis schränkt sie allerdings durch die Formulierung ein, die Frau werde dem göttlichen Gebot der Unterordnung unter den Mann gehorsam sein und dies „in der Gestaltung des Amtes beweisen, die Zeichen der Ordnung aufrichten muß". Herbrecht/Härter/Erhart (Hg.), Der Streit um die Frauenordination, S. 136–138, hier: S. 137.

ausgesprochene Dankbarkeit u. ich habe es dieses Jahr so wie noch kaum in einem empfunden, daß es doch etwas Schönes ist, Geburtstag zu haben. Wenn dann so von allen Seiten die kleinen Boten ins Haus kommen, ein Brief aus Bonn, aus Zolle [?], aus Barmen u. sogar endlich einmal wieder einer aus Potsdam, dann freut man sich. – Und außer den Briefen kamen allerhand sehr erfreuliche u. schöne Gaben u. darunter auch von Ihnen das Taschenbuch. Ich kannte es schon, danke Ihnen aber darum nicht minder u. bin vollständig mit Ihnen einverstanden, daß das „besser gemacht" werden sollte. Aber ob von mir?! – Dank auch für das Protokoll. Darf ich es noch etwas behalten? Ich hatte so wenig Zeit, darüber nachzudenken u. möchte das doch gern. –

Und nun noch etwas: ich habe eine Absage bekommen aus dem Bergort in Graubünden, wo ich Sie gern gewußt hätte. Ab 15.8. sind Sie selbstverständlich herzlich eingeladen in Wa[lzenhausen] bei Onkel Paul.[245] Vom 20. 8. ab sind wir auch dort.[246] – Onkel Paul läßt Ihnen sagen, daß Sie gerne schon vom 25. oder 26. Juli ab dort sein können. Ich weiß nur nicht, welche Gäste dann außer Ihnen da sind u. ob Sie das gerne wollen. Die Luft ist so schön dort oben, das Land auch, das Essen sehr einfach aber gesund u. Sie haben vielleicht mehr Ruhe u. Zeit für sich als in einem Pfarrhaus. Was meinen Sie? Es könnte sein, daß das Haus etwas voll ist u. laut. Aber dann gäbe es den Ausweg, daß Sie nur dort essen u. sich bis 15. 8. in einem Zimmerchen außerhalb im Dorf einmieten, sodaß Sie stille Abende u. Morgen haben. Was meinen Sie? Bitte antworten Sie mir, ob Sie diese Einladung von Onkel Paul annehmen wollen oder ob Sie doch eine andere Lösung (Pfarrhaus) vorziehen? Ich würde ja lieber zu Onkel Paul gehen um der größeren Ungebundenheit willen. Einer unter Vielen zu sein ist in der Regel schöner als der Gast zu sein!! – Sie hätten auf jeden Fall nur die Reise zu tragen u. zwar am besten Fahrkarte bis St. Gallen, ev. St. Margrethen. Das Letztere ist besser. Von dort fährt ein Auto hinauf nach Wa. – Im „Sonneblick" müßten Sie sich melden. – Ich warte vor allen weiteren Abmachungen auf Ihre Antwort (bitte in dieser Woche!). In der nächsten sind wir verreist. – Für die kleinen Schneiderlein, die Sie ev. mitbringen, wird gesorgt.[247] – Sollten wir nicht mehr hier sein am 25. so fahren Sie am besten zu Onkel Paul direkt. –

245 Paul Vogt (s. Anm. 174).

246 Karl Barth führte im August 1938 in Walzenhausen einen Ferienkurs mit Mitgliedern der Bekennenden Kirche durch (Busch, Karl Barths Lebenslauf, S. 304).

247 Kinder von Pfarrer Paul Schneider/Dickenschied (1897–1939). Paul Schneider war wegen seines Protestes gegen die NS-Weltanschauung 1937 verhaftet und aus der Rheinprovinz ausgewiesen worden. Er kehrte aber nach Dickenschied zurück, wurde erneut verhaftet und in das KZ Buchenwald gebracht. Dort wurde er im Jahre 1939 ermordet. Seine Kinder kamen nicht mit in die Schweiz.

An Frau Graeber schreibe ich demnächst. Bitte danken Sie ihr für ihren Brief.

Und entschuldigen Sie, wenn dieser so unbefriedigend ist. Ich rechne mit einer baldigen Begegnung, spätestens im August. Das ist sehr schön.

Mit nochmaligem herzl. Dank u. vielen guten Grüßen

Ihre L. v. K.

Im Augenblick ist Steck hier, das ist gut.

KBA 98765. 55

Elisabeth Freiling
an Charlotte von Kirschbaum, Brief aus Honnef vom 6. VII. 1938

Liebes Fräulein von Kirschbaum.

Ich bin schon in den Vorferien! D.h. das bedeutet sehr wenig Ruhe, aber wunderschöne Umgebung und schöne Arbeit: Freizeit mit 7 meiner jungen Mädchen. Und nun winkt bald die richtige „Ruhe"! Vielen Dank für Ihren Brief. Ja, ich sehe auch wie Sie die Vorzüge der Einladung von Onkel Paul [Vogt], vor einem Pfarrhaus. Schade ist's ja, daß Graubünden nicht klappte. Ich freute mich so auf die ganz hohen Berge! Aber das läßt sich vielleicht auch von der St. Gallener Gegend aus machen. Ich brauche nur für den „Übergang" wohl eine offizielle Einladung. In diesen Tagen fuhr Hans Jürgen Hübner [248] nach England u. brauchte das auch. Käte [Seiffert] behauptet ja immer, es sei nicht nötig.

Darf ich den genauen Zeitpunkt noch offenlassen? 1. ist es ja wegen der Schneiderlein noch unsicher (haben sie ihre Pässe??), u. 2. führe ich, wenn es einzurichten ist, vorher noch gerne nach Hause, da ich Ende Aug. so lange bleiben möchte wie möglich!! Zum 4. Sept. muß ich wieder in Barmen sein. Sie erfahren Genaues über den Zeitpunkt, sobald ich von Schneiders Nachricht habe.

In Eile mit herzlichem Gruß!

Ihre Elli Freiling

Der Hinweg geht wohl über Konstanz? Ist St. Margarethen f. Dtschld eine eindeutige Bahnstation? Gibt es nicht 2 in der Gegend von St. Gallen?

248 Hans Jürgen Hübner (1919–1993), 1940 1. theol. Prüfung BK, 1948 2. theol. Prüfung, 1953 Pfarrer in Idar, 1965 in Hamburg, 1971 Mil.-Dekan in Koblenz, 1976 Rheinhausen, 1980 – em. 1984 Friemersheim.

50

Charlotte von Kirschbaum
an Elisabeth Freiling, Brief vom 9. Juli 1938

Liebes Fräulein Freiling!

Ja, ich hätte Sie auch viel lieber „hoch oben in den Bergen". Aber leider bekomme ich lauter Absagen, es sind eben die gedrängtesten Ferienwochen, im Juni hätte es schöne Möglichkeiten gehabt. Aber nun müssen wir uns eben so einrichten. Bitte melden Sie sich rechtzeitig im „Haus Sonneblick" in Walzenhausen an. (tel. Appenzell.) Sie sind dort erwartet, mit der Abmachung, daß Sie für sich in einem Zimmer im Dorf wohnen. Sie müssen das gleich vorbringen, wenn man Sie ev. im Heim unterbringen will. Ich fürchte nämlich, dort ist es sehr voll u. Sie haben bei dem lärmenden Holzhaus keine Ruhe, die Sie nötig brauchen. Für die Mahlzeiten läßt sich das eher schaffen. – Sie müssen damit rechnen, daß jetzt etwas Massenbetrieb dort ist u. alles sehr einfach. – Aber völlig „giftefrei" u. dafür sind Sie ja zu haben. – Die Lage ist günstig, gerade hoch genug, um Höhensonne zu erhaschen. Ich hoffe doch, daß Sie etwas in der Gegend herumkommen. Schreiben Sie mir bitte gleich ein Kärtlein, wenn Sie in Wa. sind. – Ab 15.8. kommen ja dann die Freunde, wir ab 20. Aber vorher sollten Sie tüchtig ausschlafen u. sonnen.

St. Margrethen ist d. Grenzstation zu Österreich [sic!]. Von dort fährt ein Postauto in die Höhe. Sie finden sich sicher durch. Und weisen sich im Heim als Gast von Pfr. Vogt aus, mit dem Alles besprochen, der aber selbst nicht dort ist. Einer weiteren Einladung bedarf es nicht.

Nun meine ich, sei das Nötigste gesagt. Wir fahren am Mo. nach Norden, etwas herzklopfend vor dieser Begegnung. – –

Herzlichst grüßt Sie

Ihre Ch. v. K.

KBA 98765. 56

Elisabeth Freiling, Postkarte von Walzenhausen/Schweiz,
an Charlotte von Kirschbaum, St. Albanring 186, Basel, vom 2. VIII. 38

Liebes Fräulein von Kirschbaum. Sonntagabend bin ich glücklich gelandet, ganz begeistert von der wunderschönen Lage. Herr u. Frau Pf. Goosmann aus Berlin[249] u. 2 Pfarrerstöchter aus Darmstadt waren die deutsche Belegschaft, von heute an nur noch die beiden letzteren. Das Haus wird sich überhaupt in den nächsten Tagen ziemlich leeren auf die kommenden Gäste hin. Ich schlafe 5 Min. unterhalb im Hirschen, schön u. ruhig. Es ist also äußerlich alles sehr schön, nur – ich lese z.Z. die Moorsoldaten u. kann mich mit den Gedanken schlecht lösen.[250] Wir haben von Werner [Koch] schlechte Nachrichten u. Lücking[251] steht ja wohl auch kurz vor dem Lager. Ich freue mich sehr darauf, wenn Sie kommen. Hoffentlich gelingt es. Meine Rückreisefahrkarte wird mich auch noch über Zürich und Luzern führen; aber darüber, wenn Sie kommen.

In herzlicher Dankbarkeit grüßt Sie

Ihre Elli Freiling

51

Charlotte von Kirschbaum
an Elisabeth Freiling, Brief vom Bergli-Oberrieden vom 10. August 1938

Liebes Fräulein Freiling!

Nun sind wir seit 2 Tg. eher oben und Ihnen schon merklich näher gerückt! Ich danke Ihnen für Ihre Karte aus Walzenhausen. Die Tage waren leider so gefüllt, daß ich meinen Vorsatz, Ihnen zu schreiben, nicht ausführen konnte. Erst hatten wir eine schöne Woche im Wallis bei Eduard

249 Max Goosmann (1899–1971), im Nazi-Jargon „Halbjude“, 1929 – em. 1969 Pfarrer in Berlin-Adlershof, 1933 Mitglied der BK, kurzfristige Verhaftung, weil er auf Weisung des Generalsuperintendenten am 2. Juli 1933 einen Buß- und Betgottesdienst hielt, während die Deutschen Christen einen Dankgottesdienst für die Einsetzung eines Staatskommissars für die preußischen Kirchen angeordnet hatten. Ständig bedrängt und von DC als „Mischling“ denunziert. Mitarbeit im Büro Grüber. 1940 Einberufung zum Sanitätsdienst bis 1942. Da er „unehelich“ geboren war, akzeptierte das Reichssippenamt 1943 seine eidesstattliche Erklärung, er sei „Arier“. Alice Goosmann (1905–1980) gebar vier Kinder, aufgrund der ständigen Verfolgung ihres Mannes erkrankte sie schwer.

250 Wolfgang Langhoff, Die Moorsoldaten. 13 Monate Konzentrationslager. Unpolitischer Tatsachenbericht. Schweizer Spiegel Verlag Zürich 1935.

251 Karl Lücking (1893–1976), 1929 Pfarrer in Dortmund, 1933 BK- Mitglied, Vors. des westf. Bruderrates, Reichsbruderrat. Ausweisung aus Westfalen, 1937–1940 mehrfache Verhaftungen. Bis 1942 Pfarrer in verschiedenen Gemeinden außerhalb Westfalens, 1942–1949 in Barkhausen/Westf. 1949–1960 theol. Vizepräsident im Landeskirchenamt.

Thurneysen[252] u. seiner Familie u. wanderten dort in herrlicher Sonne auf Höhenwegen, der Ort selbst lag schon über 1600 m. Dann wurden wir abgerufen, daß Karl Barths Mutter in Bern sehr schwer erkrankt war. Der Zustand ist hoffnungslos, dauert aber wider alles Erwarten noch an.[253] – Die wenigen Tage in Basel bewegten uns dann vor allem durch die bösen Nachrichten der letzten preuss. Synode. In Ingrimm u. Betrübnis hat er einen „Offenen Brief" geschrieben, den ich Ihnen mit der gleichen Post zuschicke. Sie ersehen Alles daraus.[254] –

Ob Sie langsam ein wenig, auch mit den Gedanken, loslassen können? – Ich wünschte es Ihnen so – u. möglichst wenig „solche Bücher"!! – Der arme Werner [Koch]! –

Am 21. gegen Abend treffen wir in Wa. ein. Dann liegt schon eine Woche unter Leitung von K.L. Schmidt hinter Ihnen.[255] Ca. 30 Studenten haben

252 Eduard Thurneysen (1888–1974), 1913–1920 Pfarrer in Leutwil, 1920–1927 in St. Gallen-Bruggen. 1927 Wahl zum Münsterpfarrer in Basel, Dr. theol., 1941 Professor für Praktische Theologie in Basel. Enger Freund von Karl Barth und Charlotte von Kirschbaum.

253 Barths Mutter starb am 5. September 1938.

254 Am 31. Juli 1938 hatte die Sechste Bekenntnissynode der Altpreussischen Union in Berlin (auf ihrer 2. Tagung) den Beschluss gefasst, dass die bisher noch eidverweigernden Pfarrer jetzt den Eid „auf den Führer" leisten sollten. Die auf der 1. Tagung aufgestellten Bedingungen seien erfüllt worden: 1. die staatliche Eidesforderung liege inzwischen vor; 2. der Oberkirchenrat habe die Eidesbelehrung des Bruderrates akzeptiert; 3. das Ordinationsgelübde der Pfarrer sei öffentlich anerkannt worden; 4. die „Ansprache des Ev. Oberkirchenrates" sei zurückgenommen worden. Dieser Interpretation, die so die Eidesleistung ermöglichte, stimmten 26 Synodale zu, 16 lehnten sie ab, 9 enthielten sich der Stimme. Am 6. August schrieb Karl Barth einen tief enttäuschten Brief an die Bekenntnissynode. Ende August wurde bekannt, dass Martin Bormann den Gauleitern mitgeteilt habe, dass der Staat keinerlei Interesse an einer Eidesleistung der Pfarrer habe. Bis dahin hatten im Rheinland immer noch 184 Pfarrer den Eid verweigert (van Norden, Politischer Kirchenkampf, S. 187- 191). Der Brief Karl Barths ist abgedruckt in: Karl Barth, Offene Briefe, S. 96–103. Noch sehr viel deutlicher schrieb Barth an einzelne Freunde, z.B. an Heinrich Vogel: „...Wann, ach wann, lieber, aufrichtig geliebter Heinrich Vogel, wird der liebe Gott euch deutschen Theologen zu eurem nicht genug zu schätzenden Tiefsinn und Scharfsinn hinzu auch noch ein bischen schlichter politischer Vernunft schenken, damit ihr bei solchen Anlässen, statt die Augustana etc. zu wälzen, rechtzeitig riechen – oder doch ein bischen hören möchtet, wenn Andere euch sagen, daß sie von weitem riechen! –, was los ist. Mußte das nun wirklich sein?" (Ebd., S. 96)

255 Karl Ludwig Schmidt (1891–1956), Lic. theol., 1929–1933 oProf. für Neues Testament in Bonn, 1933 wegen Zugehörigkeit zur SPD (seit 1924) Entlassung aus dem Staatsdienst. Emigration in die Schweiz, Pfarrverweser im Kanton St. Gallen, 1935 – em. 1953 oProf. in Basel, lehnte seine Restituierung in Bonn nach Kriegsende ab.

sich bei mir angemeldet, namentlich. Dazu weiß Pfr. Vogt noch um etwa 5, sodaß wir wohl insges. mit ca. 40 rechnen dürfen, wenn die Einreise glückt. Darunter 2 Studentinnen, ein Frl. Lange aus Heidelberg u. Frl. Schröder. –

In der Voraussicht, daß alles Wichtige sich dann mündlich besprechen läßt, schreibe ich Ihnen heute nicht mehr. Ob Sie ein wenig ausgeruht haben u. auch etwas gewandert sind? Auf der Heimreise via Luzern sehen Sie dann ja noch ein Stücklein innerer Schweiz. Der Zug fährt über Zürich an Thalwil vorbei, unserer Bergli-Schnellzugstation. Da ist es schön, daß Sie aussteigen u. ein paar Stunden da oben hineinschauen! Ich kann leider nicht sagen: für ein paar Tage, da ich selbst zu Gast bin u. das Häuslein gerade um die Monatswende überfüllt sein wird. Sie treffen dann vielleicht Ernst Wolf u. s. Frau! – Aber das Alles dann mündlich.

Mit herzlichen Grüßen u. guten Ferienwünschen

Ihre Ch. v. Kirschbaum

Es kommt mit uns für eine Woche noch eine liebe Freundin aus Berlin nach Wa., Frau Gertrud Staewen, die im Burckhardthaus arbeitet.[256]

KBA 98765. 57

Elisabeth Freiling aus Walzenhausen/Schweiz
an Charlotte von Kirschbaum in Oberrieden/Zürich, Bergli, Postkarte vom 11.8.1938

Liebes Fräulein von Kirschbaum. Herzlichen Dank für Ihre drei Sendungen, die alle zugleich heute morgen ankamen. Gott sei Dank, daß dieses Wort wenigstens gesagt ist. Aber ob es noch einige rechtzeitig erreicht hat? Ich hoffe, Sie haben Deutschland damit überschwemmt. Ich habe heute morgen Durchschläge davon gemacht u. sie noch an einige sicher bei Ihnen nicht auf der Liste stehende geschickt. Ob Sie es an Graebers geschickt haben? Ich

256 Gertrud Staewen (1894–1987), 1920 Abschluss ihrer Berufsausbildung als Fürsorgerin/Erzieherin. 1922 lernte sie Karl Barth bei einer Tagung der religös-sozial engagierten Neuwerk-Bewegung kennen, später auch Charlotte von Kirschbaum, daraus entwickelte sich eine lebenslange Freundschaft. 1923 Heirat mit Werner Staewen, zwei Kinder. Liebe mit Günther Dehn. 1926 Mitglied der SPD. Freundschaft mit Gerty und Ruedi Pestalozzi, 1927 Bergli. Scheidung. 1928 Fortbildung an der Deutschen Akademie für Soziale und Pädagogische Frauenarbeit. Ab 1933 Engagement in der BK. 1936 Beginn der Tätigkeit im Burckhardthaus-Verlag in Dahlem, Mitglied der Dahlemer Bekenntnisgemeinde. Unterstützte verfolgte Juden. Kontakt mit Adolf Freudenberg vom Ökumenischen Flüchtlingsdienst in Genf über Kuriere des Auswärtigen Amtes. 1948–1962 Fürsorgerin im Männergefängnis Tegel. 1958 wurde sie in die Liste der „Unbesungenen Helden“ aufgenommen.

nehme wohl an. Wenn doch einige blieben! Ich habe vom Rheinland gar keine Nachricht, obwohl ich anfragte. Ich bin in diesen Ferien so unruhig abgefahren, wollte noch am letzten Tag P. G. veranlassen, daß einer von uns bliebe. Wenn wir auch vielleicht wenig hätten ausrichten können, aber es ist so quälend, jetzt nicht drüben zu sein. Ich glaube, wenn die Jüngeren mitgefordert wären, wäre es anders gelaufen. So hat man sie nicht angehört. Ich freue mich auf Ihr Kommen. Bringen Sie Trost mit! Wissen Sie, daß Schwenzels angemeldet sind?- Trotz aller Sorgen ist das Ausruhen doch schon sehr schön hier gewesen. Im allgemeinen sind der Liegestuhl u. das „Dickerchen" meine besten Freunde (es liest sich wie ein Roman!)[257] Einen Tag bin ich ausgerückt, mit Käse, Schokolade u. Brot u. habe auf der Spitze eines ganz einsamen Berges, etwa 1100 m hoch, den ganzen Tag gelegen, schlafend u. lesend. Eine Wanderung habe ich nach Trogen zu Pf. Hopf gemacht, u. seiner zarten schwachen Braut. 2 Tage bin ich für 70 Rappen im ganzen Toggenburg herum gekommen, einschl. 6 Stunden St. Gallen (das war schön!). Hinfahrt mit dem Wagen von Pf. Speck, Dusswang, der mich Werners wegen in Walzenhausen besuchte u. dann mit nach Bütschwil nahm, wo eine Helferin aus meiner Gemeinde zur Erholung ist, der ich einen Besuch versprochen hatte. Rückweg dann – Sie werden sich vielleicht über diese Reste aus meiner „Jugendzeit" entsetzen – mit Hilfe von angehaltenen Autos zu Fuß! Ich habe aber sehr freundliche Erfahrungen dabei gemacht. Und hier reise ich ja incognito! Ist das schlimm? Mir macht's Spaß! – Eine 2. Helferin aus meiner Gemeinde kommt Mitte August zu Pf. Vogt selbst. Das wird in die Besuchsreisen am Schluß eingeschlossen. Ich hoffe, daß wir während der Tagung eine Säntisbesteigung unternehmen, – sonst rücke ich allein aus. Sie werden übrigens im Hirschen wohnen, in dem ich auch mein Zimmer habe. Und Schwenzels auch. Ich freue mich schon so sehr. Wenn nur aus Deutschland einige Hoffnungsstrahlen kämen.

Auf Wiedersehen! Und vielen Dank und herzliche Grüße an Sie beide

Von Ihrer Elli Freiling

257 Anfang 1938 war der Dogmatikband, die 2. Hälfte der Prolegomena I/2, erschienen, mit 1011 Seiten „schrecklich dick", wie Barth selbst feststellte. Verlag war nicht mehr bis bisher der Christian Kaiser Verlag in München – ihm war verboten worden, weiterhin Barths Arbeiten zu drucken –, sondern die „Evangelische Buchhandlung" (später „Evangelischer Verlag") in Zollikon am Zürichsee, deren Leiter Dr. Arthur Frey zu einem engen Freund Barths wurde (Busch, Anm. 3, S. 295/2).

KBA 98765. 58

Elisabeth Freiling aus Walzenhausen
an Charlotte von Kirschbaum, Bergli-Oberrieden, Kanton Zürich, Karte vom 13.8.1938

Liebes Fräulein von Kirschbaum. ... und am Nachmittag kam die 4. Sendung von Ihnen ...![258] Ich habe in Deutschland schon mal zu jemand gesagt: es ist mir ganz unheimlich, daß ich an Ihnen gar keine schlechten Seiten entdecke! – Sie tun aber auch nichts dazu! – Aber es ist sehr schön, sich so verwöhnen zu lassen, ich bin das gar nicht gewöhnt. Ich danke Ihnen sehr herzlich. Ich hoffe, die „kl. Ferienfreude" wird der Abstecher zum Säntis ... und vielleicht mit Ihnen und Schwenzels u. dergl.? Das wäre schön! Einstweilen werden wir heute abend zu viert schon mal in Obst schlemmen! Wie schön, auch einmal etwas austeilen zu können, hier! Vielen Dank! Das ist einfach einmal eine Karte herzlicher Freude von Ihrer

Elli Freiling

Wolfgang Scherffig, Junge Theologen im „Dritten Reich".
Dokumente, Briefe, Erfahrungen. Bd. 3: 1938–1945.
Keiner blieb ohne Schuld! Neukirchen-Vluyn 1994, S. 89:

Elisabeth Freiling
an Erhard Mueller, Brief vom 7.9.1938

Ich habe nach dem bewährten Rezept eine Nacht darüber geschlafen, aber der Tag gestern sieht mich nicht hoffnungsvoller an. ... [259] Verzeihen Sie des-

258 Offenbar ein Paket mit Obst.

259 Der Leiter der rheinischen Bruderschaft der Hilfsprediger und Vikare, Erhard Mueller, hatte zum 6. September 1938 zu einer Zusammenkunft der Vertrauensleute mit dem Rheinischen Rat in Düsseldorf eingeladen. Hier wurde über die Frage der Legalisierung der Prüfungen, die die jungen Theologen vor der Prüfungskommission der BK abgelegt hatten, durch das Konsistorium beraten. Ausgangspunkt war die Verordnung des DC-Präsidenten des Evangelischen Oberkirchenrates in Berlin, Dr. Friedrich Werner, vom 26. Februar 1938, nach der die Legalisierungen unter bestimmten Bedingungen durchgeführt werden konnten, sofern die Anträge bis zum 30. September 1938 im Konsistorium eingegangen sind. Die Frage war sehr brisant: Wenn das Konsistorium die Prüfungen legalisiert, können die jungen Theologen in ein ordentliches Pfarramt und in den Genuss des ihnen zustehenden Gehaltes kommen. In dieser Möglichkeit sah die Leitung der BK angesichts der verzweifelten finanziellen Situation – sie war lediglich auf Spenden angewiesen, Kollekten für ihre Bedürfnisse zu sammeln, war ihr ver-

halb, wenn ich meine von B[enjamin] Locher mit einem gewissen Recht zurückgewiesenen Gefühle noch einmal an Sie heranbringe! ... Ist es nicht der gleiche verhängnisvolle Nebel um unsere Frage, der auch um die Eidesfrage liegt? Nicht in logischer Konsequenz, aber in sachlicher Nähe. Eine Kirche (und Kirchenleitung), die in der Eidesfrage so in das Gewebe der Lüge und Unwahrhaftigkeit hineingezogen ist, kann in dieser anderen Sache nicht „frei" handeln. ... Natürlich bejahe ich die Legalisierung „an sich". Aber das gibt es nicht!! Ist das denn nicht schriftgemäß, wenn ich argumentiere: Wenn mir der Teufel das Wort Gottes anbietet, lehne ich es ab, geschweige denn sein Brot. Denn es ist Gift! Ja mehr als Gift (wenn P. Humburg Gift so unbesorgt schlucken kann, weil er es muß! Gott rette seine Gesundheit). Es ist Abfall, Unglaube, wenn ich meine, ich müßte verhungern ohne das teuflische Brot. Ist das Geld denn dort „neutrales" Geld? Vergiften die Krankheitserscheinungen nicht die ganze Kirche? Und dann sollen wir unentwegt um das Gift bitten? ... Und wenn wir es nicht wagen, da klar zu sehen, so werden alle Folgeerscheinungen im Nebel fallen – genau wie beim Eid.[260]

boten – eine Chance, den ihr anvertrauten jungen Theologen zu helfen. Deshalb hatte der Rheinische Rat bereits am 5. September die Weisung herausgegeben, die jungen „Illgalen" sollten spätestens bis zum 15. September ihre Anträge auf Anerkennung ihrer Prüfungen an die Leitung der BK geben. Der Schlusssatz der Anträge lautete: „Ich bin gewissensmäßig an den Weg der Bekennenden Kirche gebunden. Der Bruderrat der Evangelischen Bekenntnissynode im Rheinland, bei dem ich diese Prüfung abgelegt habe, wird für mich alles weiter Erforderliche veranlassen" (zit.Scherffig, aaO., S. 89). Die Versammlung am 6. September kam zu dem Entschluss eines gemeinsamen Vorgehens „mit der Forderung auf bedingungslose Legalisierung" der Examina durch das Konsistorium. In einem Brief schrieb Wolfgang Scherffig am 7. September: „Die einzige unter uns, die strikte dagegen war, war – ein Mädchen. Seltsam, nicht wahr? Aber sie konnte ihre Ablehnung aller Legalisierungsanträge nur mit einem ‚mir ist so' begründen; aber das hilft uns natürlich nicht weiter" (ebd.) Dieses „Mädchen" war Elisabeth Freiling!

260 Ebenfalls am 7. September schrieb Vikarin Ilse Härter an ihre Schwester und ihren Schwager E. und W. Feldmann in Hannover: „Gestern waren die Vertrauensleute zusammen zur Beratung, wie Elli mir sagte – leider mit dem Rat, der ihnen eine ausgearbeitete Sache vor die Nase setzte. Theo Hesse hat nach Ellis Aussage zu Beginn ein ausgezeichnetes Referat gehalten, das geschichtlich aufzeigte, wie BK *eine* kirchenleitende Funktion nach der anderen preisgegeben habe, und daß jetzt wirklich klar gehandelt werden muß, wenn die Sache der BK nicht untergehen soll. Die Einzelheiten seines Referats kenne ich nicht. Auf jeden Fall hat er Nein gesagt zu Legalisierung. Dann hat Held alle Argumente von Hesse zerschlagen und wohl auch der Präses [Humburg]. Es bestand eine unüberbrückbare Kluft. Als die Sprache auch noch auf den Eid kam, haben die Vertrauensleute schlicht erklärt, das Vertrauensverhältnis zum rhein. Rat sei zerstört. Der Präses hat ganz positiv zum Eid geredet, Joschli [Johannes Schlingensiepen] hatte starke Bedenken." Wolfgang Scherffig kommentiert den Brief so, dass es inzwischen eine radikalere Gruppe innerhalb der rheinischen Bruderschaft gab, die jede „Legalisierung" durch das Konsistorium grundsätzlich ablehnte. „Zu ihr gehörte auch Elisabeth Freiling" (Scherffig, a.a.O., S. 89f.)

KBA 98765. 59

Elisabeth Freiling
An Charlotte von Kirschbaum, Brief vom 7. IX. 38

Liebes Fräulein von Kirschbaum.

Ich könnte mich ohrfeigen, wenn ich an meine verschlafenen Stunden auf dem Bergli denke. Aber die Luft der Berge war so klar, daß ich, auch ich, mich nicht mehr in den Nebel der Tiefe versetzen konnte, keine Fragen mehr hatte, während ich nun schon wieder tief vom Nebel umgeben bin. Ich bitte also, schon wieder, herzlich um Bergluft.

Die Frage der Legalisierung hat gleich den 2. Tag meiner Arbeit hier schon mit Tränen (!), wieviel mehr mit Zorn u. Trauer erfüllt. Vertrauensmännersitzung der H[ilfs]P[rediger] u. V[ikare] Bruderschaft mit dem Rat. Der Rat mit feigen Vorschlägen: vor dem Termin des Gesetzes vom 22. II. (das von der Bruderschaft längst geschlossen abgelehnt wurde)[261], dem 30. IX. also, Einreichung der Legalisierungsanträge für alle, die seither „illegale" Prüfungen gemacht haben, namentlich, über den Rat. Text: „Ich habe ... vor dem Theol. Prüf.amt der BK die ... Prüfung gemacht. Ich beantrage hiermit, die bestandene Pr. anzuerkennen, damit ich den Dienst in der Kirche unter öffentlich-rechtlicher Anerkennung u. im Genuß der für den kirchl. Dienst zur Verfügung stehenden Mittel tun kann. Ich bin gewissensmäßig an den Weg der Bek.K. gebunden. Der Bruderrat der Ev. BK.Synode im Rhld., bei dem ich diese Prüfung abgelegt habe,wird für mich alles weiter Erforderliche veranlassen." – Dazu ein unmögliches Begleitschreiben von Humb[urg] an die jungen Brüder. Ich versuche, es Ihnen baldigst zukommen zu lassen.

Geht das? – Ich sagte etwa: vgl. Eid! Einleitungssatz immer wieder: wir fordern die Legalisierung, weil sie „an sich" eine Gabe ist, die uns größere Möglichkeiten, ja „Freiheit der Verkündigung" vermittelt. – Diese Gabe wird uns angeboten. – Wir können sie natürlich nicht in der Form annehmen, wie sie uns geboten wird. – Also stellen wir unsre Bedingungen auf, interpretieren den Gebenden so harmlos wie möglich, nach seinem neutralen Gesicht, und versuchen zu erreichen, was wir können. – So laufen alle Argumentationen mit kleinen Abwandlungen. Ich sagte: es gibt heute keine Legalisation „an sich". Natürlich: Das Geld dort gehört uns, weil es Gott gehört, und weil er uns beruft, es recht zu verwalten. Aber dies Geld ist in den Händen der Götzendiener, sie bieten es uns an, um uns in den Götzendienst zu binden, und darum ist es Gift, dies Geld und alle von dort kommenden Rechte. Und längst schleicht dieses Gift in allen Adern der BK und

261 Es handelt sich um die Verordnung vom 26. Februar 1938 (s.o.)

lähmt und tötet langsam ihr Leben. Und nun sollen wir es immer wieder fordern, ja darum bitten? Wenn ich bete „und führe mich nicht in Versuchung“, so handle ich auch danach. Ist es Schwärmerei (so wirft man mir vor!), wenn ich heute fordere, Verzicht auf dieses Gift? Mindestens ernsthafter Versuch der Entgiftung dieser „Gabe“ vorher: d.h. Angriff auf die Existenz des Konsistoriums überhaupt (der ist längst aufgegeben), und Forderung der Legalisierung in strenger Sonderung von jenem Angebot, also den 30. IX. verstreichen lassen („als wäre nichts geschehen“). Die Nüchternheit, Klugheit, Treue, Fleiß hat auf ganz anderem Gebiet einzusetzen: kluges Handeln im Glauben auf dem Weg zur finanz. Selbständigkeit unserer Gemeinden. – Ich soll Gründe von Schrift und Bek. für die Ablehnung der Legalisierung beibringen, fordert man von mir. Der Nebel, den ich hasse (auf dem Rigi war er harmlos! Ich bin stattdessen zu den Rehen und Hirschen in Arlpoldau gegangen und habe sie gut trösten können über den Regen, denn es würde bald wieder die Sonne scheinen. Aber hier?), scheint mir seine Ursache darin zu haben: Angst, Angst vor dem Gegner und der Unsicherheit der Existenz. Deshalb wagt man den Gegner nicht beim Namen zu nennen, überhaupt nicht recht zu sehen, konstruiert sich einen harmloseren, und gerät ins Verhandeln mit ihm immer tiefer in die Krallen des wirklichen. Der große Götze der BK heißt „unbewußte Angst“. Er wird nie genannt und zugegeben, im Gegenteil heftig verleugnet, und um so sicherer herrscht er und empfängt seine Opfer, wohlriechende, prächtige Opfer, die 184 vielleicht[262] und bald dann die ganze jüngere Bruderschaft. Dann kann er sich für einige Jahre ausruhen von seinem Fraß und schlafen. Und die Kirche wird Frieden haben. Schauerlich, ja? Aber ich will „sachlicher“ werden (es ist mir gestern, wohl zum 1. Mal in meinem Leben, vorgeworfen worden: Gefühle brächten uns hier nicht weiter!!): zu dem Formular: ist es das Gleiche, wenn wir seither, was ich nie abgelehnt habe, einen von der BK ausgebildeten und ins Amt berufenen, also mit allen schrift- u. bek.mäßigen „Rechten“ ausgestatteten Prediger beim Konsistorium anmeldeten und die Vermittlung der „öffentl.“ Rechte für ihn forderten – und wenn wir jetzt, unter Nennung von 280 Namen die Legalisierung der zwar schon gemachten Prüfungen fordern, aber damit …? wobei das „damit“ natürlich eine große Täuschung ist, denn vor ihm steht der Eid und der Brief von Euler[263], von dem Käte

262 184 rheinische Pfarrer hatten zu dieser Zeit noch nicht den Eid auf Hitler geleistet (s. Anm. 254).

263 Karl Euler (1877–1960), D. theol., 1906–1913 Pfarrer in Liedolsheim, 1913–1926 in Düsseldorf, 1926–1945 Konsistorialrat, 1931 Oberkonsistorialrat in Düsseldorf, zuständig für die Hilfsprediger und Vikare, hatte am 22. Juni 1938 an Pfarrer Heinrich Held, der mit Pfarrer Beckmann die Verhandlungen mit dem Konsistorium über die Legalisierung führte, geschrieben, dass das Konsistorium „von einer Vorlage der Prüfungsakten, wozu auch alle schriftlichen Arbeiten gehören“ nicht absehen werde. „Bei der Zulassung zu einer außerordentlichen Prüfung

wird erzählen können, mit der Exegese dessen, was das Kons. meint, wenn es uns seine Gabe gibt, – und schließlich eben der ganze Komplex des Gebenden. Da scheint mir die Frage zu liegen, und weil wir da kein klares Nein mehr wagen, darum kann Humburg das „Gift" so unbesorgt schlucken, mit der Begründung, vergiftet wäre alles, was wir essen. (Ach, was schmeckten die Kartoffeln in der Schale auf dem Sonnenblick so gut!)

Nun schreiben Sie: bin ich auf falscher Fährte? Mich erschreckt immer wieder, sehr zu Recht, der Vorwurf der Schwärmerei. Aber ist das Schwärmerei? Ist die Lage bei der Legalisierung anders als beim Eid? Und mindestens: sind die Einzelschritte richtig? Und dazu: Kann man einer Kirchenleitung, die so unklar in ihrer Erkenntnis ist, wie das der Eid zeigt, ein rechtes Entscheiden in diesen Fragen zumuten? Und wir geben ihr doch das alles in die Hand mit unserm Antrag. – Zur Eidessache noch: P. H[um]b[ur]g ist noch immer fähig, „mit völlig gutem Gewissen" den Eid zu leisten (auch nach dem Brief von Bormann, den Sie kennen werden?) und wartet nur auf die (am Freitag stattfindende) Lösung der Gewissen der 184, bzw. der 30, die vielleicht ein schlechtes Gewissen hätten. Ebenso Scharf u. Vogel. Der „Offene Brief" sei gar nicht an die Adresse der V[orläufigen]K[irchen]L[eitung] gelangt. Müller habe ihn bis heute nicht.[264] Also: Papierkorb! Wie das Consilium bei H[um]b[ur]g zornig in den Papierkorb geflogen ist, das ist ihm gestern kräftig vorgeworfen worden, ein Synodaler der Rhein. Synode, der dazu Lehrer der Kirche sei, habe den Brief geschrieben, hat man ihm gesagt! Das Gespräch endete in beiderseitigem bösen Schweigen.

Am liebsten möchte ich bitten: Kaba [Karl Barth] erschiene! am Freitag. Müßte er nicht? Wenn die Jungen all diesen Versuchungen auch erliegen? Grüßen Sie das ganze Haus herzlich, besonders Frau Pestalozzi sehr dankbar. Hellmut [Traub] kommt vielleicht nächstens hierher, auf dem Weg in die Ferien. Ich hatte einen längeren Brief (!!) von ihm. Ich werde ihn ermahnen. Hören „Sie" nicht auf, zu uns zu reden. Alle Tage in diesen Wochen. Der Brief an die 184 läuft. Vielen Dank für alles, auch die Schokolade auf dem Säntis! Karl Gerhard [Steck] hatte ernste Gründe, über Lindau zu fahren. Meine Rückreise war bei hellstem Sonnenschein. Schade, daß ich nicht mehr Butterbrote mithatte. Ich traf hungrige Leute.

Herzliche Grüße für heute!

Ihre E. F.

ist dem Kandidaten durch das Konsistorium schriftlich mitzuteilen, daß seinem Antrage in der selbstverständlichen Voraussetzung stattgegeben wird, daß er unbeschadet seiner theologischen und kirchlichen Überzeugung bereit ist, das Konsistorium als seine vorgesetzte Dienstaufsichtsbehörde anzuerkennen" (zit. Scherffig, a.a.O., S. 78).

264 Der „Offene Brief" Karl Barths an die VKL (s. Anm. 254).

KBA 98765. 60

Elisabeth Freiling
an Charlotte von Kirschbaum, Bergli-Oberrieden, Postkarte vom 11. IX. 38

Liebes Frl. v. K. Herzlichen Dank zunächst für Ihre Karte, die mir eine 1. kräftige Hilfe war.[265] Ich, wir warten nun sehr auf das „mehr", vielleicht von ihm [Karl Barth] u. Ernst [Wolf], auf jeden Fall von ihm. Bis jetzt habe ich hier, im Tal, erreicht, daß wir alle die Absendung des Antrags zum 15. ablehnen u. viele meine inzwischen weiter durchgearbeiteten Argumente angenommen haben. Die Anträge sind, soweit sie schon eingereicht waren, zurückgezogen. Wir versuchen, was noch in gleicher Richtung in der Provinz möglich ist. Am Samstag haben wir wieder Sitzung. Wäre bis dahin etwas möglich? – Mein Weg läuft z.Z. im wesentlichen so: was ist Legalisation? ... Ich bestreite dem Kons. 1. das Recht, uns zu legalisieren, weil falsche Leitung u. Recht nur durch echte Begegnung zw. Staat u. echter Kirche; 2. die Möglichkeit, uns solches öffentl. Recht zu verschaffen, das der Kirche dienlich ist. – Deshalb: Kirchenleitg der BK, laß Du Dich „legalisieren"! Ich freue mich, daß es nicht ganz schlecht steht. Herzl. Grüße an Käte [Seiffert].

KBA 98765. 61

Elisabeth Freiling
an Charlotte von Kirschbaum, Bergli/Oberrieden, Postkarte vom 19. IX. 38

Liebes Fräulein von Kirschbaum. Hellmut [Traub] hat treulich geantwortet und auch sonst einige Stimmen, aber alle mit: Ja! Legalisierung fordern! Das entscheidende Votum fehlt bis heute, und wir warten alle sehr darauf. Kann es noch bis Mittwoch nachm. kommen? Do[nnerstag] erreicht mich die Post nicht mehr hier. Ich verstehe gar nicht, warum nichts kommt. Können Sie mir nicht bitte schreiben, ob Sie meine Sachen, auch mein ausführliches Votum an Benny [Locher] erhalten haben? Bis jetzt ist die Entscheidung aufgehalten. Aber wie lange noch? Diesmal wird doch dringend um Rat gerufen. Auch von Ernst [Wolf] höre ich nichts. Ein wenig traurig (aber sonst aufrecht!) grüßt „Sie" im Namen aller hier Ihre Elli Freiling. Herzliche Grüße an alle Bekannten dort.

265 Die Karte ist nicht bei den Akten.

Elisabeth Freiling
an Charlotte von Kirschbaum, Brief vom 23. IX. 38

Liebes Fräulein von Kirschbaum.

Heute morgen kam Ihr Brief.[266] Vielen Dank dafür! Gestern habe ich Käte [Seiffert] noch gesprochen, vor dem Konvent.[267] Das freute mich sehr. Er verlief so traurig, wie wir erwartet hatten. Es werden sehr wenige sein, die es nicht tun. In ganz Preußen sonst ist es getan. Hellmut [Traub] schickte mir vorgestern seinen Antrag, damit ich ihn weiterreiche. Ich habe es getan. – Die Lage ist so sehr erschwert durch die Weisung.[268] Die meisten sagen: wir haben nur unserer Leitung zu gehorchen. Was sie mit unsern Anträgen macht, hat sie zu verantworten. Das ist eine so schöne Lösung. – Sie werden den beiliegenden Brief vielleicht nicht gutheißen. Ich hielt ihn für das einzige Wort, was das Ohr des Rates z.Z. vielleicht noch erreichen könnte. Und ich möchte dazu nichts unversucht lassen. Das Elend Schlingensiepens ist ja erschütternd. Aber er hat es dem R[heinischen] B[ruder] R[at] nicht hörbar machen können, daß der Weg nicht im Glauben gegangen werden könnte. Er hört es, so gern er es möchte, selbst nicht. Die Begründungen (um die es uns nach wie vor sehr dringlich zu tun ist) liefen von „Wer seine Hand an den Pflug legt …“ „Wer aber anderswo hineinsteigt,

266 Dies war das maschinenschriftliche Skriptum des Vortrags Karl Barths „So wahr mir Gott helfe“, den er am 5. September 1938 in Zürich gehalten hat und der später als Broschüre erschien (Zollikon 1938). In diesem Vortrag stellte er den Zusammenhang der Eidesfrage mit der Legalisierungsfrage heraus und warnte dringend vor einer erneuten Kapitulation der BK. In dem letzten Nachwort vom 22. September wies er auf eine „Parallele“ hin: „Man setze statt ‚Eidesfrage‘ – ‚Tschechoslowakische Frage‘, statt ‚Bekennende Kirche‘ – ‚England und Frankreich‘ […], so sieht man, was ich meine. So geht es in Kirche und Staat denen, die bei besten Einsichten und Absichten immer nur lavieren, aber nie grundsätzlich prüfen und entscheiden […]. So muß man dann weichen. […] So kräftig, so schmählich und schmerzlich bekommt man dann seine Torheiten heimbezahlt. Soll man sich mehr über die Bekennende Kirche oder mehr über die europäischen Demokratien verwundern? […] Es wäre hier wie dort nur dies einzusehen, daß es nicht so sein müßte und daß der Kirche wie den Demokratien solche schwarzen Tage dann ebenso gut erspart bleiben könnten.“ (Der Leiter des Karl-Barth-Archivs in Basel, Dr. Peter Zocher, hat mich dankenswerter Weise auf dieses Typoskript aufmerksam gemacht.) In der gedruckten Version des Nachworts wird die Parallele zwischen der Kapitulation der Bekennenden Kirche und der Kapitulation der Demokratien in München noch schärfer herausgestellt.

267 Der Konvent, also die Vollversammlung der Bruderschaft rheinischer Hilfsprediger und Vikare, fand am 22. September 1938 auf Einladung von Erhard Mueller in Düsseldorf statt.

268 S. Anm. 259.

der ist ein Dieb und ein Mörder" „Wachet am ersten ..." u.a. über Barmen 5 und Dahlem. Mir scheint, die ganze Bibel vom ersten bis zum letzten Blatt spricht dagegen. Aber sie hören es nicht. Auch Eichholz nicht. – Das letzte Nachwort war mir sehr schwer. Ich ahne von fern, wie allein diese „Parallele" gemeint sein kann. Aber muß das gesagt werden? Frage ich nun doch auch.

Mit herzl. Gruß

Ihre Elli Freiling

KBA 98765. 63

Elisabeth Freiling, W.-Barmen, Freiligrathstr. 66,
an Präses Humburg. Masch.-schriftl. Brief vom 23. September 1938.
Dieser Brief ist dem Brief E.F. vom 23.9. beigelegt.

Sehr geehrter Herr Präses.

Als ich 1934 Euler sagte: „Ich verzichte auf die Indienstnahme durch das Konsistorium, wenn Sie nicht begreifen können, dass ich die grüne Karte unterschreiben musste" und er mich daraufhin aus der Liste strich, da bin ich froh und getrost aus diesem Gebäude herausgegangen, obwohl ich nicht wusste, ob die Bekennende Kirche, die noch kein Ausbildungsamt hatte, Platz für eine Vikarin haben würde. Ich war bereit, Dienstmädchen zu werden, bis Gott mir eine Möglichkeit zeigen würde, meinen Beruf, dem ich unlöslich gehöre, auszuüben. Und das alles frohen und getrosten Herzens. Heute ist mir befohlen, den umgekehrten Weg zu gehen. –

Warum ist die Bekennende Kirche nicht mehr fähig, zu Entscheidungen des Glaubens aufzurufen, auf deren Boden man froh und getrost treten kann?

Warum muss die Leitung der Bekennenden Kirche es uns so bitter schwer machen, bei der Bekennnenden Kirche zu bleiben?

Warum muss sie es einem Mann wie Pastor Schlingensiepen so schwer machen, sein Amt weiterzuführen?[269]

Weil Gott es befiehlt? Befiehlt er, den Weg der Legalisierung zu gehen?

269 Schlingensiepen war mit den Verhandlungen Helds und Beckmanns mit dem Konsistorium nicht einverstanden, vor allem nicht mit der Regelung, dass die Legalisierung durch ein „Vorstellungsgespräch" im Konsistorium erreicht werden solle. Er konnte sich aber mit seiner Meinung im Rat nicht durchsetzen. Er trat auch nicht, wie er es erwogen hat, als Ausbildungsreferent zurück aus Loyalität gegenüber seinen „Brüdern" im Rat (Schlingensiepen, Widerstand, S. 55).

Hat man Pastor Schlingensiepen, als er sein Amt zur Verfügung stellen wollte, sagen können: Dieser Weg ist Gottes Wille, darum geh ihn mit! – ?

Kann man uns sagen: Dieser Weg ist Gottes Wille, darum seid gehorsam! –?

Wenn Sie aber nicht gewiss wissen, dass dieser Weg Gottes Wille ist, warum weisen Sie uns an, ihn zu gehen? Warum sind Sie nicht wenigstens so barmherzig, uns zu sagen: Wer ihn im Glauben in Freiheit gehen kann, der gehe ihn mit uns, unter unserm Schutz; wer es nicht kann, der lasse es, unter unsrer Leitung? Muss erst, um der Bekennenden Kirche in Deutschland willen (ganz gewiss deshalb!) der Krieg kommen, um Sie auf solchen Wegen aufzuhalten? Oder werden Sie noch am Tage der Mobilmachung zum Konsistorium gehen, weil Sie meinen, die Legalisierung sei wichtiger als alles andere?

Warum hat man diese Weisung erteilt?

Ich habe als einzigen „biblischen" Grund bisher gehört: „Verdirb es nicht, es ist ein Segen drin". Es ist schon ein Teufelskunststück, wie das Matth. 4,6 –, dies Wort aus seinem Zusammenhang heraus auf die Legalisierung anzuwenden [sic].

Dass unsere „berechtigten Ansprüche" nicht von der Schrift her, sondern von einem früher geltenden, heute längst mindestens schwer erschütterten Öffentlichkeitsrecht allein begründet werden können, dürfte wohl niemand verborgen sein. Können aber von solchen Argumenten her bindende Weisungen erteilt werden?

Dagegen: Hören Sie es wirklich nicht als Gottes Wort, wenn wir dagegen sagen: „Verdirb den nicht mit deiner Speise, um welches willen Christus gestorben ist! Darum schaffet, dass euer Schatz nicht verlästert werde! Denn das Reich Gottes ist nicht Essen und Trinken, sondern Gerechtigkeit und Friede und Freude im heiligen Geist." Ich bitte Sie: wo ist denn diese Freude, dieser Friede auf Ihrem Weg? Können Sie diese „Gabe" der Legalisierung mit Danksagung empfangen? oder gut, wenn Sie es können: Lesen Sie bitte Römer 14 und 1. Kor. 6 noch einmal hörend durch und fragen Sie sich, ob Sie es dann noch befehlen können, allen, den Antrag einzureichen?

Sie können die Weisung nicht zurücknehmen, hat mir Pastor Schlingensiepen gesagt, der Preussische Bruderrat muss es tun. Und der steht vor der Tatsache, dass ihm alle anderen Provinzen ohne Bedenken gehorcht haben und er längst gehandelt hat. Sei es. Vielleicht ist der Fluch, der auf der Legalisierung liegt, nicht überall so deutlich zu erkennen, wie im Rheinland. Oder vielleicht gibt es nirgends so Schwache im Glauben wie im Rheinland? Für diesen Fall ist die Weisung der Schrift klar: Verwirret die Gewissen nicht! Damit würde für den Preussischen Bruderrat Ihr Herausspringen aus der Reihe genügend gerechtfertigt sein.

Dies war der Sinn meiner letzten Frage und Bitte auf dem Konvent. Ich kann sie nur noch einmal wiederholen, (dringend aus dem ernsten Willen heraus: Ich möchte der Kirchenleitung, wie sie in Ihnen und Pastor Schlingensiepen vor mir steht, bis zu ihrem oder meinem Ende in der Kirche gehorsam sein können): Nehmen Sie die Weisung zurück!

Wenn Sie es nicht tun: Wo sollen wir denn hingehen? Wenn in der Kirche von Rom der Apostel befohlen hätte: Ihr sollt das Götzenopferfleisch essen! Zu wem sollten sie denn gehen, wenn innerhalb der Kirche das Befehl war? Sollten sie eine Sekte bilden? Oder sollten sie zu den Heiden gehen? Die hatten ja die Freiheit, Götzenopferfleisch zu essen oder nicht! Oder – wäre der Apostel dann vielleicht nicht mehr der Apostel, der treue Hirte seiner Gemeinde gewesen?

Und wenn der Apostel seinen Befehl nicht so ernst gemeint hätte – wäre es dann eine Weisung der Kirchenleitung gewesen?

Ich beschränke mich heute auf die Frage der Weisung, weil sie die vordringliche ist. Ich würde dazu bitten, dass der Rat, so schwer es ihm auch sein mag, noch einmal die Brüder zu einer Besprechung zusammenbittet, die seiner Weisung nicht folgen können. Ich erbitte es immer noch, dass dabei doch deutlich werden möchte, ob der gewiesene Weg ein Weg des Glaubens sein kann.

Ich schließe mit einem Bericht aus der Gemeinde:

Ich legte einer meiner Helferinnen, die für meine Arbeit das Amt eines Presbyters hat, den Tatbestand vor: das Gesetz und den Brief der Leitung, und fragte sie, wie sie das beurteile. Sie besann sich eine Weile und sagte dann: Mir fällt eine Predigt von Pastor Humburg ein: Ich schämte mich, vom König Geleit und Reiter zu fordern ... ... hiess der Text, das Wort Gottes.

Herr, erbarme Dich unser!

In der Ehrerbietung des 4. Gebotes schrieb dieses

Ihre Vikarin

[Dieser Brief wird bei Scherffig zitiert (S. 96f.). Er war „wie ein Blitz in der Nacht, der auch dem verborgensten Winkel Licht gibt ... Wer den Brief las, mußte an *Debora* denken, die Richterin und Prophetin in Israel ... Doch die Männer der Bekennenden Kirche waren müde geworden. Sie wollten nicht hören, wenn eine Frau sie so bohrend nach dem Grund ihres Handelns fragte. Darum fehlte es nicht an klugen Argumenten, den Canossagang nach Düsseldorf zu rechtfertigen."]

KBA 98765. 64

Elisabeth Freiling
An Charlotte von Kirschbaum, Brief vom 13. Oktober 1938

Liebes Fräulein von Kirschbaum.

Nun muß ich endlich meinen Beichtbrief schreiben, vor dem ich so lange schon Angst habe! Es hat mich sehr beschämt, daß Sie mich gerade in dem Augenblick so reich beschenkt haben. Ich danke Ihnen herzlich dafür und freue mich sehr.[270] Mehrere fragten schon: gibt es denn gar keine andre Möglichkeit, daran zu kommen? Wie wäre es mit Edmund?[271] Vielleicht möchte seine Braut allerlei Anschaffungen machen? Wollen Sie es nicht einmal überlegen?

Aber nun die Beichte: Es ist nun so, daß ganz Preußen bis auf den letzten Mann in völliger Einheit seine Anträge eingeschickt hat: immerhin, völlige Einheit bringt die junge Bruderschaft offenbar noch zustande!! Auch wir letzten etwa 20 Widerstrebenden im Rheinland sind gebändigt![272] „Gehorsam" war gefordert, sonst nichts. 3 haben bis zuletzt den Gehorsam verweigert: B[enjamin] Locher, Edu[ard] Hesse u. H[arry] Weisberg. Da sind ihre Namen auf die „Sammelliste" des Rates geraten, auf der alle „Verhinderten" standen: die Soldaten, Hildeg[ard] Güttges, Werner [Koch] „und dergl.", für die der Rat auf seine Verantwortung hin beantragte. Auf diese Liste wollte ich nicht, zumal mir all die Einwände von Hellmut [Traub], G. Eichholz, de Quervain, allmählich die Begründung unsres Nein sehr unsicher gemacht hatten, d.h. sie zeigten mir die Möglichkeit, den gleichen Schritt auch ganz anders beurteilen zu können, und da der Rat von sich behauptete, daß er ihn so ansehe wie etwa Hellmut [Traub]: das Geraubte fordern, ohne irgendeine Konzession, so mußte ich ihm das ja glauben und hatte also keinen stichhaltigen Grund, den Gehorsam zu verweigern.

270 Unverständlich.
271 Edmund Schlink war zu dieser Zeit gerade bei Barth zu Besuch.
272 Am 30. September hatte der Rat dem Konsistorium die Anträge eingereicht. Am gleichen Tag hatte er mit den ca. 20 Mitgliedern der Bruderschaft noch einmal ein Gespräch geführt, die den Legalisierungsantrag grundsätzlich ablehnten. Dazu schrieb die Vikarin Ilse Härter nach einem Telefongespräch mit Elisabeth Freiling an ihre Schwester, Frau Feldmann, es sei ein Glück gewesen, dass Pfarrer Held nicht zugegen gewesen sei, „statt dessen Präses [Humburg], Joschli [= Johannes Schlingensiepen], Beckmann, Hesse, Weisser [Vertrauensmann der BK an der Saar]. So gab es wenigstens ein Aufeinanderhören. Manches erschien auch in einem anderen Licht ... Dazu wurde uns mitgeteilt, daß der rhein. Rat auf jeden Fall einen Sammelschein für uns ‚Verhinderte' (auf dem hatten sie auch Werner Koch) einreichen würde" (zit. Scherffig, S. 100).

Ich hoffe, Sie sehen Hellmut in der nächsten Zeit. Dann werden Sie ja miteinander darüber sprechen. Er versucht eben, das Konsistorium ganz als Staatsbehörde zu sehen und zu behandeln, ohne sich um seine andersartigen Ansprüche zu kümmern. Schwärmerei wirft er mir auch irgendwie vor, es ist mir ein Zeichen, wie fest die BK noch an den Öffentlichkeitsrechten hängt. – Wie ich eben höre, hat mein Versuch Erfolgt gehabt und Hellmut [Traub] wird also auch hierher kommen, als Redner zu einem Gemeindetag, darauf freue ich mich nun sehr. Hoffentlich rettet er mich vor der Schwärmerei! Oder ich ihn!! Es wird jedenfalls gut sein, über das alles einmal sprechen zu können. Sorgen Sie dafür, daß er hier ein gutes Referat hält, er hat ja über diese Sache zu sprechen! Und ich fürchte, mein Einfluß ist da zu schwach!

Vielleicht kommt auch Dita [Stokmann] auf dem Weg hierher. Werner [Koch] ist von Bethel als Pfleger angefordert, das soll seiner z. Z. zuständigen Behörde mitgeteilt werden. Ist es ein Weg? Wir wollten darüber miteinander sprechen. Der Vater setzt große Hoffnungen darauf.

Frau Pf. [Graeber] wird in den Tagen nicht hier sein. Ihr Bruder hat am 21. Hochzeit, dazu ihre Mutter 70. Geburtstag. Da sind sie alle zusammen in Mecklenburg und anschließend in Bremen. Sie ist eben abgereist, wieder in völliger Verwirrung, eine winzige Kleinigkeit an Differenz mit der Gemeindeschwester und alle Vernunft war verloren. Mir zum Abschied so bitter wie möglich hingeworfen: sie wünsche mir eine recht fröhliche Zeit mit Herrn Tr[aub] u. Frl. St[okmann]. Wie das alles noch einmal ausgehen soll? Es ist mir jedenfalls klar, daß ich da nicht helfen kann.

Meine Arbeit geht gut. Ich spüre sehr die gesammelten Kräfte der Ferien. Und da es sehr viel Arbeit ist, habe ich ja auch das Recht, mich aus den häuslichen Dingen stärker zurückzuziehen. Immerhin, so ungern ich es um der Arbeit willen tun werde, ein Wechsel scheint mir immer noch das Richtige, – wenn sich eine gute Möglichkeit bietet.

Verzeihen Sie nun diesen Kraut- und Rübenbrief, er ist in vielen Absätzen und viel Unruhe geschrieben, ich schicke ihn aber doch ab, damit Sie wenigstens ein dürftiges Echo haben.

Und vielen herzlichen Dank! Und herzliche Grüße an Herrn u. Frau Pr[ofessor] und an Joggeli! Ich hab doch damals wieder vergessen zu fragen, ob er eigentlich den Kosmoskalender bekommen hat?

Ihre Elli Freiling

Die Heliostagen [?] stehen noch im Austausch miteinander, in Vorbereitung eines Weihnachtsgrußes an Pf. Salag.[?]!

Würden Sie den beiliegenden Brief bitte an Frau Professor weitergeben?

52

Charlotte von Kirschbaum
an Elisabeth Freiling, Brief vom 15. X. 38

Liebes Fräulein Freiling!

Auf Ihren Brief will ich Ihnen doch gleich eine Antwort geben. Ich hatte schon vorher, von Udo [Röhrig], von der Sache gehört, bzw. so viel, daß unter den drei Namen der Ihre nicht war. Nun ist es also so. – Daß dieser Weg nicht der richtige ist, das glauben wir allerdings nach wie vor, trotz Hellmut [Traub], Georg [Eichholz] u. Alfred [de Quervain]. Aber freilich auch das, daß unter den „gegebenen Umständen“ vielleicht Geschlossenheit besser ist als Aufspaltung. Denn nur, wenn es bei dem geschlossenen Vorgehen bleibt, kann das Ganze einen Sinn haben. Man muß freilich leider schon sagen: könnte. Denn nach Udos Mitteilung hat „man“ bereits akzeptiert, daß die andre Seite wählt, wer genehm ist u. hat dankbar 30 abgegeben, die als das befunden wurden. Damit ist natürlich – wenigstens im Rheinl. – alles auf den Kopf gestellt. Entweder ganz oder gar nicht, müßte es mindestens heißen. Aber ist es nicht eine erschütternde Parallele zum Eid? Man stellt an sich schon höchst problematische Bedingungen auf u. dann hält man nicht einmal an diesen fest. – Sie werden den Weg doch nicht gehen können, denn die „Forderung“ liegt nicht bei Ihnen, sondern bei den Andren. Käthe [Seiffert] weiß bereits von „Nachprüfungen“ zu erzählen!! – Sodaß Sie sich – trotzdem! – wohl am gleichen Ort befinden wie die „Renitenten“! – Ach, liebes Fräulein Freiling, das sollen keine Vorwürfe sein u. auch keine Rechthabereien. Ich wollte so gern, Sie hätten recht. Muß nicht Hellmut [Traub] die Augen schließen, wenn er sagt oder deutet: „Das Geraubte fordern, ohne irgendeine Konzession“. Als abstrakter Satz mag das ganz gut klingen. Aber denken Sie einmal: Ihr fordert u. von wem wird gefordert?? Edmund [Schlink] erklärte „es“ uns damit: (Unter „es“ [ist] übrigens auch der ind. für [sich] selbst (!) geschlossen geleistete Eid zu verstehen), daß Alles besser sei als weitere Absplitterungen, zu denen die radikale Jugend nur zu sehr neige. Der Gedanke, daß man solche Absplitterungen vielleicht auch anders herum verhüten könne, indem man einen Weg geht, der diese „radikale Jugend“ führt, scheint so weit weg, daß er nicht mehr diskutiert wird. Trotz des sanften Bräutleins an s. Seite kam es zu einer ziemlich harten Aussprache. Und der Schluß? „Schreiben Sie uns einen aufrichtenden Trostbrief, den brauchen wir, aber nicht solch einen wie den letzten, der weiter Aufspaltungen in unsere Reihen trägt“. Und dann redete er sehr bewegend von dem Elend der Leute in Berlin u. anderswo. Ich bin weit entfernt davon, das zu ironisieren, ich glaube, daß er recht hat. Aber –

möchten Sie „getröstet“ sein um den Preis der Wahrheit, oder soll ich bescheidener sagen dessen, was K[arl] B[arth] als „Wahrheit“ oder Richtigkeit zu kennen glaubt? –

Heute kam ein Eilbrief aus Solln[273], ob ich kommen könne zu einem Gespräch, irgendwohin. Ich rief bei meiner Freundin an u. wollte sie fragen, ob Hellmut [Traub] u. sie morgen nach Freiburg fahren könnten. Aber nun ist sie irgendwie unerreichbar u. es wird wohl nicht mehr klappen. Ob es in der Woche noch langt, ist auch unbestimmt. Der Sonntag wäre für mich aus mehreren Gründen am günstigsten. Und ich hätte ihn gern gesprochen, mehr noch um andrer Dinge wegen als der eben besprochenen. – Die Entrüstung von Onkel Fritz, die Sie in W[uppertal] miterlebten, hat neuen Stoff u. wohl viel schlimmeren.[274] Ich will versuchen, Käthe [Seiffert] das Material zu schicken, sodaß Sie sich dort gelegentlich orientieren können. Aber noch lieber wäre mir, ich könnte darüber mit H[ellmut Traub] sprechen. –

Zum Schluß noch dies: wir verstehen es, daß Sie schließlich und endlich sich dann doch so entschieden haben. Freilich nur dann, wenn wir eben zugeben müssen, daß aufs Ganze gesehen eine andere Linie nicht mehr möglich ist. Wir haben in der letzten Zeit Gelegenheit gehabt mit diesem und jenem jungen Freund zu sprechen u. da hat es sich uns aufgedrängt, daß wohl das Bisherige nicht zu halten ist u. nur noch ein Neuanfang helfen kann.

Herzliche Grüße Ihnen, liebes Frl. Freiling, von Ihrer Ch. v. K. Grüße auch vom ganzen Haus. Morgen feiert Markus Verlobung![275]

KBA 98765. 65

Elisabeth Freiling
an Charlotte von Kirschbaum, Postkarte aus Wuppertal-Barmen vom 3. 11. 1938

Liebes Frl. v. K. Herzlichen Dank für die Post vom 15. u. 30. X. Nach dem 15. haben Sie ja nun mit Hellmut gesprochen. Auch mir schien alles, was er sagte, theologisch einwandfrei. Sein Referat war sogar sehr gut. Viel negativer als [muss vermutlich heißen: war] sein Handeln. Ich spüre auch noch Eichh[olz] gefährliches Lächeln über die Möglichkeit, hier unter Ge-

273 Solln bei München ist der Wohnort der Eltern von Hellmut Traub.

274 Vermutlich handelte es sich wieder um eine homosexuelle Gefährdung. Mit „Onkel Fritz“ könnte Friedrich Graeber, der Bruder des Wupperfelder Pfarrers Martin Graeber, gemeint sein.

275 Karl Barths ältester Sohn Markus (geb. 1915) feierte seine Verlobung mit Rose Marie Oswald.

setzen handeln zu wollen, die theol. nicht klar zu begründen wären. Aber die Praxis des Kuhhandels – – ich möchte mit Schempp reden! – Besonders Dank für die Post vom 30.[276] Sie wandert. Die plötzliche Kälte der letzten Wochen nimmt ab. Erfreuliche Sonnenstrahlen im Tal.[277] Paul [Humburg] ängstlich, aber warm. Joschli [Johannes Schlingensiepen] fragte seinen Bruder [Hermann][278], was sie denn sagen würden, wenn die russ. Kälte vordrängt? Ob sie dann nicht das Gleiche sagen würden? Georg [Eichholz] u. Graffm[ann][279] stießen dann zur theol. Frage vor. Man ist da nicht unbelehrbar (Heiligung!). Auch Lu[ther] u. Bauernkrieg wurde als Parall[ele] genannt. Ich habe Paul [Humburg] die 19. Vorl[esung] zur Verdauung in die Hand gedrückt. Dies in Eile nur als gutes Zeichen. Bald mehr.

53

Charlotte von Kirschbaum
an Elisabeth Freiling, Ansichtskarte aus Basel vom 4.11.1938

Liebes Frl. Freiling! Also kann auch solches Eis (siehe umstehend den Rhone-Gletscher!) schmelzen. Wie gut ist das!! Wir sind von einer Schmutzflut überschüttet, leben aber ganz friedlich darunter, [unleserlich]. – Die Stunden mit Hellmut [Traub] waren über alles Erwarten gut, das war ein

276 Vermutlich Informationsmaterial über den Hromádka-Brief.

277 Vermutlich meint Elisabeth Freiling mit der Kälte die Distanz, die zwischen Karl Barth und der Bekennenden Kirche aufgetreten war durch Barths Kritik an der Eidesleistung (s. Anm. 254) und durch seinen Brief an den Prager Theologieprofessor Dr. Josef L. Hromádka vom 19. September 1938, in dem er seine Hoffnung äußerte, dass sich die Tschechen der Aggression Hitlerdeutschlands wiedersetzen würden: „Jeder tschechische Soldat, der dann streitet und leidet, wird es auch für uns – und, ich sage es heute ohne Vorbehalt: er wird es auch für die Kirche Jesu Christi tun." Die Reaktionen auf den Brief waren in Deutschland allesamt negativ, auch die Vorläufige Leitung der BK lehnte ihn entschieden ab. Selbst enge Freunde, wie Dr. Karl Stoevesandt, Ernst Wolf und Hellmut Gollwitzer verhielten sich reserviert (Karl Barth, Offene Briefe 1935–1942, S. 107–133). Aus dem Text geht hervor, dass Humburg und Schlingensiepen, wohl auch Eichholtz und Graffmann Verständnis dafür hatten, was Karl Barth angesichts der vordrängenden russischen (= deutschen) Kälte gesagt hatte.

278 Hermann Schlingensiepen (1896–1980), 1927 Lic. theol., Habilitation, PD in Bonn, Leiter des theol. Auslandsseminars in Ilsenburg, 1933 Beurlaubung wegen BK-Aktivitäten, 1938–1945 Pfarrer in Siegen, 1939 Haft, 1945–1952 oProf. in Bonn, 1952–1957 Ephorus KiHo Wuppertal, theol. Ehrenpromotion Kiel.

279 Heinrich Graffmann (1901–1988), Dr. phil., BK, Dozent und 1936 Leiter der Theol. Schule in Elberfeld, später Pfarrer in Niederschelden.

Trost. Sie lassen sich ja in dieser Weise nun wohl kaum mehr wiederholen. – Haben Sie von Käte [Seiffert] Nachricht u. die entscheidenden Briefsachen einsehen dürfen? Sie sind [unleserlich] wohl darüber im Bilde. – Wolfgang Sch[erffig] war ja hier, ein schlichter, aber sehr tüchtiger Mann. Er hat sehr zum Guten gewirkt hier.[280] – Unser Hörsaal ist voller als je. Von Fr[iedrich] Graeber kam ein Brief, ich schreibe ihm in diesen Tagen.[281] Lassen Sie bald mehr hören. Herzliche Grüße Ihre Ch. v. Kirschbaum

KBA 98765. 66

Elisabeth Freiling
an Charlotte von Kirschbaum, Brief aus W.-Barmen vom 17. XI. 1938

Liebes Fräulein von Kirschbaum.

Es ist mitten im Vormittag, wo man eigentlich für seinen Chef arbeiten soll, aber wenn ich noch weiter wie die letzten 10 Tage auf einen Abend warte, an dem ich Ihnen schreiben kann, wird es vielleicht noch lange dauern, und es tut mir schon sehr leid, daß ich gerade in diesen Tagen nicht geschrieben habe. Es hat keinen anderen Grund als gehetzte Arbeit.

Herzlichen Dank für 3 Sendungen zwischen dem 4. u. 8. XI.; (Karte vom Gletschereis, die Schokoladensendung (wußten Sie, daß ich gerade am 6. meinen 30. Geburtstag in Frankfurt feierte?) und eine Drucksache nach hierher.[282]) Es freute mich, daß Sie von Wolfgang [Scherffig][283] einen so guten Eindruck hatten. Ich werde ihn mit seinen Brüdern am Sonntag und die folgenden Tage sehen, ob Sie mit ihm darüber gesprochen haben; was sollen

280 Wolfgang Scherffig, Junge Theologen im „Dritten Reich“. Dokumente, Briefe, Erfahrungen. Bd. 3: 1938–1945. Keiner blieb ohne Schuld! Neukirchen-Vluyn 1994, S. 113–115.

281 Friedrich Graeber (1884–1953), 1913–1927 Pfarrer in Velbert, 1927–1943 in Essen. 1933 Gründer der Freien ev. Presbyterianer, BK. 1943 Pfarrverwalter der Französisch-reformierten Gemeinde in Frankfurt a. M.

282 Wolfgang Scherffig berichtet (ebd., S. 118) von einem Memorandum „Das Heil kommt von den Juden“, das von der „theologischen Kommission des schweizerischen evangelischen Hilfswerks für die Bekennende Kirche in Deutschland“ ausgearbeitet worden war. Unter den fünf Verfassern waren Karl Barth und Wilhelm Vischer. Ob Elisabeth Freiling dieses Memorandum mit der „Drucksache“ meint, von der sie schreibt, ist nicht feststellbar.

283 Wolfgang Scherffig (1913–2007), Studium der Theologie, Herbst 1936 1. theol. Examen BK, 1938 Leiter der Bruderschaft rheinischer Hilfsprediger und Vikare, Herbst 1939 2. theol. Examen BK, Soldat, 1947 – em. 1980 Pfarrer in Düsseldorf und Essen. Zahlreiche Veröffentlichungen, Dr. theol. h. c.

wir tun?[284] außer Hellmut [Traub]s immer wiederholtem Rat, dessen Vordringlichkeit ich natürlich sehe: „zu Hause“ arbeiten. Es ist allerlei in Vorbereitung. Aber – die Eltern sind so von vornherein zugeknöpft, wenn wir den Mund auftun (was uns natürlich nicht hindern wird, es trotzdem zu tun).[285] Die guten Nachrichten meiner letzten Karte kann ich leider nicht fortsetzen. Die nachfolgenden akuten Dinge haben unsere Leitung so in Atem gehalten, daß die grundsätzliche Frage wieder zurückgedrängt wurde. Die Ereignisse vom 10. XI. waren zum Aufwachen vielleicht nötig.[286] Die Predigten und Liturgien vom 13. u. 16. waren z.T. (leider z.B. bei Humb[urg] nicht) konkret.[287] Es gibt viele, die im Augenblick nur über-

284 Wolfgang Scherffig lud die Bruderschaft ein, über ein Memorandum „Zum Weg der Bekennenden Kirche“ zu beraten, das an die Leitung der BK geschickt werden sollte. Es war im wesentlichen von Scherffig formuliert worden und trug die Unterschriften von Elisabeth Freiling, Erhard Mueller, Benjamin Locher, Harry Weisberg und Hans Hellbardt. Es kritisierte heftig die klägliche Haltung der Leitung in der Eidesfrage, in ihrer Stellungnahme zum Hromádka-Brief und zu Barths polittheologischen Positionen in seiner Schrift „Rechtfertigung und Recht“ (Theologische Studien 1) 1938. Barth hatte hier u.a. in einer Anmerkung geschrieben, dass man natürlich „in einer Demokratie zur Hölle fahren und unter einer Pöbelherrschaft oder Diktatur selig werden“ könne, aber man könne als Christ nicht ebenso ernsthaft eine Diktatur bejahen wie eine Demokratie (zit. Scherffig, ebd., S. 129). Während Pfarrer Fritz Müller als Vorsitzender der Vorläufigen Leitung diese Auffassung strikt zurückwies, solidarisierte sich das Memorandum mit Barths Positionen, weil in ihnen die grundsätzliche Frage der „Beziehung zwischen Kirche und staatlichem, öffentlichem Leben“ gestellt worden sei. Am 21. und 22. November tagte der Generalkonvent der Bruderschaft in Düsseldorf und übersandte das Memorandum dem Rheinischen Rat. Präses Humburg antwortete unwillig, die Bruderschaft solle sich intensiver mit Fragen der Heilsgewissheit etc. befassen als mit Kirchenpolitik.

285 Die Eltern der illgalen Vikare sind verständlicherweise ungehalten darüber, dass ihre erwachsenen Kinder nach wie vor finanziell unterstützt werden müssen.

286 Vernichtung jüdischer Gotteshäuser und Geschäfte, Verhaftung und Ermordung jüdischer Männer am 9.und 10. November 1938. Beginn des Holocaust.

287 Pfarrer Karl Immer in Barmen verlas am 13. November, dem Sonntag nach dem Pogrom, biblische Texte und sprach über das Faktum des Bösen: „Es geht um die eine Frage, wie tief das Böse wurzelt. 1. Die Menschen suchen das Böse zu verharmlosen. 2. Aber der Herr deckt den Abgrund des Bösen auf. Herz. Teufel. 3. Er allein schafft das neue Herz. I. Die M[enschen] suchen das Böse zu verharmlosen. 1. Durch fromme Sitte überwinden. 2. Durch Veränderung der Verhältnisse. 3. Durch Schaffung des neuen Menschen. II. Aber der Herr deckt den Abgrund auf. 1. Aus dem Herzen kommen arge Gedanken. Taten. Gedanken. Auflehnung. 2. Dem Zugriff des Bösen ausgesetzt. ‚Deren Töchterlein einen unsauberen Geist hatte‘. Die Mächte der Finsternis nehmen Besitz von einem Menschen. III. Er allein schafft das neue Herz. 1. Die Verheißung. Ich will euch ein neues Herz und einen neuen Geist in euch geben. 2. Die Erfüllung. An unserer Statt die Schuld bezahlt. Das Blut Jesu Christi macht uns rein von aller Sünde. 3. Die Vertreibung der Dämonen. Sach. 13,2. Schluß: Es konnte nicht verborgen sein, daß er im Hause war.“ (Klappert/van Norden (Hg.), Karl Immer im Kirchen-

wältigt sind von Not und Angst, die nur nach Trost schreien. Ich verstehe das ja gerade jetzt nicht, so sehr es äußerlich natürlich mit Riesenschritten bergab geht. Aber ist nicht vieles wieder klarer geworden, sind nicht konkrete Aufgaben und Anrufe für die Gemeinde da? Ich habe gerade in diesen Tagen wieder große Freudigkeit gehabt, mich zur BK zu bekennen, die mir vorher sehr verloren gegangen war. – Wie stark haben auch die Ereignisse den Hrom[ádka] Br[ief] kommentiert.[288] Das ist den Gemeinden jetzt leicht klar zu machen. Es ist auch immer deutlicher, daß die Ablehnung u. Reserve der Leitung doch nicht eine sachliche Entscheidung war. In seinem Herzen denkt jetzt kaum einer der unsern anders, und die theol. Streitfrage, – ob Am[os] 5 u. 6 eine Predigt sei – na, die wird auch nicht sachlich entschieden. An andern Punkten geht doch manchen die – heute – notwendige Konkretheit des Bußrufs auf.[289] Man darf das natürlich – das ist das

kampf, S. 117–125.) Vielleicht wusste E. Freiling auch von der konkreten Bußpredigt ihres Kollegen Erhard Mueller am 16. November in Wermelskirchen und von der Predigt des Hilfspredigers Klaus Lohmann in Trier, der die „Schrecken der Pogromnacht" in Barmen erlebt hatte (Scherffig, a.a.O., S. 121–125).

288 Die „Ereignisse" der brutalen Machtentfaltung Deutschlands bestätigten die Aussagen Barths im Hromádka-Brief.

289 Es handelt sich hier um die Bußliturgie, die die Vorläufige Leitung für den 30. September 1938 anläßlich der drohenden Kriegsgefahr angeordnet hatte. In dieser Liturgie war u.a. ein Gebetstext formuliert worden: „Wir bekennen vor Dir die Sünden unseres Volkes. Dein Name ist in ihm verlästert, Dein Wort bekämpft, Deine Wahrheit unterdrückt worden. Öffentlich und im Geheimen ist viel Unrecht geschehen. Eltern und Herren wurden verachtet, das Leben verletzt und zerstört, die Ehe gebrochen, das Eigentum geraubt und die Ehre des Nächsten angetastet. Herr, unser Gott, wir klagen vor Dir diese unsere Sünden und unseres Volkes Sünden. Vergib uns und verschone uns mit Deinen Strafen. Amen." (Kirchliches Jahrbuch, S. 257) Die Gebets- und Bußliturgie wurde nur an wenigen Stellen durchgeführt, da am Tag zuvor durch die Münchner Konferenz die Tschechoslowakei zur Kapitulation gezwungen und das „Sudetenland" dem deutschen Reich zugeschlagen worden war. Dennoch hetzte die SS-Zeitschrift „Das schwarze Korps", hiermit hätte die illegale Kirchenleitung der BK Landes- und Volksverrat begangen. Die Landesbischöfe Wurm (Württemberg), Meiser (Bayern), Marahrens (Hannover) und Kühlewein (Baden) unterschrieben am 29. Oktober 1938 auf Druck des Kirchenministers eine Erklärung, mit der sie „aus religiösen und vaterländischen Gründen" die Bußliturgie missbilligten, die darin zum Ausdruck gekommene Haltung „auf das Schärfste" verurteilten und sich „von den für diese Kundgebung verantwortlichen Persönlichkeiten trennen" (van Norden, Politischer Kirchenkampf, S. 202). Diese Haltung der Bischöfe, die sich zur Bekenntniskirche hielten, wurde in dem oben genannten Memorandum der Bruderschaft (Anm. 284) schon im Einleitungssatz scharf kritisiert: „In dieser Stunde tiefer Schmach und Erniedrigung, wie sie der evangelischen Kirche seit Beginn des Kirchenkampfes nicht widerfahren ist, in einem Augenblick, wo unter dem Druck staatlicher Gewalt Bischöfe einer christlichen Kirche ihre christlichen Brüder dem Feind der Kirche preisgegeben haben, halten wir die Zeit für gekommen, zu dem gesamten Weg der Bekennenden Krche [...] ein klares und offenes Wort zu sagen" (Scherffig, S. 128).

Schwere – nicht in einer „Versammlung“ sagen. Es herrscht eben unendlich viel „Todesangst“ in unsern Reihen. H[armannus] Ob[endiek] hatte am vergangenen Montag hier auf die Bußtagspredigt vozubereiten. Am dankbarsten waren fast alle für das, was er seelsorgerlich über die „Todesangst“ gesprochen hatte! Man muß sich zweifellos heute alle Tage nicht nur schämen, daß man ein Deutscher ist, sondern vor allem auch, daß man zur deutschen BK gehört. Aber – ich glaube und hoffe es trotzdem, daß sie – wie der Jona c[apitel] 2 – ein Zeugnis wird und bleibt.[290] Helfen Sie nur weiter mit! Einerlei, was an „Schmutzfluten“ kommt. Ich sprach mit „unserm“ Karl [Immer] über das alles.[291] Er läßt Sie alle mit Lächeln und Dank grüßen. Er hat z.Z. „Ius et“ in der Hand,[292] um ihnen hier auf die Beine zu helfen. Ist das nicht fein? Hoffentlich gelingt es. Leider muß er sich ja immer noch, so ungeduldig er oft dabei werden will, sehr schonen.[293] Aber es geht trotzdem viel stille Kraft von seiner Zurückgezogenheit aus. Ja, es gibt noch treue Leute hier. Und die sind eben doch schließlich gewichtiger als die vielen andern. Also – weiter!

Fr[au] Gr[aeber] schrieb mir auch, jetzt 2 mal. In diese Zeit fiel mein Versuch, hier fortzukommen; leider mißlungen. Es wäre eine sehr ausbaufähige Arbeit in Köln gewesen, vor mir hatte sich H[annelore] Reiffen beworben, sie war ohne weiteres erledigt, als man irgendetwas von ihrer Beziehung zum Meister [Barth] hörte,[294] ich benahm mich in dieser Beziehung zunächst vorsichtiger, aber es genügte meine Illegalität, um auch mir die Türen zu verschließen. Die Berufung hat ein Damenvorstand, Evgl. Frauenbund, Frau Pelzer, Frau Dr. Pferdmenges, in der Hand, die Vikarin, die seither da war, Nichte von P. von Lüttichau[295], hat ohne Schwierigkeiten mit allen

290 Der Prophet Jona, der sich weigert, der sündigen Stadt Ninive Buße zu predigen, wird von Gott bestraft, dann aber auch errettet und predigt nun Buße, so dass Ninive von seinen Sünden ablässt.

291 Karl Immer (1888–1944), reformierter Theologe, Lic. theol., 1914–1925 Pfarrer in Rysum (Ostfriesland), 1925–1927 in Neukirchen (Erziehungsverein), 1927–1944 in Barmen-Gemarke. 1933 Gründer des Coetus reformierter Prediger, führendes Mitglied der BK.

292 Rechtfertigung und Recht (Theologische Stimmen 1), 1938.

293 Karl Immer hatte im August 1937 in der Haft in Berlin einen Schlaganfall erlitten. Nach einem Jahr war er wieder in der Lage, seine Tätigkeit in begrenztem Umfang aufzunehmen.

294 Hannelore Reiffen (1906–1985), Studium der Theologie, Herbst 1932 1. theol. Examen Konsistorium, Vikarin Bonn, Dortmund, Neukirchen, Frühjahr 1935 2. theol. Examen BK, 1936–1937 Berlin, dann Worbis bis 1940, 1940–1947 Pfarramtsvertretung Illmersdorf/Mark, 1943 volle pfarramtliche Ordination durch Präses Scharf in Sachsenhausen, 1947 – em. 1967 Pfarrerin in Großneuendorf/Oderbruch.

295 Siegfried Fürchtegott Graf von Lüttichau (1877–1965), 1907–1919 Botschaftsprediger in Konstantinopel, 1919–1925 in Berlin, 1925 – em. 1949 Diakonie Kaiserswerth.

Pfarrern von Köln-Altstadt arbeiten können, sie gehörte innerlich zur BK, wie alle Damen des Vorstandes – so wurde nichts aus der Sache. Sehr schade! So sehr mir angst gewesen wäre vor diesem Gremium, aber ich hätte gern das Plätzchen erobert. Ich warte also weiter. Wie gern hätte ich noch einmal eine Arbeit mir einem Chef, von dem ich viel, besonders im kirchlichen Amt, lermen könnte. Die Sache in Köln wäre natürlich ganz selbständig gewesen.

Ich muß mich also noch wieder auf Zusammenleben und -arbeiten mit Frau Pastor [Graeber] einstellen. Ich habe es nie so gemerkt, wie in den Tagen, als Köln winkte, wie ich mich freute auf diese Entlastung. Aber – es soll nun noch nicht sein, und also mutig wieder angefaßt!

In der Arbeit geht es mir sehr gut. Vor allem die in den letzten Monaten hinzugekommene Arbeit an höheren Schülerinnen macht mir so viel Freude. Gestern hatten Ilse Härter u. ich den ganzen Tag Bibeltag, mit 75 höheren Schülerinnen unsres Tales! Jona. Morgens 2 Stunden, nachmittags 1½ Stunden Bibelarbeit. Es ist mir u.a. ganz neu die erstaunliche Seite des Buches Jona aufgegangen, wenn Jona stellvertretend für sein Volk steht. Und die beschämende Haltung der Schiffsmannschaft. Es war alles so aufmerksam dabei. Ich hatte die Älteren 15–18, Fräulein Härter die 12–14 jährigen. Aber auch bei Jona 2, und 3, und schließlich auch das Lächeln über Jona 4. Das war wieder ein schöner Tag, der für manche ohnmächtige Wut der vorigen Woche den Ausweg brachte.

Um all dieser Arbeit willen gehe ich ja immer wieder sehr ungern hier weg. Aber – es ist ja alles „Nebenarbeit", diese ganze Jugendsache, und hat keine Aussicht, äußerlich hier zum Arbeitsplatz für mich zu werden. Und die Hauptarbeit, für die ich bezahlt werde, ist im Grunde Büroarbeit. –

Fr[au] Gr[aeber] schenkte mir zum Geburtstag „Die Letzte am Schaffott" von Gertrud von Le Fort. Haben Sie es einmal gelesen? Es ist <u>sehr</u> schön, aber sehr verführerisch gerade für jemand wie Fr. Gr. Es gibt eine kath[olische] Möglichkeit darin, auch diese Angst zum heimlich gepflegten Heiligtum des Menschen zu machen. „Bleib Deiner Angst treu", sagt die Äbtissin zu der kleinen Blanche du Jardin d'Agonie. Und es scheint mir, daß ihr <u>das</u> gut gefällt. Äußerlich, in Bezug auf die Schlaflosigkeit, scheinen die Methoden von Dr. Stoevesandt <u>gut</u> zu wirken[296] – aber das Andre – ? Ihr letzter Brief an mich, der mit allerlei Vorwürfen schloß, daß ich ihren Mann

296 Dr. Karl Stoevesandt (1882–1977), praktischer Arzt in Bremen, 1933 Verweigerung des Beitritts zum NS-Ärztebund, Mitglied der BK, 1934–1945 Vorsitzender des Bruderrats in Bremen, Freund Karl Barths, 1935 und 1936 kurzfristige Verhaftungen, 1945–1961 Mitglid der Synode der EKD, 1952 theologische Ehrenpromotion in Mainz und Verleihung des Professorentitels in Bremen.

so allein lasse, hörte mit dem Seufzer auf: „O Leben ist schwerer als Sterben; wohl dem, der sterben darf." – Ich bin es so müde, das immer wieder zu hören. Verzeihen Sie, aber Sie verstehen es wohl recht. –

Von Werner [Koch] weiß ich noch nichts Neues. Auch Dita nicht. Von den letzten Versuchen, die beabsichtigt waren, schrieb ich Ihnen wohl. Aber sie scheinen noch nicht unternommen von der entscheidenden Stelle. Ich bin ab Sonntag bis Dienstag bei Käte [Seiffert]. Wenn Sie noch gute Vorschläge haben?

Ich lege Ihnen ein Referat (Nachschrift sicher nicht sehr gut, von Helm. Graeber, Sohn von Fritz Gr.) von Gronau [sic] bei.[297] Es soll demnächst in der Pf[arr]br[uder]sch[a]ft hier wiederholt werden.

Für heute grüßt Sie beide herzlich und dankbar und guten Muts

Ihre Elli Freiling.

KBA 98765. 67

Elisabeth Freiling
an Charlotte von Kirschbaum, Postkarte vom 17. XI. 38, abends

Liebes Fräulein v. Kirschbaum. Heutemorgen ist zwar endlich der lange fällige Brief abgegangen, aber ich habe noch etwas vergessen: Eine herzliche Bitte: Würden Sie Joh. 4, 22 an meine betroffene Freundin Frau Dr. Richter, 292 W Emerson Ave[nue] Rahway N.J., USA schicken mit einem Gruß von mir?[298] Herzlichen Dank!

Bitte bald ein kurzes Antwortkärtchen! Ihre Elli Freiling

Herzlichen Gruß von Frl. Kaltenborn. Sie ist mir eine große Hilfe in all diesen Dingen in der Gemeinde. Wo sie gesprochen hat, brauche ich nichts hinzuzufügen! Das danke ich auch – Ihnen!

297 Vermutlich ist gemeint Agnes von Grone (1889–1980), 1925–1961 Vors. des Landesverbandes d. Ev. Frauenhilfe Braunschweig, 1933 „Reichsführerin" des Frauenwerks der DEK. 1934 Anschluss an die Arbeitsgemeinschaft missionarischer u. diakonischer Verbände, 1935 Abberufung als „Reichsführerin" durch Reichsbischof Müller, 1936 Parteiausschluss, 1945 Engagement in der Flüchtlingshilfe.

298 „Ihr wisset nicht, was ihr anbetet; wir wissen aber, was wir anbeten, denn *das Heil kommt von den Juden.*"

KBA 98765. 68

Elisabeth Freiling
an Charlotte von Kirschbaum, Postkarte vom 4. XII. 38

Liebes Fräulein von Kirschbaum. Eigentlich wäre ein ausführlicher Brief nötig, aber es ist heute keine Zeit dazu. – Werner [Koch] ist seit Freitagabend entlassen, gesund, seit Samstag bei seinen Eltern.[299] Wir wollen beten, daß es diesmal keinen Rückfall gibt. – Ich habe zum 1. Jan[uar] hier, wie man das nennt, „gekündigt". Es war nach allen Anzeichen nötig, und ich bin seitdem froh und sehr entlastet. Wo es weitergeht, weiß ich noch nicht. Bin von Weihnachten an zu Hause und warte. Haben Sie Brief und Karte um den 18. XI. bekommen? – Frau Pastor kommt wohl am 3. Advent wieder, soviel ich weiß. Ich hoffe, die letzten Tage werden frei und freundlich sein. Meine Arbeit ist verhältnismäßig gut auf verschiedene Kräfte verteilt.

In Eile mit herzlichen Grüßen an alle

Ihre Elli Freiling.

54

Charlotte von Kirschbaum
an Elisabeth Freiling, Ansichtskarte vom 6.12.38

Liebes Frl. Freiling! Diese Nachricht ist eine <u>ganz</u> <u>große</u> <u>Freude</u>. Grüßen Sie d. Genesenen von Herzen von uns, es ist vielleicht besser über Sie. Wir haben im Augenblick <u>viel</u> Arbeit. Unzählige Kranke werden eingeliefert u. d. Spital ist überfüllt. – Wenn Sie dann „arbeitslos" sind, kommen Sie dann einmal ein wenig früher? – Ich kann nun nicht sehen, was Sie so rasch zu diesem Entschluß veranlaßte. Aber es wird schon richtig sein. – Wir alle grüßen Sie herzlich.

Ihre LvK.

Wir hoffen in diesen Tagen auf Helges [?] Besuch. Von Hellmut [Traub] höre ich spärlich. – Gestern war ein wichtiger Vortrag über die neueste Forschung, ich hoffe sehr, ich kann bald an K[äthe Seiffert] eine Abschr[ift] senden.

299 Werner Koch wurde am 2. Dezember 1938 freigelassen nach mehr als zweijähriger Haft unter harten Bedingungen.

KBA 98765. 69

Elisabeth Freiling
an Charlotte von Kirschbaum, Ansichtspostkarte vom 19. XII.38

Liebes Fräulein von Kirschbaum. Einen kurzen lieben Gruß noch eben vor Weihnachten, zum letzten Mal von Barmen, und ein paar Zeilen aus einem ersten glücklichen Brief: „Daß ich gerade dort ‚nicht vergessen' bin, hat mich so ungemein gefreut. Wie hätte ich wohl die Zeit anders überstanden, wenn ich nicht von ... eine solche Auslegung des Evangeliums im Ohr gehabt hätte, die alle, alle diese Situationen von vornherein mit einbezog? Ich bin gerade ihm so dankbar wie nie zuvor in B[armen], so wie er es sagte, gerade so hat es sich bewährt."[300] Ich möchte das auch sagen. Und danken. Und anbei noch einen ersten Gruß an seinen alten Kreis hier. Von Hellmut [Traub] hatte ich kurze Nachricht vom 8., daß es gut ging, aber vielleicht nur ein kurzer Übergang. Mehr weiß ich nicht. Seine 2. Schreibmaschine ist kaputt.[301] Und sein mühsam aufgebautes 2. Konfirmandenjahr. Kam mein Referat von G. Eichh[olz] an? Und darf ich es dann zurück haben? Nach Weihnachten kommt mehr. Mittwoch bin ich in Wiesb[aden?] mit W[erner Koch?] u. D[itta Stokmann?] zusammen. Bekommen Sie um Weihn[achten] Besuch von hier? Wer? Herzlich Ihre E. F.

[Auf der Rückseite ist ein Mädchen gezeichnet mit einem Blütenkelch als Haube und einer großen Glocke, vor einem kahlen Busch mit drei singenden Vögeln. Dazu schreibt E. F.:] Zeichnung von einer Nonne, meine Mädchen beschenkten mich damit!

55
[der letzte Brief]

Charlotte von Kirschbaum
an Elisabeth Freiling, Brief vom 20. Dez. 1938

Liebes Fräulein Freiling!

Nun sollen Sie doch auch noch wenigstens ein paar Zeilen haben vor dem Fest u. in Ihre letzten Barmer Tage hinein. – Und eine kleine Sendung wird folgen. Vielleicht hilft sie etwas weiter dort. Ich wäre dankbar, wenn

300 Der Brief ist von Werner Koch. Ob der Verfasser der Auslegung Karl Barth ist, ist nicht festzustellen.
301 Was ist wohl damit gemeint?

Sie eine Möglichkeit fänden auch Dr. Karl [Stoevesandt] Anteil nehmen zu lassen.[302] Wir – er hat versucht – dorthin eine Antwort zu geben. Aber die klagenden Einwände haben uns doch etwas zu chaotisch erreicht, als daß sich eine sinnvolle Antwort als möglich erweist. Warum in aller Welt, wenn die Leute so beleidigt sind, lesen sie nicht in Ruhe die Studie, die ja vorliegt u. die ja für sie erreichbar ist?[303] Dann würden, dann müßten sie doch etwas sachentsprechender werden? So einfach ist das alles doch nicht. Auch nicht mit dem Trost u. erst recht nicht mit dem „christlichen Bekennen"!! Wenn Dr. Karl [Stoevesandt] sagt, seine Buben würden einfach „gelacht" haben wenn man sie im Ernstfall vor das Problem gestellt hätte u. „hätten einfach ihre Pflicht getan",[304] dann kann ich mich nur wundern über eine so gedankenlose Jugend u. bin dankbar, daß wir hier gedankenvollere Vertreter derselben deutschen Jugend haben. – Was uns an dem ganzen Vorgang dieser Art von Mitsprache erschreckt ist dies, daß es so kummervoll enthüllt, wie wenig man noch in der Lage ist, die Dinge zu durchdenken, wie stark gewisse Schlagworte leben. Nun kann man natürlich immer sagen: ‚Die Armen. Ihre Nerven sind eben am Ende!' Das sagen wir auch, in wirklicher u. betroffener Anteilnahme. Das müssen Sie uns glauben. Aber wollen Sie, daß das das Letzte wäre, was wir sagen u. denken? – Ich weiß, daß das Alles bei Ihnen persönlich anders liegt. Aber ich schreibe Ihnen das in der Hoffnung, daß Sie vielleicht doch noch einmal im Hause dort in sinnvoller Weise das Wort ergreifen können. Vielleicht gerade mit Hilfe der letzten Grundlage! Und ev[entuell] auch mit Dr. Karl sprechen können? Der Anfang eines Briefs an ihn, der hier liegt u. in stundenlanger (!) Arbeit entstanden ist, geht besser nicht ab. Er würde nur neuen Mißverständnissen dienen. – Daß übrigens nun bereits sein kleines Lenchen[305] an der Lehre von der Heiligung von K[arl Barth] Anstoß nehmen zu müssen meint, das ist nun wirklich ein humorvolles Stücklein. Der Brief der Frau freilich reicht weiter u. es braucht schon sehr viel, um doch noch „Humor" zu haben. Er grenzt, wie K[arl Barth] sagt, an „eine fromme Unverschämtheit"![306] (Aber dies nur zu Ihnen!) –

302 Dr. Karl Stoevesandt hatte am 6. November (mit einem Nachtrag vom 16. November) 1938 Karl Barth einen Brief geschrieben, in dem er sich gegen dessen Äußerungen zur sog. Sudetenkrise, speziell gegen seine Positionen im Hromádka-Brief wandte. Er hielt diese Positionen wie viele andere Männer der entschiedenen Bekennenden Kirche für rein politische Stellungnahmen, die jeder theologischen Basis entbehrten. Der Brief ist abgedruckt in: Holtmann/Zocher (Hg.), Briefe aus dem Kirchenkampf, S. 118–131.

303 Rechtfertigung und Recht (Theologische Studien 1), 1938.

304 Holtmann/Zocher (Anm. 302), S. 122.

305 Helene Stoevesandt (1916–1997), Tochter von Dr. Karl Stoevesandt, studierte u. a. in Basel bei Karl Barth. Sie beendete ihr Studium in Göttingen mit dem kirchlichen Examen und dem Licentiat.

306 Frau Dorothee Stoevesandt.

Helge [?] war hier u. mit ihm kam es zu guten Auseinandersetzungen.[307] Und Hellmut [Traub] wollte jetzt kommen, bekam aber das necessarium dazu nicht. Er hofft im Frühjahr. Erstaunlich klar u. gut ist Wolfgang Sch[erffig]. – Er repräsentiert ja wohl schon einen jüngeren Typ, im besten Sinn einen „marschbereiten", der nur noch mit der „Eis[ernen] Ration" versehen ist, aber mit ihr eben nun wirklich.[308] – Und er tut gute Arbeit. Ich merke die Wirkungen jedes Mal bei den j[un]g[en] Freunden hier. –

Und Sie gehen nun heim, liebes Frl. Freiling. Suchen Sie doch dort Fühlung mit Erica Kü[ppers] Bertramstr. 81. – Das ist ein vortrefflicher Mensch mit einem ganzen Einsatz. Sie war neulich über ein Weekend hier. [309] – Und natürlich Karl Gerhard [Steck], den Sie besonders grüßen müssen!! – Und wenn Sie dann ein wenig Ruhe haben, dann schreiben Sie vielleicht auch einmal wieder. Grüßen Sie Werner [Koch] und Dita von uns. Wir denken oft an sie. – Gott behüte Sie.

Lassen Sie sich trösten, wie wir alle uns trösten lassen dürfen von der Weihnachtsbotschaft.

Ihre LvK.

KBA 98765. 70

Elisabeth Freiling
an Charlotte von Kirschbaum, der letzte Brief aus Frankfurt/M., Karolingerallee 5, vom 2. I. 1939

Liebes Fräulein von Kirschbaum.

Es ist da! Ja, ja, ja! Die Weihnachtspakete hatten dieses Jahr in Deutschland alle eine beschwerliche Reise, heute bekamen wir eins, das war am 20. XII. 38 in Wismar aufgegeben! Aber Ihres war schön dünn von außen,

307 Nicht zu ermitteln.

308 „Eiserne Ration eines Christen" ist ein Buch, das Heinrich Vogel im Jahr 1936 im Kaiser-Verlag/München „für die Soldaten Jesu Christi" veröffentlicht hat.

309 Erica Küppers (1891–1968), studiert nach dem Abitur Germanistik, Philosophie und Theologie und wird nach Absolvierung der beiden Staatsexamina 1922 Assessorin, 1926 Studienrätin in Droyssig und Magdeburg. Sie setzt sich intensiv mit Karl Barths Theologie auseinander, verweigert den Treueid auf Hitler und wird 1935 in den Ruhestand versetzt. Im gleichen Jahr tritt sie der BK bei. 1936 Angestellte des Stadtverbandes der Frauenhilfe in Frankfurt/Main. 1948 Gefängnisseelsorge, 1950 Ordination. Wichtig ist ihr „das Erbe der Bekennenden Kirche", das sich auch in ihrem politischen Engagement (gegen die Notstandsgesetze und die atomare Bewaffnung) zeigt.

das hat sich schnell durchgeschlängelt, es kam schon gestern morgen an! Vielen Dank nun. Ich freue mich so darüber. Bis in alle Einzelpäckchen hab ich's noch nicht untersucht, sondern mich erst mal an den dicken Hauptsachen ergötzt, wie schmeckt das alles so echt. Wir Deutschen haben halt doch eine böse Erbmasse, gerade im Geschmack, daß uns immer das Ausländische besser schmeckt, als was man so alle Tage haben kann. Also herzlichen Dank für den ganzen Inhalt!

Und damit gleich zu Ihrem Brief, für den ich Ihnen auch herzlich danke. Er hat mich leider nicht mehr in Barmen erreicht, und so habe ich [mich] nicht mehr mit Fr[au] Gr[äber] austauschen können. Ich möchte „Ihnen" (pl[ural]) nur von Herzen dankbar sein, daß Sie nicht trösten, wie man hier tröstet. Ich kann all den Trost fast nicht mehr hören, er deckt nur eine unendliche Unsicherheit, und eine Tatenlosigkeit voller Unglauben. Alle klagen, überlastet, gehetztes Leben, Tag u. Nacht Sitzungen, und die entscheidenden Dinge werden weder besprochen noch getan. So kann es dieses Jahr nicht weitergehen, denn es kann sich keiner mehr trösten, daß dies der Weg des Glaubens sei, der eine Verheißung habe. Hier in N[assau] H[essen] sind in den letzten 2 Wochen 35 der jungen H[ilfs] P[rediger] und V[ikare] ausgewiesen, und sie sind gegangen, man läßt sie gehen, was sollen sie auch bei solchen Inkonsequenzen anderes tun? Aber wohin sollen sie eigentlich gehen? Im Rhld sind dieses J[ahr] m[eines] W[issens] 2 H[ilfs]P[rediger] ohne Stelle, sie sind zum Glück beide krank geworden! Und da hält man einen K[irchen] T[ag] ab und redet einen Tag u. eine Nacht darüber, wie weit man wohl gemeinsam Buße tun könne. Und sagt unter all den Worten nicht ein Wort, wie es in all diesen entscheidenden Fragen eigentlich weitergehen soll. – Aber was sollen wir, ich und alle die „Kleinen", die so nicht mehr mitgehen wollen, tun? Ich suche z.Z. für meinen Bruder W[erner Koch] Arbeit, er darf ja arbeiten, „sogar" Barm[en?] erlaubt es! „Ja, gewiß, aber – bei uns ???" So ähnlich lautet es um uns herum. Und dann kommt der „Trost" ... Ach, ich brauche den Trost sehr wohl, habe ihn W. auch gesagt, weiß auch, daß dieser Trost sehr ruhig und fröhlich macht, trotz allem, auch in der Neujahrsnacht! Aber dieser Trost gerade läßt mich auch die Sache angreifen, und das merke ich so wenig bei denen, die es doch wahrhaftig besser könnten und die nun helfen müßten, die Wege finden. Aber das ist ein kleiner Ausschnitt aus der Gesamtlage.

Ich warte also auch einstweilen hier zu Hause, mit Absicht; ich möchte wohl gern einige Wochen Zeit für mich und mein eigenes Arbeiten haben. So bin ich auch noch nicht, wie ich zuerst plante, in diesen Tagen schon nach Berlin gefahren „auf die Suche". Es stand etwas bei Pf. Jacobi in Frage, ich habe noch keine Nachricht, ob noch? Ich wollte es aber nicht so überstürzen. Wenn es Ende des Monates noch offen steht, möchte ich es wohl gern tun. Haben Sie Verbindung dorthin und können evt. ein gutes Wort einlegen?

Aber ich muß Ihnen noch einiges von dem etwas betrüblichen plötzlichen Abbruch erzählen. Ich wollte ja eigentlich dort bleiben, bis ich eine neue Arbeit gefunden hätte. Aber offenbar hat Fr[au] Gr[äber] mit Dr. K[arl Stoevesandt] über das alles gesprochen, und nachdem P[astor] Gr[äber] von einem kurzen Besuch in Bremen um den 20. XI. zurückkam, trat mir auf Umwegen, leider, nicht direkt, der Wunsch entgegen, daß ich gehen möchte. Ich habe dann sofort von mir aus gekündigt. Das war kein schöner Abschluß, zumal mir Fr. Gr. in einem Brief kurz vorher, nachdem ich von dem mißglückten Versuch einer neuen Arbeit in Köln berichtet hatte (meine Zugehörigkeit zur BK machte es unmöglich, vor allem die finanziellen Grundlagen, aber auch die seitherige Arbeitsmöglichkeit beruhte auf strenger Neutralität und <u>sollte</u> <u>erhalten</u> bleiben!), geschrieben hatte, ich solle die Sache nicht überstürzen u.s.w. Nun, es war mir zuerst sehr bitter, vor allem die mangelnde Offenheit, aber es ist doch gut so; ich weiß nicht, wie lange es sich sonst noch hingezogen hätte, und ich bin gerade in diesen Tagen nun so dankbar, daß ich nicht zurück muß. Ich war auch einfach seelisch nicht mehr fähig, mit ihr zusammen zu leben. Ich verletzte sie ja dauernd, und ich wußte oft wirklich nicht, wodurch; aber es war mir auch ihre Gegenwart oft einfach unerträglich. Ich weiß, daß das alles nicht zu entschuldigen ist, daß es einfach ein Versagen in der schuldigen Nächstenliebe war, und das quält mich immer wieder, wenn ich dran denke. Aber es wäre durch ein längeres Bleiben gewiß nicht besser geworden. Wie ich mir das alles erklären soll, weiß ich nicht. Es ist mir so noch nicht vorgekommen. Die Gemeindeschwester, die mir ja in all den Jahren so treulich geholfen hat, sagte mir mit Energie, ich solle das Nachdenken darüber jetzt endlich lassen und es glauben, daß ich es mit einer <u>kranken</u> Frau zu tun gehabt hätte! – Ja, das will ich gewiß glauben, nur – man könnte ja sagen: <u>um so mehr</u> (und das sagt <u>sie</u> ja!) hätte ich Liebe und Nachsicht haben müssen. –

Nun birgt also das Jahr 1939 irgendetwas „Neues“ in seinem Schoß. Mit sehr viel Mut gehe ich zweifellos nach den Erfahrungen dieser ersten Jahre nicht drauf los; aber ich will schon dankbar und froh sein, <u>wenn</u> ich irgendwo gerufen werde! –

Werner [Koch] und Dita habe ich auf meiner Rückreise fröhlich angetroffen, W. sieht <u>gut</u> aus. Die innere Spannung und Unruhe wird ja erst weichen, wenn er wieder arbeiten darf. Er trifft sich in der nächsten Woche mit Hellmut [Traub], Helge [?] und Dietrich [Bonhoeffer?] u.s.w. Das wird ihm wohltun. Dann will er längere Zeit bei Dita ausruhen.

<u>Vielen</u> Dank für die Adresse von Erika Kü[ppers]. Ich werde sie in den nächsten Tagen besuchen. Sie und so etwas von ferne K[arl] G[erhard Steck] werden mir nun eine Weile die rhein. Bruderschaft ersetzen müssen, die ich einstweilen am stärksten entbehre! Von Wahlrod ist Onkel Lugis (Schwenzel]

wunderschönes Weihnachtsgeschenk angekommen, ich möchte so gern, daß Sie es auch sehen! – Haben Sie damals den schönen Kanon mitgelernt, in moll? [Mit Noten:] „er wird uns bringen ans andere Ufer". Es steht auch solch ein schöner Trost für „Sie" drin: „Wer einsam ist, der hat es gut, weil keiner da, dem er was tut"! ... Und überhaupt! So, jetzt habe ich Ihre Zeit lange genug in Anspruch genommen. Und hier im häuslichen, immer gut gemeinten, aber ununterbrochenen Geplauder ist es außerdem sehr schwer, das Wichtigste nicht zu vergessen. Aber das Geplauder tut auch eine Weile ganz wohl!

Und nun in herzlicher Dankbarkeit für alle Hilfe des vergangenen Jahres warte ich zuversichtlich und froh weiter auf kräftige Kost für das neue Jahr, mit allen guten Wünschen!

Ihre Elli Freiling

Nachwort

In einigen Briefen Elisabeth Freilings, besonders in den ersten Jahren, ist ein resignativer, manchmal jammernder Ton hörbar. Auch in einem Gespräch, das Karl Barth am 4. November 1963 mit rheinischen Jugendpfarrern führt, kann Elisabeth Freiling ihren Pessimismus nicht verbergen. Sie spricht von ihrer Traurigkeit darüber, dass „unser auch rechtes Predigen keine Wirkung hat", dass sich in unseren Gemeinden „nichts bewegt". Mit dieser Erfahrung der Vergeblichkeit ihres Tuns seien viele Prediger müde geworden. Karl Barth antworet ihr: „Wir wollen doch nicht jammern über unsere schlecht zuhörenden [...] Gemeinden. Das ist nie gut. Sehen Sie, ich könnte auch jammern, Fräulein Freiling, über die vielen hundert Studenten, die bei mir gehört haben und die dann wie ein Bergsturz alle in die wüsteste Reaktion wieder zurückgefallen, ins 19. Jahrhundert zurückgegangen sind [...]. Da könnte ich auch seufzen und sagen: Hab' ich's nicht recht gemacht? Sicher habe ich es nicht recht gemacht, sicher! Ich nehme mich immer an der Nase, wenn ich so einen Herbert Braun lese. [...] Das ist ja furchtbar! Und was Sie da beschreiben mit der Gemeinde, das ist nichts anderes. [...] Wenn wir selber mit unserem Leben – wenigstens ich – so wenig fertig werden, wie sollen wir es denn von unseren Gemeinden verlangen, diesen armen Tröpfen, daß die jetzt unsere herrliche Predigt so aufnehmen, wie es gemeint ist und wie es eigentlich sein sollte? Sondern – das ist jetzt eben das Volk Israel in der Wüste, Fräulein Freiling. Wir sind in der Wüste. Aber die Wolkensäule am Tag und die Feuersäule des Nachts geht uns voran (Ex. 13, 21). Und jetzt also Marsch durch die Wüste! Dem gelobten Land entgegen! [...] Sie haben ein paarmal das Wort ‚müde' gebraucht. Nun ja, es ist wahr, wir sind alle müde. Ich bin auch müde, sehr müde. Aber dann halte ich mich wieder an das, daß es doch da irgendwo heißt: ‚Er gibt den Müden Kraft und Stärke genug den Unvermögenden' (Jes. 40, 29). Wollen wir uns doch daran halten und dann damit leben. Aber nicht so ein trauriges Gesicht machen, Fräulein Freiling!"[1]

1 Karl Barth, Gespräche 1963, hrsg. von Eberhard Busch. TVZ 2005, S. 235–333, hier: S. 271 ff. Den Hinweis auf diesen Text verdanke ich Eberhard Busch und Reinhard Witschke.

Literatur

Abrath, Gottfried, Subjekt und Milieu im NS-Staat. Die Tagebücher des Pfarrers Hermann Klugkist Hesse 1936–1939. Göttingen 1994.

Barth, Karl, Calvin (ThEh 37). München 1936.

–, Credo. Die Hauptprobleme der Dogmatik dargestellt im Anschluß an das Apostolische Glaubensbekenntnis. München ²1935.

–, Das Wort Gottes und die Theologie. München 1924.

–, Die Auferstehung der Toten. München 1924.

–, Evangelium und Gesetz (ThEh 32). München 1935.

–, Gottes Gnadenwahl (ThEh 47). München 1936.

–, „So wahr mir Gott helfe!" Die Frage des Führereides und ihrer Behandlung in der Bekennenden Kirche in Deutschland im Sommer 1938. Zollikon 1938.

–, Vier Predigten (ThEh 22). München 1935.

Beckmann, Joachim (Hg.), Briefe zur Lage der Evangelischen Bekenntnissynode im Rheinland Dezember 1933 bis Februar 1939. Neukirchen-Vluyn 1977.

– (Hg.), Karl Immer, Die Briefe des Coetus reformierter Prediger 1933–1937. Neukirchen-Vluyn 1976.

– (Hg.), Kirchliches Jahrbuch für die Evangelische Kirche in Deutschland 1933–1944. Gütersloh ²1976.

–, Rheinische Bekenntnissynoden im Kirchenkampf. Eine Dokumentation aus den Jahren 1933–1945. Neukirchen-Vluyn 1975.

– /Prolingheuer, Hans, Zur Geschichte der Bekennenden Kirche im Rheinland. Köln 1981.

Bekenntnissynode der Deutschen Evangelischen Kirche. Barmen 1934. Vorträge und Entschließungen, hg. von Karl Immer. Barmen 1934.

Busch, Eberhard, Karl Barths Lebenslauf. Nach seinen Briefen und autobiographischen Texten. München ²1975.

Das Evangelische Rheinland, Bd. 2: Die Pfarrer, hg. von Albert Rosenkranz. Düsseldorf 1958.

Der Streit um die Frauenordination in der Bekennenden Kirche. Quellentexte zu ihrer Geschichte im Zweiten Weltkrieg, hg. von Dagmar Herbrecht, Ilse Härter, Hannelore Erhart. Neukirchen-Vluyn 1997.

Die evangelischen Pfarrerinnen und Pfarrer im Rheinland von der Reformation bis zur Gegenwart, Bd. 1: A–D., Bd. 2: E–J, bearb. von Jochen Gruch. Bonn 2011, 2013.

Flesch-Thebesius, Marlies, Zu den Außenseitern gestellt. Die Geschichte der Gertrud Staewen 189–1987. Berlin 2004.

Greschat, Martin (Hg.), Zwischen Widerspruch und Widerstand. Texte zur Denkschrift der Bekennenden Kirche an Hitler (1936). München 1987.

Gunkel, Hermann, Genesis, ³1910, Göttingen ⁷1966.

Härter, Ilse, Elisabeth Freiling 1908–1999, in: Lexikon früher evangelischer Theologinnen. Biographische Skizzen, hg. von Hannelore Erhart. Neukirchen-Vluyn 2005.

Herbrecht, Dagmar, Auf dem Weg zur Frauenordination, in: Krise und Neuordnung im Zeitalter der Weltkriege, hg. von Thomas Martin Schneider, S. 251–285. Bonn 2013.

Hinz-Wessels, Annette, Die evangelische Kirchengemeinde Bonn in der Zeit des Nationalsozialismus (1933–1945). Bonn 1996.

Holtmann, Stefan/Zocher, Peter (Hg.), Als Laien die Führung der Bekenntnisgemeinde übernehmen. Briefe aus dem Kirchenkampf von Karl Barth und Karl und Dorothee Stoevesandt (1933–1938). Neukirchen-Vluyn 2007.

Karl Barth – Eduard Thurneysen (einschließlich Charlotte von Kirschbaum-Eduard Thurneysen), Briefwechsel, hg. von Caren Algner. Zürich 2000.

Karl Barth, Offene Briefe 1909–1935, hg. von Diether Koch. Zürich 2001.

Karl Barth, Offene Briefe 1935–1942, hg. von Diether Koch. Zürich 2001.

Karl Barth – W. A. Visser't Hooft, Briefwechsel 1930–1968, hg. von Thomas Herwig. Zürich 2006.

Karl Barth – Charlotte von Kirschbaum Briefwechsel Bd. I: 1925–1935, hg. von Rolf-Joachim Erler. Zürich 2008.

Karl Barth, Gespräche 1963, hg. von Eberhard Busch. Zürich 2005.

Kirschbaum, Charlotte von, Die wirkliche Frau. Zollikon 1949.

Klappert, Bertold/Norden, Günther van (Hg.), Tut um Gottes willen etwas Tapferes. Karl Immer im Kirchenkampf. Neukirchen-Vluyn 1989.

Koch, Werner, Sollen wir K. weiter beobachten? Ein Leben im Widerstand. Stuttgart 1985.

Köbler, Renate, Schattenarbeit. Charlotte von Kirschbaum – die Theologin an der Seite Karl Barths. Köln 1987.

Lekebusch, Sigrid, Der NS-Staat und der Kirchenkampf, in: Oberbarmer Gemeindegeschichte, hg. von Fritz Mehnert. Wuppertal 2002.

–, „Wenn ich auf Luther und sein Handeln sehe ...“ Georg Schulz – ein außergewöhnlicher Theologe an der Lichtenplatzer Kapelle in Wuppertal. Wuppertal 2006.

Lexikon früher evangelischer Theologinnen. Biographische Skizzen, hg. von Hannelore Erhart. Neukirchen-Vluyn 2005.

Norden, Günther van, Politischer Kirchenkampf. Die rheinische Provinzialkirche 1934–1939. Bonn 2003.

– /Schmidt, Klaus, Sie schwammen gegen den Strom. Widersetzlichkeit und Verfolgung rheinischer Protestanten im „Dritten Reich“. Köln [2]2007.

Personenlexikon zum deutschen Protestantismus 1919–1949, bearb. von Hannelore Braun und Gertraut Grünzinger. Göttingen 2006.

Prolingheuer, Hans, Der Fall Karl Barth. Chronographie einer Vertreibung 1934–1935. Neukirchen-Vluyn 1977.

Rauthe, Simone, ‚Scharfe Gegner‘. Die Disziplinierung kirchlicher Mitarbeitender durch das Evangelische Konsistorium der Rheinprovinz und seine Finanzabteilung von 1933 bis 1945. Bonn 2003.

Schlingensiepen, Johannes, Widerstand und verborgene Schuld. Erinnerungen an den Kampf der Bekennenden Kirche in Barmen. Wuppertal 1976.

Scherffig, Wolfgang, Junge Theologen im ‚Dritten Reich‘. Dokumente, Briefe, Erfahrungen. Bd. 1: 1933–1935. Es begann mit einem NEIN! Neukirchen-Vluyn 1989.

–, Junge Theologen im ‚Dritten Reich'. Dokumente, Briefe, Erfahrungen. Bd. 2: 1936–1937. Im Bannkreis politischer Verführung. Neukirchen-Vluyn 1980.
–, Junge Theologen im ‚Dritten Reich'. Dokumente, Briefe, Erfahrungen. Bd. 3: 1938–1945. Keiner blieb ohne Schuld! Neukirchen-Vluyn 1994.
Selinger, Suzanne, Charlotte von Kirschbaum und Karl Barth. Eine biografisch-theologiegeschichtliche Studie. Zürich 2004.
Ulrichs, Hans-Georg (Hg.), Hellmut Traub. „Unerschrocken zur Zeit oder zur Unzeit". Beobachtungen eines Predigers, Zeugen und Lehrers zur kirchlichen Zeitgeschichte. Wuppertal 1997.
Vogel, Heinrich, Das Wort und die Sakramente (ThEh 35). München 1936.
Vorländer, Karin, Frieda Schindelin. Auf den Spuren einer leisen Pionierin der Kirche. Neukirchen-Vluyn 2004.
Weyer, Rüdiger, Kirche – Staat – Gesellschaft in Autobiographien des Kirchenkampfes. Waltrop 1997.

Namensregister